W0188069

GÜTERSLOHER
VERLAGSHAUS

Gütersloher Verlagshaus. Dem Leben vertrauen

Hanspeter Oschwald

Pius XII.
Der letzte Stellvertreter

Der Papst, der Kirche und
Gesellschaft spaltet

Gütersloher Verlagshaus

Bibliografische Information der Deutschen Nationalbibliothek
Die Deutsche Nationalbibliothek verzeichnet diese Publikation in der
Deutschen Nationalbibliografie; detaillierte bibliografische Daten sind
im Internet über http://dnb.d-nb.de abrufbar.

FSC
Mix
Produktgruppe aus vorbildlich
bewirtschafteten Wäldern und
anderen kontrollierten Herkünften
Zert.-Nr. SGS-COC-1940
www.fsc.org
© 1996 Forest Stewardship Council

Verlagsgruppe Random House
FSC-DEU-0100
Das für dieses Buch verwendete
FSC-zertifizierte Papier *Munken Premium*
liefert Arctic Paper Munkedals AB, Schweden.

1. Auflage
Copyright © 2008 by Gütersloher Verlagshaus, Gütersloh,
in der Verlagsgruppe Random House GmbH, München

Dieses Werk einschließlich aller seiner Teile ist urheberrechtlich geschützt. Jede
Verwertung außerhalb der engen Grenzen des Urheberrechtsgesetzes ist ohne
Zustimmung des Verlages unzulässig und strafbar. Das gilt insbesondere für Ver-
vielfältigungen, Übersetzungen, Mikroverfilmungen und die Einspeicherung und
Verarbeitung in elektronischen Systemen.

Ein Projekt der Montasser Medienagentur
Umschlaggestaltung: schwecke.mueller Werbeagentur GmbH, München
Umschlagmotiv: © corbis
Satz: Katja Rediske, Landesbergen
Druck und Einband: GGP Media GmbH, Pößneck
Printed in Germany
ISBN 978-3-579-06986-9

www.gtvh.de

Inhalt

5

Einführung

Der letzte Stellvertreter

Der Papst, der spaltet
und dem bisher keiner gerecht wird

Selten scheiden sich an einer Persönlichkeit die Geister so sehr wie an Papst Pius XII. Zwei Lesarten stehen sich diametral entgegen. Die überwiegend aus der englischsprachigen Welt stammenden Bücher kreiden ihm in der Nachfolge von Rolf Hochhuths 1963 erschienenem Theaterstück »Der Stellvertreter« sein Schweigen an bis hin zur Komplizenschaft mit den Nazis in John Cornwells »Hitler's Pope«. Italienische Veröffentlichungen preisen dagegen den »letzten Papst« als höchsten Ausdruck päpstlicher Autorität der Neuzeit.

Über allem lastet Hochhuths Verdikt in »Der Stellvertreter«, der Streit darum hat auch zum Titel dieses Buches veranlasst. Allerdings steht dahinter eine ganz andere Vorstellung. Hier geht es um einen Mann, dem historische und persönliche Gerechtigkeit widerfahren soll aus der Feder eines deutschen Autors, der nach Jahrzehnte langer Beschäftigung mit diesem Papst zu dem Ergebnis gekommen ist, dass Pius XII. bis heute die Referenz für das moderne Papsttum geblieben ist. An seinem Selbstverständnis haben sich die Nachfolger gemessen, ohne ihn je zu erreichen. Das gilt für den gütigen Papst Johannes XXIII. wie für Johannes Paul II. und auch für Benedikt XVI.

Vielleicht ist gerade deshalb Pius so umstritten. Er verkörpert den Anspruch, als Stellvertreter Christi auf Erden ewige Wahrheit und ungebrochene, quasi göttliche Autorität zu repräsentieren. Beides akzeptieren Kirche und Welt bei den Nachfolgern nicht mehr.

Pius wurde bisher überwiegend an seinem Verhalten zum Holocaust gemessen. Die Fragen, warum er so gehandelt hat und was für andere Möglichkeiten er gehabt hätte, standen immer im Hintergrund. Warum, so fragte die amerikanische Nonne und Buchautorin Margherita Marchione, wurden dieselben Anklagen nicht gegen Winston Churchill oder Theodore Roosevelt gerichtet? Die hätten doch wirksamer gegen die Judenvernichtung vorgehen können als der Papst.

Zum 50. Jahrestag des Todes von Pius XII. am 9. Oktober 2008 zeichnet sich ein neues, differenzierenderes Bild dieses Papstes langsam ab. Die einen sagen, seit Cornwell sei alles gesagt. Die anderen erwarten von der Öffnung der Archive des Vatikans neue Erkenntnisse – und werden vermutlich nicht befriedigt werden. Die Geschichte des Papstes Pius XII. muss nicht völlig neu geschrieben werden, wenn alle Materialien zur Verfügung stehen.

Korrekturen sind vielleicht an einzelnen Stellen zu erwarten. Vor allem dürfte die Zahl der Belege, die das Schweigen nachvollziehbar begründen, zunehmen. Die Akten können die Auseinandersetzung aber nicht zurückdrehen. Gleich was aus ihnen hervorgeht, bleibt Pius XII. ein idealer Sündenbock für antikirchliche Anschuldigungen und selbstgefällige Freisprüche der Ankläger für sich selbst. In ihm ließ sich das Versagen einer ganzen Generation personifizieren. Er konnte sich nicht mehr wehren und die katholische Kirche bemerkte relativ spät, für was der Papst stellvertretend herhalten musste. Er steht für eine Kirche, die den Paradigmenwechsel nicht erkannt hat und in römisch autoritärem Gebaren Antworten aus der überholten alten Herrschaftskirche sucht und sich wundert, warum diese nicht mehr greifen.

Mitten in den Arbeiten zu dieser Biographie ist in Italien von dem Journalisten Andrea Tornielli ein Buch »Pio XII« erschienen, das das Pius-Bild abrundet. Tornielli hat viele private, bisher unbekannte Quellen der Familie Pacelli benützen können. Ich habe seine Angaben mit den eigenen Recherchen und Materialien abgeglichen und an verschiedenen Stellen den Eindruck bekommen, dass Tornielli doch ein zu schönes Bild zeichnet. Zu einem kritischeren Urteil trugen andere, private Aufzeichnungen bei, etwa die deutscher Diplomaten und frühe, unbelastete deutschsprachige Veröffentlichungen aus den 50er und 60er Jahren. Römische Zeitzeugen runden das Bild ab, das Hochhuths jüngstes Verdikt, Pius sei ein bösartiger Mensch gewesen, widerlegt.

Aus katholischer Sicht mag die Selig- und Heiligsprechung dieses Papstes gerechtfertigt sein. Aus dem Blickwinkel des heutigen Papstes Benedikt XVI. wäre es so etwas wie historische Gerechtigkeit, auf jeden Fall käme die Kanonisierung dem Image zugute, das Joseph Ratzinger selbst vom Papstamt pflegt. Der Vergleich der beiden Päpste reizt besonders. Er geht nicht immer und schon gar nicht selbstverständlich zugunsten des Papstes aus Bayern aus. Pius XII. bleibt, glücklicherweise, unerreicht. Für Ratzinger war Pius der Papst seiner prägenden Jahre. Beim Tod von Pius XII. war Ratzinger 32 Jahre alt. Mit Eugenio Pacelli verbindet ihn nicht nur eine Art Lehrer-Schüler-Bezug. Beider Verhalten wurde durch traumatische Erlebnisse bestimmt. Pacelli wurde durch die Bedrohung als Nuntius in München durch aufständischen kommunistischen Räte-Mob gegen alles Linke traumatisiert, Ratzinger durch die studentische Rebellion der 68er in Tübingen gegen die Moderne in der Gesellschaft immunisiert. In beiden Fällen wirkten die Traumata verheerend nach.

Ein Buch eines italienischen Historikers, Antonio Spinosa, griff übrigens einen Namen als Titel auf, den die Römer häufig dem letzten in Rom geborenen Papst, eben Pius XII., geben:»Der letzte Papst«, l'ultimo Papa, erschienen 1992. Er meint damit dasselbe wie der letzte Stellvertreter. Wer nur römischen Stolz dahinter sieht, könnte leicht mit falschen Erwartungen an die Lektüre gehen. In Wirklichkeit meint der Titel: Keiner war so sehr Stellvertreter wie Pius. Keiner hat die Kritik so auf sich gezogen wie er, weil keiner die Ansprüche der katholischen Kirche so sehr personifiziert hat.

Die Familie

Die Legenden der Kindheit

Die Welt und die Kirche,
in die Pacelli geboren wird:
Offenes Elternhaus, verschlossene Kirche

Die widersprüchlichen Urteile können nicht extremer ausfallen. Sie beginnen schon in der Vorgeschichte des Eugenio Pacelli, des späteren Papstes Pius XII.

Onano stellen die Papstkritiker als zurückgebliebenes Kaff im Hinterland des mittelalterlichen Städtchens Viterbo dar. Die Pacellis stammen aus Onano. Die Pacellis stammen aus Onano, einem aus umbrisch-etruskischer Zeit stammenden Städtchen mit heute etwas über tausend Einwohnern an der Grenze von Latium und Toskana. Alle großen Konflikte zwischen den Adelsfamilien der Sforza, Farnese, Ricasoli, Monaldeschi und Orsini wurden auch hier ausgetragen. Das Schloss der Grafen und Herzöge von Onano dominiert den 500 Meter hoch gelegenen Ort. Ein Flügel gehörte im 19. Jahrhundert bis 1908 den Pacellis. Heute beherbergt es das Rathaus. Berühmt ist Onano allerdings durch seine Linsen, den Lenticchie di Onano. Die Pacellis machten aber nicht hier, sondern in Rom Karriere. Die war damals noch Kirchenzentrale und Hauptstadt des Kirchenstaates, zu dem das Latium gehörte.

Die meisten Vorfahren von Eugenio Pacelli dienten dem Papst, die einen als Prälaten, die anderen als Juristen. Was nicht unbedingt auf bigotte Frömmlerei schließen lässt. Zur Zeit, als der Großvater von Eugenio Pacelli in den Papstdienst trat, war dieser auch ein weltlicher Herrscher über den Kirchenstaat mit allen weltlichen Einrichtungen einer absolutistischen Monarchie. Juristen arbeiteten in weltlichen wie in kirchlichen Gerichten. So auch jener Großvater Marcantonio, übrigens noch ohne Adelstitel.

Er hatte Onano bereits als Fünfzehnjähriger mit seinen Eltern in Richtung Ewige Stadt verlassen, die damals einer verschlafenen Mittelstadt glich mit Pferdefuhrwerken, Ochsenkarren und grasendem Vieh auf den überwucherten Ruinenfeldern der Antike. Marcantonio studierte als Jahrgangsbester Philosophie und danach Kirchenrecht, ein Vorbild für den Enkel. Der junge Anwalt entschied sich schließlich für eine Laufbahn am päpstlichen Gericht der Sacra Rota Romana, das gewöhnlich nur als jene römische Instanz bekannt ist, die über Eheannullierungen entscheidet. In Wirklichkeit ist es bis heute ein Berufungsgericht, dessen Kompetenz weit über die Schlagzeilen trächtigen Quasi-Ehescheidungen prominenter Prinzessinnen hinausgeht.

Die Familiengeschichte der Pacellis in Rom prägt den späteren Pius XII. und erklärt sowohl sein autoritäres Denken wie sein Kirchenverständnis. Als Marcantonio Pacelli 1819 nach Rom kam, war der absolutistische Kirchenstaat bereits in seiner Existenz bedroht. 1846 wurde Giovanni Maria Mastai-Ferretti zum Papst Pius IX. gewählt, der nicht nur an Epilepsie litt und 1878 als unfehlbarer Papst mit psychopathischen Zügen starb, sondern auch vom Anspruch auf einen eigenen Staat als Voraussetzung für sein Amt zutiefst überzeugt war. Doch die Einflüsse der ein halbes Jahrhundert zuvor ausgebrochenen Französischen Revolution verschonten Mittelitalien, das weitgehend vom Papst beherrscht wurde, nicht.

13

Der verschlafene Landstrich mit unterwürfiger Bevölkerung wurde vom französischen Freiheitsgedanken angesteckt. Der päpstliche Regierungschef Graf Pellegrino Rossi wurde 1848 mitten in Rom vor dem Palast der Cancelleria, in dem heute die Rota sitzt, ermordet. Giulio Andreotti, der mehrfache Ministerpräsident und katholischste aller italienischen Minister des 20. Jahrhunderts, schrieb darüber den Krimi »Ore 13. Pellegrino Rossi deve morire« (13 Uhr, Pellegrino Rossi muss sterben). Einen Tag nach dem Attentat wurde der Quirinalspalast, Sommersitz des Papstes, geplündert und in Rom eine Republik ausgerufen.

Als einfacher Priester in klerikalem Schwarz statt päpstlichem Weiß verkleidet floh Pius nach Gaeta. Zum kleinen Fluchtgefolge gehörte auch Marcantonio Pacelli. Er hielt dem Papst die Treue. Von Gaeta aus wetterte der Papst gegen die Demokratie und drohte allen, die an Wahlen teilnehmen werden, schon im Voraus mit der Exkommunikation. In Gaeta verlor Pius IX. seine anfängliche Liberalität und wandelte sich zum päpstlichen Diktator, den Freiheit, Gleichheit, Brüderlichkeit samt zeitgenössischem Liberalismus nur noch als Bedrohung seiner Kirche schreckten. 1851 konnte der Papst schließlich mit Hilfe französischer Truppen wieder in seine römischen Paläste zurückkehren.

Der Vatikan war nur einer davon. Genauso bedeutend war der Quirinal, der heutige Sitz des italienischen Staatspräsidenten. Rom war ununterscheidbar das Zentrum der Kirche und die Hauptstadt des Kirchenstaates, was später bei den Verhandlungen über die Lateranverträge noch erhebliches Kopfzerbrechen bereiten sollte, als es darum ging zu definieren, was dem Kirchenstaat, dem Papst als Monarch oder als Kirchenoberhaupt und was einzelnen kirchlichen Organisationen gehörte und wie es entschädigt werden müsste. Die Fragen lösen bis heute immer wieder Diskussionen und Spekulationen über den Reichtum des Vatikans aus.

Zum Dank für die Treue erhob der Monarch, der König und Papst (Papa Re, wie es im Italienischen heißt) Pius IX., seinen Berater und Fluchthelfer Marcantonio Pacelli in den Adelsstand. Außerdem berief er ihn in den zehnköpfigen Zensurrat und beförderte ihn nach heutigem Rang zum stellvertretenden Innen- und Justizminister, dem die Strafverfolgung der Rebellen übertragen wurde. Die Chronisten bescheinigen dem Advokaten Pacelli ein korrektes und nicht von Rachsucht geprägtes Vorgehen. Als Beweis weisen sie darauf hin, dass er nach der Einnahme Roms durch die italienischen Einigungstruppen 1870 eingeladen wurde, in den Staatsrat der neuen laizistischen Monarchie einzutreten. Doch die Einigungstruppen hatten nicht nur den Papststaat zerstört. Sie installierten eine von liberalen Freimaurern beherrschte Regierung, die mit Pacellis und den päpstlichen Staatsvorstellungen nicht zu vereinbaren war, sie standen sich diametral entgegen. Pacelli lehnte ab und zog mit dem Papst als freiwilliger »Gefangener« ins innerstädtische vatikanische Exil.

Es begann die Zeit der schlimmsten konservativen Wende der Kirchenführung. Aus dem zunächst weltoffenen reformistischen Pius IX. wurde der restaurative Papst, der in aller Eile im Ersten Vatikanischen Konzil 1870 die eigene Unfehlbarkeit durchsetzen konnte und erfolglos gegen die »Usurpatoren« donnerte, die ihm den Staat, seine weltliche Macht, geraubt hatten. Deshalb habe er nicht mehr frei und unbehindert seine höchste pastorale Autorität ausüben können.

In ihrer Papstgeschichte schildern die beiden Freiburger Theologen August Franzen und Remigius Bäumer die Lage seit der Machtübernahme durch Papst Pius IX. als Weg in eine bis dahin ungekannte Machtfülle des Papstes. Diese streng katholische Sicht schränken kritische Beobachter ein. Sie sehen zwar seit 1870 den Beginn des extremen römischen Zentralismus durch die Unfehlbarkeitsarroganz, aber auch das unauflösbare Dilemma, in dem sich die Kirchenführung ein halbes Jahrhundert lang selbstverschuldet gefangen hielt und gesellschaftlich isoliert blieb. Sie hatte sich selbst von der sie umgebenden gesellschaftlichen Entwicklung abgekoppelt und humpelt bis heute diesem verlorenen Anschluss nach.

Ein kurzer Rückblick auf die Geschichte dieser Jahrzehnte in der römischen Kirche und später in Deutschland soll die Bedingungen erhellen, die die Jugend von Eugenio Pacelli und danach seine Jahre als päpstlicher Nuntius (Botschafter) in Deutschland nachdrücklich bestimmen sollten. Der Geschichtsausflug orientiert sich an den Schilderungen von Franzen und Bäumer.

Nachdem sich Pius IX. der nationalen Bewegung in Italien versagt hatte, wandten sich die italienischen Patrioten immer mehr gegen ihn. Die Führung der italienischen Einheitsbewegung übernahm jetzt Piemont-Sardinien, wo unter König Viktor Emanuel II. der Ministerpräsident Graf Camillo Cavour an der Vertreibung der Österreicher und der politischen Einigung der Nation arbeitete. Der Papst hatte inzwischen 20.000 Soldaten zur Verteidigung des Kirchenstaates angeworben, die sich aber gegenüber den italienischen Heeren nicht behaupten konnten. Sie wurden am 18. September 1860 entscheidend geschlagen. Die päpstliche Herrschaft in der Romagna, in der Mark und in Umbrien hörte auf. Die Gebiete wurden mit Piemont vereinigt. Pius IX. verhängte zwar über die »Räuber des Kirchenstaates« den Bann, ohne jedoch damit politische Wirkung zu erzielen. Die päpstliche Herrschaft beschränkte sich jetzt nur mehr auf Rom und das Patrimonium Petri.

Am 17. März 1861 ließ sich Viktor Emanuel zum König von Italien ausrufen. Der italienische Ministerpräsident C.B. Conte Cavour hatte Ende 1860 dem Papst die Anerkennung seiner Souveränität, weitgehende Freiheiten und Privilegien der Kirche anbieten lassen und versucht, ihn dafür zum Verzicht auf Rom zu bewegen. Pius IX. lehnte diese Vorschläge ab. Im September 1861 machte Cavours Nachfolger einen neuen Vermittlungsvorschlag: Er bot dem Papst die Sou-

16

veränität und eine feste Dotation an, ferner die Freiheit der Kirche und den Verzicht des Königs auf die Ernennung der Bischöfe. Aber die Kurie hielt an der Auffassung fest, dass das Papsttum auf den Kirchenstaat nicht verzichten dürfe. Obschon der Kirchenstaat finanziell kaum noch lebensfähig war, lautete die Antwort des Papstes auf diese Vorschläge: »Non possumus« (Wir können nicht).

Die Stadt Rom wurde durch französische Truppen geschützt. 1864 verpflichtete sich die italienische Regierung gegenüber Frankreich, die päpstlichen Gebiete nicht anzugreifen. Trotzdem fiel der italienische Nationalistenführer G. Garibaldi 1867 mit seinen Freischärlern in den Kirchenstaat ein, wurde aber von päpstlichen und französischen Truppen am 3. November 1867 bei Mentana geschlagen. Erst der Ausbruch des Deutsch-Französischen Krieges führte das Ende des Kirchenstaates herbei: Am 20. September 1870 besetzten die Piemontesen, ermutigt durch den preußischen Gesandten von Arnim, Rom.

In einer Enzyklika vom 1. November 1870 exkommunizierte Pius IX. alle Urheber und Teilnehmer der Usurpation Roms. Der Kirchenbann hat jedoch nur noch bei denen Wirkung, die an ihn glauben. Im Juni 1871 wurde Rom Hauptstadt des italienischen Königreichs und der Quirinal königliche Residenz.

Da der Papst zu Verhandlungen mit dem Königreich Italien nicht bereit war, suchte es von sich aus die Stellung und die Rechte des Heiligen Stuhles zu regeln. In dem so genannten Garantiegesetz vom 13. Mai 1871 erkannte es die Souveränität und Unverletzlichkeit des Papstes an, gewährte ihm eine Jahresrente von dreieinviertel Millionen Lire und überließ ihm die Paläste des Vatikans und des Laterans sowie die Villa Castel Gandolfo zum Nießbrauch. Das Königreich verbürgte sich einseitig für den freien Verkehr mit den Bischöfen der Welt und die freie Ausübung seines geistlichen Amtes. Die italienischen Bischöfe sollten vom Papst frei ernannt werden.

Der Staat verzichtete auf jeden Treueeid. Bereits am 15. Mai 1871 verwarf Pius IX. jedoch das Garantiegesetz. So blieb die Römische Frage ungelöst.

Unter Pius IX. wurde Rom immer mehr zum Mittelpunkt des Katholizismus. Der kirchliche Zentralismus, der das Papsttum auf die Höhe seines innerkirchlichen Einflusses brachte, profilierte sich immer stärker. Die Französische Revolution in Frankreich und die Säkularisation in Deutschland hatten die Bischöfe ihrer politischen Macht beraubt. Die innerkirchliche Erneuerung förderte den so genannten ultramontanen Gedanken. Dieser bedeutet die verstärkte Orientierung der Katholiken an Rom, wie sie bisher nie vorhanden war. Gegen die antikirchlichen Kräfte der Aufklärung und des Staatskirchentums verbanden sich die Gläubigen mit Rom. Die Entwicklung wurde auch dadurch begünstigt, dass die Päpste des 19. Jahrhunderts Männer waren, die als geistliche Inhaber des höchsten Kirchenamtes vorbildlich lebten und sich ganz ihrer Aufgabe verschrieben hatten – zumindest waren die Katholiken davon überzeugt. Sie erbarmten sich der Not des Pontifex und waren bereit, mit dem in dieser Zeit entstandenen»Peterspfennig« für den Unterhalt ihres Oberhauptes zu spenden.

Pius IX. war von seiner Aufgabe, der Hüter der Glaubenswahrheiten zu sein, tief durchdrungen. Er machte deshalb von seinem höchsten Lehramt mehr Gebrauch als seine Vorgänger. Von Gaeta hatte der Papst am 3. Februar 1849 ein Rundschreiben an die Bischöfe der Weltkirche gerichtet mit der Anfrage nach der Möglichkeit der Dogmatisierung der Lehre von der Unbefleckten Empfängnis Mariens. Die Bischöfe stimmten in ihrem Gutachten mit großer Mehrheit einer Definition zu. Nur vier Bischöfe äußerten Zweifel an der Lehre und 36 fragten nach der Opportunität. Im November 1854 versammelten sich in Rom etwa 200 Bischöfe aus allen Ländern und stimmten der Absicht des Papstes zu, das neue Mariendogma zu verkünden. Am 8. Dezember 1854 erklärte Pius IX. feierlich, dass Maria durch eine besondere Gnade Gottes im Hinblick auf die Verdienste Christi vom ersten Augenblick ihrer Empfängnis an vor der Erbsünde bewahrt geblieben sei. Die Dogmatisierung fand in der katholischen Welt lebhafte Zustimmung.

In einer zweiten Bischofsversammlung Pfingsten 1862 unterstützten die etwa 300 Bischöfe den Wunsch nach Fortbestand der weltlichen Herrschaft des Papstes.

Zehn Jahre nach der Verkündigung des Dogmas von der Unbefleckten Empfängnis Mariens veröffentlichte Pius IX. am 8. Dezember 1864 die Enzyklika »Quanta cura«, der von Kardinalstaatssekretär Antonelli ein Syllabus, d.h. eine Zusammenstellung der hauptsächlichen Irrtümer der Zeit, beigefügt war. Sie verurteilten den Pantheismus, Naturalismus, Rationalismus, Indifferentismus, Sozialismus und Kommunismus sowie die Volkssouveränität als irrige Lehren, die mit der katholischen Kirche nicht zu vereinbaren seien.

Dieser Syllabus löste in verschiedenen Staaten eine neue kirchenfeindliche Polemik aus. In Russland, Frankreich und Teilen von Italien wurde seine Veröffentlichung verboten. »Fortschrittliche« Kreise bezeichneten ihn als eine Absage der katholischen Kirche an die moderne Zeit und den neuzeitlichen Staat.

Das kirchlich bedeutendste Ereignis im Pontifikat von Pius IX. war die Einberufung des Ersten Vatikanischen Konzils. Über dreihundert Jahre hatte kein Allgemeines Konzil mehr stattgefunden. Am 6. Dezember 1864 überraschte der Papst die Kardinäle mit der Mitteilung, dass er ein Allgemeines Konzil einberufen wolle. Alle Mitglieder des Kardinalskollegiums sollten unter strengstem Schweigen seinen Plan prüfen und ihm schriftlich ihre Ansichten mitteilen. Schließlich kündigte er am 26. Juni 1867 im öffentlichen Konsistorium das Konzil an »zur Beseitigung vieler kirchlicher Übel und zur Ausdehnung des Reiches Christi«.

Nach anfänglich durchgängiger Zustimmung brach jedoch heftige Kritik über die Konzilsankündigung herein, als die römische Jesuiten-Zeitschrift»Civiltà cattolica« einen Artikel ihres Pariser Korrespondenten veröffentlichte, in dem es hieß, man erwarte in Frankreich vom Konzil die Definition der Lehre von der päpstlichen Unfehlbarkeit und die Annahme dieser Lehre durch Akklamation.

Der Kirchenhistoriker Ignaz Döllinger veröffentlichte in der liberalen Augsburger Allgemeinen Zeitung unter dem Pseudonym »Janus« fünf Artikel über »Der Papst und das Konzil«, in denen er Bedenken gegen die Dogmatisierung der Lehre von der päpstlichen Unfehlbarkeit vortrug. Zusätzlich mobilisierte Döllinger diplomatische Kanäle, jedoch ohne Erfolg.

Am 8. Dezember 1869 eröffnete Pius IX. das Konzil in der Peterskirche in Rom mit 642 stimmberechtigten Konzilsvätern. Aus Deutschland nahmen 20 Bischöfe teil, davon gehörten 15 zur konziliaren Minorität, die eine Definierung der Unfehlbarkeit des Papstes als inopportun betrachtete und sie aus theologischen Gründen ablehnte.

In der dritten öffentlichen Sitzung am 24. April 1870 wurde die Konstitution über den katholischen Glauben, die die Grundlehren des Christentums beinhaltete, z. B. die Lehre von der Schöpfung, Offenbarung, dem Glaubensakt, den Fragen über Glaube und Wissen, einstimmig angenommen. Darin wurden zugleich die Irrlehren des Atheismus, Materialismus, Pantheismus, Rationalismus und Traditionalismus verworfen.

Schwieriger gestaltete sich die Verabschiedung des Schemas über die Kirche Christi. Bereits Ende Januar 1870 beantragten 380 Konzilsväter die Einfügung des Abschnittes über die Unfehlbarkeit des Papstes in das Schema. Am 6. März 1870 wurde dieser Antrag dem Konzil zur Beratung vorgelegt. In der lebhaften Debatte erwies sich die

Zahl der grundsätzlichen Gegner als gering. Zu der Minderheit gehörten Bischof Hefele aus Rottenburg und Bischof von Ketteler aus Mainz, die österreichischen Bischöfe Kardinal Rauscher aus Wien, Kardinal Schwarzenberg aus Prag und der Fürstprimas Simor aus Gran in Ungarn.

In der vierten öffentlichen Sitzung am 18. Juli 1870 bejahten 533 Konzilsväter die Vorlage, nur noch zwei entschieden sich dagegen. Die übrigen 57 Gegner waren mit Erlaubnis des Papstes vor der Abstimmung aus Rom abgereist. Noch in derselben Sitzung bestätigte Pius IX. den Konzilsbeschluss und verkündete die dogmatische Konstitution, die mit den Worten beginnt:»Pastor aeternus«.

Das Konzil hatte entschieden, dass die Gewalt des Papstes eine unmittelbare, höchste Jurisdiktionsgewalt über die Gesamtkirche in Fragen des Glaubens und der Sitte, der Disziplin und der Leitung der Kirche sei. Kathedralentscheidungen des Papstes in Fragen des Glaubens und der Sitte bezeichnete die Konstitution als unfehlbar. Sie bedürfen nicht der Zustimmung der Universalkirche.

Wörtlich heißt es im Kapitel 4:»Der römische Papst besitzt, wenn er ex cathedra spricht, d. h. wenn er in Ausübung seines Amtes als Hirte und Lehrer aller obersten apostolischen Autorität eine Lehre, die den Glauben oder die Sitte betrifft, als von der gesamten Kirche festzuhalten definiert, durch den göttlichen Beistand, der ihm im hl. Petrus verheißen ist, jene Unfehlbarkeit, mit der der göttliche Erlöser seine Kirche bei der Definition einer Lehre über Fragen des Glaubens und Sitte ausgestattet haben wollte. Deshalb sind solche Definitionen aus sich selbst und nicht aus der Zustimmung der Gesamtkirche unabänderlich.«

Am 19. Juli 1870 brach der Krieg zwischen Frankreich und Deutschland aus und die Bischöfe reisten in ihre Heimat zurück, ohne das Konzil wirklich zu beenden. Frankreichs Schutztruppen wurden aus

Rom abgezogen. Am 20. September besetzten Soldaten aus Piemont die Ewige Stadt. Das Ende des Kirchenstaates war damit gekommen. Am 20. Oktober verkündete der Papst die Vertagung des Konzils auf einen günstigeren Zeitpunkt, was nie eingehalten wurde.

Nach dem Konzil kündigte Österreich noch 1870 das Konkordat vom Jahre 1855, das bereits 1868 in wichtigen Fragen des Ehe- und Schulwesens außer Kraft gesetzt worden war. Preußen erließ Sonderbestimmungen gegen die katholische Kirche, auch in der Schweiz wurde der kirchenpolitische Kampf verschärft. Die Regierungen von Frankreich, Belgien, Spanien und Portugal verhielten sich passiv.

In Deutschland, Österreich und der Schweiz kam es nach dem Vaticanum zur Abspaltung der Altkatholiken, die aber trotz der Unterstützung durch den Staat und die liberale Presse keine größere Bedeutung gewinnen konnten.

In Deutschland verbesserte sich in der Regierungszeit Pius IX. die Stellung der Katholiken. Ein Zeichen für die innere Erneuerung des deutschen Katholizismus ist der Aufschwung des Ordenslebens, den Deutschland damals erlebte. Die Revolution von 1848 brachte für die Kirche größere Freiheiten. Im deutschen Katholizismus entwickelte sich ein blühendes Vereinsleben. Die Pius-Vereine, die 1848 der Mainzer Domdekan A.F. Lennig zur Erringung der religiösen Freiheit und der Förderung christlicher Gesinnung gegründet hatte, breiteten sich schnell aus. Aus ihnen ging 1848 die Generalversammlung der katholischen Vereine Deutschlands hervor, aus der sich die späteren Katholikentage entwickelten. Seit 1848 tagte alljährlich die Konferenz der deutschen Bischöfe, auf der es zu einheitlichen Stellungnahmen des Episkopats zu Gegenwartsfragen kam.

In der Preußischen Verfassung von 1848/50 wurde der Kirche das Recht der selbstständigen Ordnung und Verwaltung ihrer Angelegenheiten zugesichert. 1866 erklärte König Wilhelm I. von Preußen, dass man staatlicherseits keinen Grund zu Klagen über die katholische Kirche habe. Die Kriege mit Österreich 1866, mit Frankreich 1870/71 und die Gründung des Kaiserreiches 1871 brachten jedoch eine Wendung in der kirchenpolitischen Haltung Preußens. Seine militärischen Erfolge gegen die »katholischen« Staaten Österreich und Frankreich wurden als Niederlagen des Katholizismus interpretiert. Die Beschlüsse des Ersten Vatikanischen Konzils waren für Preußen, das sich auf entsprechende Gutachten von liberalen Katholiken stützen konnte, der Anlass, die katholische Kirche als staatsgefährlich zu verdächtigen. Im Ultramontanismus sah man eine Bedrohung des »protestantischen Kaisertums«. Deshalb versuchte man, die Kirche wieder dem Staat zu unterwerfen und das preußische Staatskirchentum zu erneuern. Es kam zu einer kirchenpolitischen Auseinandersetzung, dem »Kulturkampf«, für den Fürst Otto von Bismarck die eigentliche Verantwortung trägt. Das Motiv seines Vorgehens lag in seiner Beurteilung der Zentrumspartei, in der er eine Konzentration aller Gegner des neuen Reiches und ein Werkzeug der kurialen Politik in Deutschland sah.

Das im Sommer 1870 gegründete Zentrum, der politische Arm des deutschen Katholizismus, konnte bereits im ersten Reichstag im März 1871 die zweitstärkste Fraktion werden. Im Herbst 1870 hatte Papst Pius IX. den König von Preußen um Hilfe bei der Wiedererlangung des Kirchenstaates gebeten. Das Zentrum unterstützte die päpstlichen Anliegen und betrachtete die Unabhängigkeit des Papstes als ein Lebensinteresse der deutschen Katholiken. Am 8. Juli 1871 erfolgte die Aufhebung der katholischen Abteilung des Kultusministeriums. In der Folgezeit verschärfte die Regierung die antikatholischen Maßnahmen. Bischof Krementz von Ermland sperrte man als erstem Bischof die staatlichen Bezüge. Am 10. Dezember 1871 wurde der »Kanzelparagraph« verabschiedet. Den so genannten Missbrauch der Kanzel, d.h. die Behandlung »staatlicher« Angelegenheiten in einer den Frieden gefährdenden Weise, bedrohte der Staat mit Gefängnisstrafen bis zu zwei Jahren. Weitere Maßnahmen richteten sich gegen den Feldpropst der Armee, Bischof Namszanowski. Er wurde in den Wartestand versetzt und am 15. März wurde die Feldpropstei bis auf weiteres aufgehoben. Ein diplomatischer Protest des Vatikans, mit dem 1868 die Errichtung der Feldpropstei vereinbart worden war, blieb unbeantwortet. Im Frühjahr hatte Bismarck versucht, den Kardinal Hohenlohe dem Papst als Botschafter Preußens aufzudrängen. Als der Papst ablehnte, blieb nur ein Geschäftsträger am Vatikan, der Ende 1872 abberufen wurde.

Am 7. Juli 1872 verabschiedete der Reichstag das Jesuiten-Gesetz. Es schloss den Jesuitenorden, die Redemptoristen und Lazaristen vom gesamten Reichsgebiet aus. Die Reaktion des Papstes auf dieses Ausnahmegesetz, das die rechtsstaatlichen Prinzipien verletzte, war scharf. Pius IX. hatte bereits vor dessen Verabschiedung zum Widerstand gegen die Verfolgung der Kirche aufgerufen. Die Kampfgesetze gegen die katholische Kirche standen im Widerspruch zur Verfassung. Am 7. August 1873 wandte sich der Papst persönlich an den Kaiser, nachdem die so genannten Mai-Gesetze vom 11. bis 14. Mai 1873 verabschiedet worden waren. Sie sahen u. a. die Errichtung eines königlichen Gerichtshofs für kirchliche Angelegenheiten vor und unterwarfen die Ausbildung der künftigen Priester und die Anstellung der Geistlichen einer staatlichen Bevormundung. Das Fernziel Bismarcks war die Bildung einer katholischen Nationalkirche. Von den elf preußischen Bischöfen ließ der Staat fünf gefangen setzen und staatlich absetzen, zwei weitere wurden durch den Gerichtshof für kirchliche Angelegenheiten abgesetzt. Preußen stellte alle Geldleistungen des Staates an die katholische Kirche durch das so genannte »Brotkorbgesetz« vom 22. April 1875 ein, ohne dadurch die Widerstandskraft der deutschen Katholiken brechen zu können.

Pius IX. erklärte in seiner Enzyklika »Quod nunquam« vom 5. Februar 1875 die Gesetze, die der göttlichen Einrichtung der Kirche widersprächen, für nichtig. Preußen antwortete darauf mit der Verabschiedung weiterer Kampfgesetze gegen die katholische Kirche. Der Versuch Bismarcks, die ausländischen Staaten zu einem gemeinsamen Vorgehen gegen die katholische Kirche zu gewinnen, schlug fehl, in Deutschland folgten nur Baden, Hessen-Darmstadt und Sachsen seinem kirchenfeindlichen Vorgehen. In Bayern, wo sich König Ludwig II. gegen die Beschlüsse des Ersten Vatikanischen Konzils wandte, wurde der Altkatholizismus, ohne größere Erfolge erringen zu können, von staatlicher Seite stark begünstigt und das Staatskirchentum wieder praktiziert.

1878 waren in Preußen zwei Drittel der Bischöfe von der Regierung »abgesetzt«, mehr als tausend Pfarreien ohne geregelte Seelsorge, die theologischen Konvikte und Priesterseminare geschlossen. Von wenigen staatshörigen Pfarrern und Katholiken abgesehen, stand die große Mehrheit von Klerus und Gläubigen auf der Seite von Papst und Bischöfen. Der Kulturkampf stellte sich immer mehr als ein politischer Fehler heraus. Preußen galt in der Welt als ein intoleranter Staat. Im deutschen Katholizismus führte der Kampf gegen die Kirche zu einer inneren Stärkung. Er bewirkte den weiteren Ausbau der Zentrumspartei, der katholischen Vereine und der katholischen Presse.

Am 7. Februar 1878 starb Pius IX., verehrt von den Gläubigen. Kein Papst des 19. Jahrhunderts hatte bei den Katholiken einen solchen Rückhalt wie Pius IX. Da spielte es nur eine untergeordnete Rolle, dass Pio Nono, wie ihn die Italiener nennen, das Ghetto für die Juden wieder einführte, das er in seiner liberalen Phase aufgelöst hatte, und er nicht einmal vor dem Skandal einer Kindsentführung und Zwangschristianisierung zurückschreckte.

Edgardo Mortara wurde von der päpstlichen Polizei entführt, weil der Junge angeblich durch eine Hausdienerin katholisch getauft worden war. Die Bitten der jüdischen Eltern, ihr Kind zurückzugeben, verweigerte der Papst. Provozierend und geradezu kindisch spielte er mit ihm Versteck. Das Kind musste sich unter seiner Soutane verkriechen. Es kam in ein katholisches Internat und büßte auf diese Weise dafür, dass den Juden die Schuld an der Ausrufung der Republik zugeschoben worden war. Am päpstlichen Hof war Antisemitismus daheim. Als Pius IX. 1878 starb, war er in Rom im Gegensatz zur übrigen katholischen Welt so verhasst, dass der antiklerikale Mob den Leichenzug angriff und den Leichnam beinahe in den Tiber geworfen hätte.

Das war das Ambiente in jenen 70er Jahren des 19. Jahrhunderts, als Eugenio Pacelli als drittes Kind des Zivilrechtlers und Anwalts Filippo Pacelli und der Virginia Graziosi am späten Abend des 2. März 1876 daheim in der Mietwohnung in der via Monte Giordano 34 (heute via degli Orsini) im antiken Stadtviertel Ponte nahe dem jüdischen Ghetto in Rom geboren wurde. Bereits zwei Tage später wurde er bei für römische Verhältnisse eisigem Wind in der Kirche Celso und Giuliano auf den Namen Eugenio Maria Giuseppe Giovanni getauft. Der Beiname Maria war in jener Zeit auch für Jungen üblich, sollte aber Pius in seinem marianischen Glauben besonders führen.

Schon die Taufe musste später für eine Legende herhalten, auch noch, als sie sich längst als journalistische Erfindung herausgestellt hatte. So wurde nach der Wahl von Eugenio Pacelli zum Papst Pius XII. 1939 begierig nach Zeichen seiner frühen Auserwähltheit gesucht. Man fand eines: Am 4. März 1876 habe der als heiligmäßig geltende Priester Don Jacobacci den Täufling hochgehoben, Richtung Sankt Peter gehalten und dabei verkündet:»In dieser kleinen Kirche haben wir Eugenio gefeiert. In 63 Jahren von heute an werden ihn alle Christen bejubeln und in Sankt Peter vor diesem Kind auf die Knie fallen.« In einer anderen Version wurde dem kleinen Eugenio noch konkreter prophezeit, er werde Papst.

Tatsächlich hatte ein Journalist die Geschichte erfunden und zur Vorbereitung der Papstwahl von 1939 verfasst, dabei aber den Namen des neuen Papstes offen gelassen. Solch vorbereitete Texte für alle Fälle sind bis heute üblich, aber ohne Erfindungen. Der Kollege von 1939 hat in dieser solcherart vorformulierten Legende dann schnell Eugenio Pacelli eingefügt und eine Mär in die Welt gesetzt, die sich bis heute hält nach dem Motto »se non è vero è ben trovato« (wenn sie nicht wahr ist, so ist sie gut erfunden).

Unbestritten ist allerdings eine andere Kindheitserinnerung. Die Familie Pacelli zog bereits 1880 aus der Via Monte Giordano weg, aber nicht wegen einer antijüdischen Vorgeschichte. In der Nähe hatten Jahrhunderte lang die Päpste nach der Ostermesse im Vatikan den Rabbiner empfangen, um ihm die Verstocktheit der Israeliten vorzuhalten. Danach kehrte er zu Pferd in den Lateranpalast, den eigentlichen Sitz des Bischofs von Rom, zurück.

Die neue Wohnung war größer und genügte besser der inzwischen auf vier Kinder angewachsenen Familie. Sie lag in der via della Vetrina 19, nahe der deutschen Nationalkirche Santa Maria dell' Anima. Auf deren Eingangstorbogen steht das Wort des Propheten eingehauen: »Opus iustitiae pax«, der Frieden ist das Werk der Gerechtigkeit. Pius wählte diese Worte als Leitmotiv für sein Bischofs-, Kardinals- und Papstwappen.

Die Wohnung entspricht ganz den Anforderungen der bürgerlichen römischen Gesellschaft. Sie liegt im dritten Stock und bietet einen wunderbaren Panoramablick auf die Engelsburg auf der anderen Tiberseite. Geschmackvoll ist sie mit antiken Möbeln ausgestattet. Die Bibliothek steckt voller Bücher der italienischen Literatur und der juristischen Interessen des Elternhauses. Der kleine Eugenio wächst sehr bürgerlich wohlhabend auf, bekommt aber relativ wenig von dem Leben der übrigen Kinder in diesem dicht bewohnten Stadtteil mit. Die Mutter legt Wert darauf, dass ihre vier Kinder nicht auf der Straße spielen, sondern hält dafür eigens ein Zimmer frei.

Der kleine Eugenio besucht einen von Nonnen geführten Kindergarten. Dort wurde er auch eingeschult und blieb bis zur dritten Klasse. Von einer der Schwestern lernte er bereits sehr früh Französisch. Nach der Grundschule besuchte er eine private höhere Schule, die von einem Erzieher geleitet wird, der für seine asketische und fromme Lebensweise bekannt ist, aber auch für seinen Antisemitismus. Mit regelmäßigen Ausfällen gegen die Hartherzigkeit der Juden hämmert er den kleinen Grundschülern Antijudaismus ein. Die Eindrücke blieben Pacelli ein Leben lang haften. Ein zweiter Eindruck hinterließ in dem jungen Pacelli ebenfalls zeitlebens Spuren: Hinter dem Lehrerpult befindet sich ein Tabernakel mit einem Bild der Madonna.

Zur selben Zeit wird Eugenio zusammen mit seinem zwei Jahre älteren Bruder Francesco einem Pater der Philipp Neri Oratorianerbruderschaft, Giuseppe Lais, zur geistlichen Erziehung anvertraut. Seine Geschwister und Kindheitsfreunde schildern Eugenio als zurückhaltend, schweigsam, lernwillig, fast frühreif. Seine Schwester beschreibt ihn als besonders pingelig. Zuhause demonstriert er erste Neigungen zum Priesterberuf. Er baut sich einen kleinen Altar und zelebriert dort die Messe. Der Schuljunge träumt von einem Leben als Missionar.

Die Marienverehrung gehört zum täglichen Ritual der Familie Pacelli. Vor jedem Essen betet sie den Rosenkranz. In einer Marienkapelle der Jesuitenkirche Il Gesu im Zentrum von Rom hinter der Piazza Venezia, nicht weit von der elterlichen Wohnung entfernt, betet Eugenio manchmal zweimal am Tag und hält Zwiesprache mit der Muttergottes.

Mit neun Jahren wird Eugenio offensichtlich vom weitsichtigeren Vater wohlüberlegt ins staatliche Gymnasium Quirino Visconti geschickt. Es befand sich im früheren Collegio Romano der Jesuiten, die es jedoch nach der Eroberung durch die italienischen Truppen aufgegeben hatten. Dieses Gymnasium sollte eine wichtige Rolle im Leben des künftigen Papstes spielen. Immerhin gehörte es nicht zu den geschützten katholischen Räumen, in denen Pacelli bisher aufgewachsen war. Die staatliche Schule war geprägt von einem antiklerikalen, aufklärerischen Geist, wo es nicht leicht, schon gar nicht selbstverständlich war, sich als Katholik zu bekennen. Lernen wurde in dieser Zeit zum Lebensinhalt des Heranwachsenden.

Mit vierzehn Jahren schrieb er ein pubertäres Selbstportrait »Il mio ritratto«, in dem er zum Einstieg über seine schwarzen Augen reflektiert: »Oft habe ich Angst, weil ich glaube, die Hölle darin zu sehen. Meine Nase, man sagt, sie sei römisch. Ich habe sie bei einem Adler gesehen. Ich bin nicht groß, ich bin nicht dick, ich bin auch nicht klein. Meine Füße sind normal. Ich gefalle mir, und ich gefalle auch den anderen. Man sagt von mir, ich sei ein Jüngling, ein durchschnittlicher Jüngling. In einem sind sich alle einig: Ich habe schöne Hände. Ich lerne gerne. Ich habe die Absicht, viel Gutes in meinem Leben zu tun. Ich glaube an Gott. Musik regt mich zu guten Taten an. Ich versuche, meine Unduldsamkeit zu bekämpfen. Ich will nicht den Zorn in mir aufsteigen lassen. Ich glaube, schuld sind alle diejenigen, die mich sehr verwöhnt haben. Ich bin traurig. Ich habe meinen über alles geliebten Großvater Don Marcantonio Pacelli verloren. Lieber Gott, gib mir ein bisschen von meinem Großvater mit auf den Weg. … Ich fühle es. Meine Jugend ist mit dem Tod des Großvaters für immer von mir gegangen. Ich kann dieser Jugend nicht nachlaufen. Sie ist wie eine Welle. Immer wieder, wenn ich sie erwischen will, rollt sie davon.« Seine schönen Hände sind übrigens nicht nur sein Stolz, sondern der der ganzen Familie. Mutter und Schwestern sorgen sich übertrieben, dass er sie verletze.

In die Zeit am Visconti fallen auch die ersten intellektuellen Krisen. Eugenio war plötzlich mit Gedanken konfrontiert, die in der Familie nie laut gedacht wurden. Mit seinen Klassenkameraden schloss er kaum Freundschaften. Er fühlte sich isoliert, was bei einem Aufsatz deutlich wurde, den der Italienischlehrer gestellt hatte. Jeder sollte über einen der größten Lehrmeister der Geschichte nach ihrer eigenen Wahl schreiben. Pacelli wählte den Kirchenvater Augustinus und musste sich deshalb als bigott beschimpfen lassen. Die Zöglinge der liberalen und kirchenfeindlichen Staatsbourgoisie konnten ihn weder mit Spott noch mit Argumenten von seiner Themenwahl abbringen. Der Lehrer unterbrach den Schülerstreit mit einem leisen Vorwurf an die Klasse: »Ihr habt nichts verstanden«. Eugenio beendete die Klasse als Primus.

Seine Geschwister erlebten, wie er bis tief in die Nacht an seinem Schreibtisch über Bücher gebeugt studierte. Zu den wenigen Abwechslungen gehörten Theaterbesuche, zumal die Familie eine Loge gemietet hatte und regelmäßig in Konzerte ging. In dieser Zeit lernte Eugenio auch Geige und Klavier spielen. Zu seinen Favoriten gehörte seither Musik der großen deutschen Komponisten Bach, Beethoven und Wagner. Zusammen mit der älteren Schwester Giuseppina lernte er außerdem Deutsch, mit der jüngeren Elisabetta Französisch. Ein anspruchsvolles Erziehungsprogramm.

Im Sommer zog es die Familie zur Verwandtschaft ins ländliche Onano, wo Eugenio neben Schwimmen einen Sport betrieb, der ihm später als Überheblichkeit angekreidet werden sollte. Er ritt gerne auf Pferden seines Onkels aus.

Hier traf er auch unter seinen Cousins und Cousinen 1889 als pubertierender Junge ein Mädchen, das als besonders sanft, freundlich und sauber beschrieben wurde. Diese Jugendbekanntschaft scheint seine erste und vermutlich einzige große Liebe gewesen zu sein. Der Pfarrer von Onano erinnerte sich an diese Affäre nach dem Konklave 1939 und erzählte sie einem Reporter mit den Worten: »Wenn damals Lucia ja gesagt hätte, gäbe es keinen Papst Pacelli.« Vermutlich handelt es sich um eine weitere Legende über die Kindheit und Jugendzeit, weil Eugenio Pacelli zu jener Zeit gerade 13 Jahre alt war und nirgends ein Beleg für diese Liebschaft zu finden ist. Um sie herum entwickelte sich jedoch eine ganze Serie von Legenden, die belegen sollen, dass Pacelli nur wegen einer unglücklichen Liebe Priester geworden sei. Das passte damals ebenso schön zu den Geschichten über die Päpste wie später zu Johannes Paul II. Ihm wurde eine ähnliche Motivation zum Priesterberuf nach einer unerfüllten Jugendliebe unterstellt.

Eine Verwandte fragte Pacelli, als er bereits Kardinalstaatssekretär war, ob er je daran gedacht habe zu heiraten: »Nie. Wenn ich geheiratet hätte, dann nur zu einer Bedingung. Ich hätte die Braut gebeten, mit mir wie Bruder und Schwester zu leben.« Eine seltsame Antwort, die viel über seine verqueren Moralvorstellungen erkennen lässt.

In den Jahren am Gymnasium machte sich eine keineswegs legendäre, sondern wirkliche Schwäche des Papstes bemerkbar. Aus gesundheitlichen Gründen musste er ein Jahr lang der Schule fern bleiben. Nach intensiven Privatstudien bestand er aber das Versetzungsexamen im Juli 1891 brillant. Am Ende brauchte Pacelli wegen des hohen Notendurchschnitts nicht einmal alle üblichen Prüfungen zu absolvieren.

Der kränkliche, spindeldürre, mit 1,82 Meter ungewöhnlich hoch gewachsene Eugenio erwies sich nicht nur als hochintelligent, sondern auch als ein Gedächtnisgenie. Am liebsten las er – wie die meisten Priester bis ins 20. Jahrhundert – die »Nachfolge Christi« von Thomas von Kempen, einem Mönch des 15. Jahrhunderts, der Innerlichkeit, Bescheidenheit und Nächstenliebe bei Verzicht auf alle menschlichen Bindungen predigte und dessen Werk er bald auswendig konnte. Das Buch soll einer anderen frommen Legende folgend Papst Johannes Paul I. (Albino Luciani) in den Händen gehalten haben, als er nach 33 Tagen Pontifikat 1978 starb.

Persönliche Frömmigkeit und kindliche Liebe zur Gottesmutter sind Pacelli nach dem Zeugnis seines späteren Privatsekretärs, des deutschen Jesuiten Robert Leiber, bis ans Lebensende geblieben. Einen negativen Charakterzug schien er früh zu beherrschen gelernt haben. Er brauste gerne auf, reagierte ungeduldig und extrem empfindlich auf Kritik. Das gab er immerhin in einem Aufsatz als Gymnasiast selbst zu. Die Unfähigkeit, Kritik zu ertragen, unterdrückte er allerdings mit geringem Erfolg. Er nahm zeitlebens übel, wenn er kritisiert wurde.

Trotz tiefer Frömmigkeit und Papsttreue im Hause Pacelli wurde Eugenio also keineswegs engstirnig erzogen. Die Grundschule mit dem antijüdischen Lehrer ließ manchen Biografen auf einen früh gesäten Antisemitismus des späteren Papstes schließen. Die Folgerung berücksichtigt aber nicht, was die Jahre im Visconti in entgegengesetzter Richtung bewirkt haben. Er pflegte beispielsweise eine enge Beziehung zu einem jüdischen Schulkameraden, was kaum zu den herkömmlichen Urteilen über Pius XII. als antisemitisch passen will. Nach dem Tod von Pius XII. 1958 erzählte ein Jugendfreund aus der Gymnasialzeit, der Arzt Guido Mendes, der damals in Ramat Gan in Israel lebte, von seiner Freundschaft mit dem Schulkameraden Eugenio. In der »Jerusalem Post« schrieb er: »Pacelli ist der erste Papst gewesen, der in seiner Jugendzeit ein Abendessen am Sabbat in einem jüdischen Haus mitgemacht und mit bekannten Mitgliedern der jüdischen Gemeinde Roms über jüdische Theologie diskutiert hat.« Pacelli lieh sich außerdem Bücher über das Judentum von der Familie seines Schulfreundes aus.

Mendes und seine Familie konnten mit Hilfe des Kardinalstaatssekretärs Pacelli 1938 nach dem Erlass der antisemitischen Rassengesetze Italiens über die Schweiz nach Palästina auswandern. Nach dem Krieg trafen sich Papst und Jugendfreund wiederholt und berieten dabei auch über die Zukunft Jerusalems. Pius XII. hat sich in dieser Zeit für einen internationalen Status der für Christen, Juden und Moslems heiligen Stadt erfolglos stark gemacht.

Die Auseinandersetzung mit dem Liberalismus und der Freimaurerei begleitete den Lebensweg des jungen Pacelli als alltägliches Thema vieler Gespräche. Sie beeinflussten ihn aber nicht nachhaltiger, zumal er sich in einer behüteten römischen Bürgerfamilie ziemlich unangefochten von zeitgeschichtlichen Herausforderungen geborgen fühlte. Die soziale Wirklichkeit der Arbeiter blieb ihm erst recht fremd. Eine Gefahr aber, die von dorther drohte, nahm er bereits als Gymnasiast wahr, aber nicht aus direkter persönlicher Erfahrung. Er konnte diese Angst nie überwinden. Es war die Angst vor dem Sozialismus. Darauf gestoßen wurde der Gymnasiast Pacelli im Jahre 1891, als Papst Leo XIII. mit seiner Sozialenzyklika Rerum novarum (Von der neuen Sache) dem Sozialismus und Kommunismus eine katholische Antwort entgegensetzen wollte. Die Enzyklika begründete die katholische Soziallehre. Sie verteidigte den Arbeiter als Person mit einer unantastbaren Würde, der das Recht auf einen gerechten Lohn habe, der nicht auf der Grundlage von Angebot und Nachfrage definiert werden darf. Die Staaten wurden aufgefordert, Sozialgesetze zur Hilfe für die Arbeiter zu erlassen. Sensationell für kirchliches Denken sprach der Papst den Arbeitern das Recht auf Streik zu. Um diese lehramtliche Ecke herum lernte Eugenio Pacelli also den Sozialismus kennen.

Den Verlust der Arbeiterschaft für die Kirche konnte Leo XIII. nicht rückgängig machen. Die Beziehungen zum italienischen Staat blieben noch über dreißig Jahre lang feindlich. Das Papstbild als Stellvertreter Christi auf Erden mit Anspruch auf weltliche Macht diente auch dem ehrgeizigen Schüler Eugenio Pacelli als Vorbild. In den letzten Jahren am Gymnasium manifestierte sich in ihm der Wunsch, der nach der Überzeugung seiner Geschwister schon immer vorhanden war. »Er wurde als Priester geboren«, kommentierte einmal seine jüngere Schwester Elisabetta. Während der Sommerferien 1894 zog er sich zu Exerzitien ins Kloster Sant' Agnese an der Via Nomentana am nordöstlichen römischen Stadtrand zurück. Als er nach zwei Wochen nach Hause kam, eröffnete er seinen Eltern, dass er Priester werden wolle.

Der Priester

Der ewige Primus mit Extrawurst

Minutant Pacelli schreibt Papstreden
und formuliert das Recht für
den römischen Zentralismus

Eugenios Entscheidung, Priester zu werden, hat die Familie nicht wirklich überrascht. Selbstverständlich war sie dennoch nicht. So bigott, wie manchmal vermutet wurde, dachte die Familie Pacelli keineswegs. Der ältere Bruder Francesco und die beiden Schwestern heirateten. Nur Eugenio schien von vornherein für das Priesteramt bestimmt zu sein. Später bekannte Pius XII. sogar, dass ihm immer wieder von diesem Weg abgeraten worden sei. Die Gründe lagen aber nicht in Zweifeln an seiner pastoralen Berufung, sondern in den Bedenken der Familie wegen seiner labilen Gesundheit.

Als die Berufswahl definitiv feststand, bat Vater Filippo den zuständigen Pfarrer Piero Monti von der Kirche San Celsio und Giuliano, wo Eugenio schon getauft worden war, um ein Empfehlungsschreiben an den Kardinalvikar von Rom, Lucido Maria Parocchi, damit der Junge in das bestmögliche Institut, das aus dem 15. Jahrhundert stammende Priesterseminar Capranica, aufgenommen werde. Es gehörte zu den angesehensten und ehrwürdigsten Kircheneinrichtungen in der Ewigen Stadt. Pfarrer Monti würdigte Eugenio Pacelli als Sohn frommer und aufrichtiger Eltern mit einem »reinsten Charakter unter allen Gesichtspunkten«. Er habe sich durch Barmherzigkeit und Religiosität ausgezeichnet.

Im Herbst 1894 trat Pacelli in das Priesterseminar ein. Dort erwartete ihn nicht nur eine relativ aufgeschlossene Gemeinschaft von Seminaristen, sondern auch eiserne Disziplin. So wurde im Winter um 5:30

Uhr geweckt, im Sommer sogar schon um 5.00 Uhr. Es folgten Früh-messe, die Gebete des Morgenlob, Engel des Herrn und der Rosenkranz. Während der Studierzeit und der Mahlzeiten herrschte absolute Stille. Die Seminaristen wurden im Geiste des Konzils von Trient aus dem 17. Jahrhundert zu Priestern erzogen, die sich zeitlebens als etwas Be-sonderes, Heiliges empfinden sollten, die von allem Weltlichen abge-sondert allein dem Gebet und der Askese gewidmet leben müssten.

Mit dem Eintritt ins Priesterseminar schrieb sich Pacelli auch in der von Jesuiten geleiteten päpstlichen Elite-Universität Gregoriana ein und belegte neben Philosophie christliche Archäologie, Griechisch und Rhetorik. Die Fächerwahl entsprach nicht nur der Neigung des Studenten. Dieser folgte einem Appell von Papst Leo XIII., nicht nur Thomismus und Scholastik zu lernen, sondern auch die historische Wirklichkeit der Kirchengeschichte zu beachten, was allerdings noch weit weg war von einer historisch-kritischen Wissenschaft. Wir leben schließlich im Zeitalter der Kirche als Fortsetzung des nicht hinter-fragten römischen Imperiums. In seinem ersten Semester beteiligte sich Pacelli auch an einem auf Lateinisch geführten Disput mit dem deutschen Studenten Klaus Sonnenschein, der später als Dominika-ner spiritueller Führer der katholischen Jugend in Deutschland wur-de.

Am 9. Juli 1895 erhielt er bereits das Baccalaureat in Philosophie und eine Auszeichnung in Mathesis Elementaris und Lingua Greca. Auch an der Gregoriana wurde er Primus seines Studienjahrgangs. Doch die eiserne Disziplin und das ungewohnte Essen im Capranica hin-terließen Spuren. Pacelli wog kaum noch 52 Kilogramm bei 1,82 Me-ter Größe. Er magerte ab und litt an Magenschmerzen. Die Familie brachte ihm jeden Sonntag etwas zum Essen, was er besser vertragen sollte als die Seminarkost. Doch auch die Fürsorge der Angehörigen half nicht weiter. Wieder durfte Pacelli einen Sonderweg gehen. Er verließ das Priesterseminar, um daheim zu wohnen und dort die Studien fortzusetzen.

Die Orientierung der Ausbildung zum abgehobenen »hochwürdigsten Herrn« brauchte Pacelli nicht erklärt zu werden. Sie entsprach seiner Art und seinen Erwartungen, auch wenn er Jahre lang ein modernes und antichristliches Gymnasium besucht hatte.

Als externer Seminarist schrieb sich Pacelli neben der Gregoriana auch am päpstlichen Athaneum Appolinaris ein, um dort Theologie zu studieren. An der Staatlichen Universität La Sapienza belegte er später Geschichte und Literatur. Hier fand er wieder eine Atmosphäre vor wie einst im Gymnasium. Der Student musste sich durch Leistung unter antiklerikalen Kommilitonen durchsetzen. Viele Studienfreunde gewann er nicht und lange hielt er die mehrfache Belastung nicht aus. Magenbeschwerden zwangen ihn zu einer Pause. Wieder halfen Ferien in Onano. Nach der Rückkehr verzichtete er auf das Studium an der Staatsuniversität und kümmerte sich nur noch um streng kirchliche Themen, zuerst Theologie und danach drei Jahre kanonisches Recht. Einer seiner Studienkollegen hieß übrigens Angelo Giuseppe Roncalli, sein späterer Papstnachfolger Johannes XXIII.

Die Trennung von den Caprancia-Seminaristen verhinderte schließlich, dass Pacelli mit ihnen am Karsamstag 1899 in der Lateran-Basilika zum Priester geweiht wurde. Er bekam eine gesonderte Zeremonie. In der Kapelle des römischen Weihbischofs Francesco di Paolo Cassetta wurde er allein geweiht. Die prekäre Gesundheit soll den Ausschlag für die Sonderbehandlung gegeben haben, da Pacelli nicht zugetraut wurde, den stundenlangen Ritus der normalen Priesterweihe durchzustehen.

Auch die Zusammensetzung der Primizgäste unterschied sich erheblich vom Üblichen. An der Primizmesse und dem anschließenden Empfang nahmen nicht nur mehrere Bischöfe und Kardinäle teil, sondern auch der Großmeister der Freimaurerloge, Ernesto Nathan, als Vertreter der Stadt Rom. 1907 wurde Nathan Bürgermeister der Ewigen Stadt.

Auch als neuer Priester bekam Pacelli seine Extrawurst. Er durfte weiter bei den Eltern wohnen und daheim lernen. Dort wurde ihm sogar eine Privatkapelle eingerichtet. Er schlief nur fünf Stunden und widmete sich die meiste Zeit dem Studium eines Fachgebiets, das später seine ganze kirchliche Karriere bestimmen sollte, dem Kirchenrecht. Seelsorgliche Aufgaben übernahm er in der Chiesa Nuova. Dort las er regelmäßig die Messe und hörte im ersten Beichtstuhl links neben dem Eingang auch Beichte.

Kardinalvikar Pietro Respighi stellte 1901 die entscheidenden Weichen für Pacellis Zukunft. Er forderte ihn auf, sich auf eine Kurienkarriere in der Kongregation für die außergewöhnlichen Angelegenheiten der Kirche einzustellen. Der Sekretär dieser Kongregation und damit der Außenminister des Papstes war gerade Pietro Gasparri geworden. Der spätere Kardinalstaatssekretär und Unterzeichner der Lateran-Verträge von 1929 stellte den hoffnungsvollen jungen Priester ein. Die beiden sollte eine enge Beziehung verbinden. Gasparri war nicht nur durch einen Freund der Familie auf Pacelli aufmerksam geworden, sondern von mehreren Professoren der Gregoriana auf ihn hingewiesen worden, berichtete jedenfalls der spätere Bischof von Speyer und Gregoriana-Student Isidor Markus Emmanuel. Eine weitere Empfehlung schickte ein Onkel, Ernesto Pacelli, Finanzberater von Leo XIII. und Mitbegründer des Banco di Roma. Schon wenige Tage nach dem Arbeitsbeginn durfte Pacelli ehrenvoll ins Ausland reisen und die Kondolenzbotschaft des Papstes nach dem Tod von Königin Victoria von England überbringen.

Für kurze Zeit lehrte Pacelli kanonisches Recht am Apollinaris. Seine Vorgesetzten im Staatssekretariat benötigten den Nachwuchsdiplomaten jedoch sehr bald für eine Vollzeitbeschäftigung und untersagten ihm Nebenjobs.

Am 2. Mai 1903 wurde Pacelli in eine römische marianische Kongregation aufgenommen, die bereits 1593 gegründet worden war.

Ursprünglich sollte sie die jungen Leute der besseren römischen Gesellschaft an den beiden letzten Karnevalstagen von Vergnügungen abhalten und zu Fastenandachten bewegen. Im 17. Jahrhundert wirkte die Kongregation vor allem als Vermittlerin zwischen Duellanten, um Blutvergießen zu verhindern.

In die frühe Zeit im Staatssekretariat fiel auch Pacellis erstes bekannt gewordenes politisches Engagement. Er arbeitete in der katholischen Unione Romana mit, um einen Wahlsieg von Freimaurern und Liberalen bei den römischen Stadtratswahlen zu verhindern.

Am 20. Juli 1903 starb Leo XIII. mit 93 Jahren. Nach einem ein Vierteljahrhundert langen Pontifikat suchten die Kardinäle einen Nachfolger, der stärker pastoral und weniger politisch oder diplomatisch orientiert sein sollte. Der sizilianische adlige Kardinalstaatssekretär Rampolla del Tindaro zog mit den größten Aussichten ins Konklave ein. Hinter ihm standen vor allem Teile der Kurienkardinäle und die französischen Wähler. Der österreichische Kaiser Franz Josef jedoch beanspruchte das zu dieser Zeit noch gültige Veto-Recht katholischer Herrschaftshäuser und lehnte Rampolla ab. Der Kardinalstaatssekretär hatte für den Geschmack des Habsburgers zu viel Sympathie für die Unabhängigkeitsbestrebungen seiner Noch-Untertanen auf dem Balkan gezeigt. Als Geheimtipp einer Minderheit galt der aus bäuerlichen Verhältnissen stammende, seelsorgliche Patriarch von Venedig, Giuseppe Sarto.

Am 1. August 1903 traten die 62 Papstwähler zum ersten Urnengang an, 42 Stimmen waren für die Zweidrittelmehrheit erforderlich. Beim ersten Wahlgang kam Rampolla auf 24, Sarto auf 5. Im zweiten am Nachmittag Rampolla auf 29, Sarto auf zehn. Vor dem zweiten Wahltag verlas der Krakauer Kardinal Puzyna de Kozielsko auf Lateinisch den Einspruch, wonach Österreichs Kaiser Rampollas Wahl nicht wünsche.

Den Kardinälen war bewusst, dass es sich um einen überholten Anspruch handelte, der aus einer Zeit stammte, als der Kirchenstaat noch eine weltliche Macht darstellte und dessen Oberhaupt politisch korrekt sein, also die Interessen der katholischen Staaten vertreten sollte. Gleich nach der Verlesung des so genannten »Ausschlusses« von Rampolla, wie es offiziell heißt, protestierten die Kardinäle gegen die Einmischung. Rampolla wurde dennoch nicht gewählt. Beim nächsten, dem dritten Wahlgang war auch ohne Einflussnahme erkennbar, dass seine Chancen nicht ausreichten. Rampolla wollte jedoch nicht verzichten. Schließlich wurde Sarto mit 50 Stimmen zum Papst gewählt, nachdem sich auch die französischen Kardinäle gegen ihren uneinsichtigen Favoriten entschieden und für den Venezianer votierten.

Sarto nannte sich Pius X. und ließ sich für die ersten Personalentscheidungen viel Zeit – mit einer gewaltigen Ausnahme. Er entließ sofort Rampolla als Staatssekretär. Der zog sich verärgert in seine Heimat Sizilien zurück. Ein erst 38-jähriger Konklavesekretär, der englisch-spanische Adlige Raffaele Merry del Val, wurde als Pro-Sekretär mit den Aufgaben des Staatssekretärs betraut und später als Kardinal im Amt bestätigt.

Merry del Val hatte bald mit einem jungen Mann zu tun, der am 3. Oktober vom Papst als Minutant in die Kongregation für die außerordentlichen Angelegenheiten der Kirche berufen wurde, wie das »Außenministerium« als damals noch selbstständige Kongregation hieß: der Priester Prof. D. Eugenio Pacelli. 1904 wurde Pacelli im kanonischen Recht promoviert und zwar wegweisend mit einer Arbeit über die Konkordate zwischen dem Heiligen Stuhl und nationalen Regierungen. Die Arbeit fiel so glänzend aus, dass ihm Lehrstühle am Appolinare, aber auch an der katholischen Universität von Washington und einer an jenem Seminar angeboten wurden, in dem der Heilige Stuhl seine Diplomaten ausbilden lässt. Diese letzte Offerte nahm er an, da das Institut nahe bei seiner Wohnung lag, die

Belastung also nicht zu groß war. Doch nach nur kurzer Zeit stand er ganz im Dienst des Staatssekretariats.

Dort durfte er fortan päpstliche Dokumente entwerfen. Minuta heißt der erste Entwurf eines Textes, daher die Stellenbezeichnung. Nach zwei Jahren verlieh ihm der Papst den Ehrentitel eines Monsignore, nachdem ihm aufgefallen war, dass Pacellis Vorlagen seinen Vorstellungen entsprachen und er sie deshalb nahezu unverändert übernahm.

Leo XIII. ging in die Geschichte ein als der Papst, der die soziale Frage für die Kirche entdeckt und die Realität des Kirchenstaates erkannt hatte. Er verzichtete verbal auf die weltliche Macht und öffnete damit den Weg zu einer Versöhnung mit Italien, die allerdings noch über zwanzig Jahre auf sich warten lassen sollte. Sein Nachfolger Pius X. folgte ihm im Verzicht auf weltliche Macht. Er bekundete sogar, er würde es ablehnen, wenn der italienische König ihm Rom zurückgeben würde. Er nahm das »non expedit« zurück, mit dem seine Vorgänger den Katholiken die Beteiligung an den politischen Wahlen in Italien untersagt hatten.

Doch nicht diese Einsicht in geschichtliche Notwendigkeiten, sondern der unduldsam scharfe Kirchenkurs gegen alle neuen gesellschaftlichen und theologischen Erkenntnisse bestimmte seinen Platz in der Geschichte. Er sagte allen modernistischen Bewegungen den Kampf an. Mit einem Dekret der Inquisitionsbehörde, des Heiligen Offiziums, einer Enzyklika und einem Motu Proprio (wörtlich: ein Schreiben aus eigenem Antrieb) förderte er Misstrauen, Denunziantentum und Repression in der Kirche. Im Papstauftrag überzog der Prälat Umberto Benigni die Kirche mit einem Spitzelsystem, um jede Abweichung von der traditionellen Lehre bekämpfen zu können. Dazu wurde Benigni ins Staatssekretariat berufen. Dort traf er auch auf Eugenio Pacelli. Eine engere Beziehung zwischen den beiden soll aber nicht entstanden sein. Doch der Geist der strikten Strengglaubigkeit und des Gehorsams zur römischen Lehre hätte beide verbunden.

Der aus Perugia stammende Benigni schuf für wenige Jahre eine Einrichtung, die als Geheimdienst bezeichnet werden kann. Sie hieß Sodalitium Pianum. Der Prälat griff dazu auf die von ihm gegründete vatikanische Informationsagentur »Corrispondenza Romana« zurück, die 1908 den definitiven Namen annahm. Offiziell wurde die Agentur aber totgeschwiegen. Nach dem Ableben des Papstes 1914 wurde sie dann auch geschlossen und unter dem Nachfolger Benedikt XV. von 1915 bis 1921 nur wegen des Krieges nochmals reaktiviert.

Benigni starb 1934, ohne je wieder geheimdienstlich für den Papst zu arbeiten. Seine Hintergrundinformationen bezog er aus einem sehr effektiven Netz von ausländischen Zeitungskorrespondenten in und außerhalb Italiens. Mit ihrer Hilfe und seinen umfassenden Fremdsprachenkenntnissen stellte Benigni einen internen Pressedienst zusammen, der erste des Heiligen Stuhls überhaupt. Als Spion verstand er sich nie. Vielmehr definierte er seine Arbeit systemkonform als einen Dienst an der Wahrheit. Kirchenpolitisch nützte sie dem Vatikan in Zeiten des Ersten Weltkrieges in der Tat, zumal das den Vatikan umgebende politische Italien extrem kirchenfeindlich eingestellt war.

Pacelli mochte sich trotz seines Ansehens wegen seiner hohen Belastbarkeit und Genauigkeit nicht auf die Arbeit in der Kurienbürokratie beschränken. Doch große Aufgaben ließen ihm bald keine andere Wahl. Pius X. hatte erklärt, er betrachte sich nicht mehr als weltlicher Herrscher. Gleichzeitig hatte er aber betont, er sei der Vater aller Gläubigen, erfülle sein Amt als Papst unabhängig von allen Staaten und sei an keinerlei besondere Interessen einzelner Völker gebunden. Damit beanspruchte er das Recht, sich einzumischen, wo die Kirche betroffen sei. Als eine der ersten Maßnahmen beendete er formal den Anspruch katholischer Monarchen, sich in ein Konklave einzumischen. Pacelli sollte in diesem Rahmen das Konkordat mit Serbien vorbereiten, aber ganz besonders die Reform des kanonischen Rechtes beginnen. Mit ihr wollte der Papst das Dogma von der eigenen Unfehlbarkeit in ein juristisches Mittel umsetzen. Mit dem neuen Kirchenrecht von römischen Gnaden sollten Papstansprüche für die gesamte Kirche definiert und überall durchgesetzt werden.

Daneben betreute Pacelli als geistlicher Leiter einen Marienorden und ein Franziskanerinnen-Kloster, wo er allerdings vergeblich versuchte, eine Verwandte, die die Trennung ihrer Eltern nicht überwunden hatte, von ihrem selbst auferlegten Schweigen zu erlösen. Diese Maria Theresa Pacelli vertraute sich ihm zwar an, doch der misstrauische Vater verbat die Beziehung. Durch sie werden auch einige Eigenheiten des künftigen Papstes überliefert. Sie erzählte, dass Pacelli »bei Tisch nur wie ein Vögelchen gegessen hat«. Außerdem könne er schlecht schlafen. Sie habe ihm einmal empfohlen, zum Einschlafen den Rosenkranz zu beten. Er habe sich aber gewundert, beim Beten des Rosenkranzes dürfe man doch nicht einschlafen.

In Frankreich nahmen mittlerweile die Spannungen zwischen Staat und Kirche erheblich zu. Pacelli musste darüber ein Weißbuch verfassen. Der Streit eskalierte ausgerechnet am Karfreitag 1904, als der ehemalige Seminarist und antiklerikale Ministerpräsident Emile Combe in allen Schulen und Gerichten Frankreichs die Kruzifixe entfernen ließ. Am 30. Juli 1904 brachen Frankreich und der Heilige Stuhl die diplomatischen Beziehungen wegen eines Streites um Bischofsernennungen ab. Am 9. Dezember 1905 kündigte Frankreich das Konkordat. Kirchliche Einrichtungen konnten sich nur noch als kulturelle Vereinigungen betätigen. Selbst die Kirchengebäude gingen in Staatsbesitz über. Die katholische Kirche in Frankreich verlor auf einen Schlag ihren gesamten Immobilienbesitz, den sie sich nach der Revolution in einem Konkordat von 1801 noch gesichert hatte.

Der Papst beauftragte seinen Außenminister Gasparri, eine Lösung auszuarbeiten. Fünf Tage lang zog sich Gasparri mit seinem besten Mitarbeiter Pacelli in seinem Heimatort zurück mit einem Koffer voll Arbeitsunterlagen. Das Ergebnis mündete am 11. Februar und am 10. August 1906 in die zwei päpstlichen Dokumente »Vehementur Nos« und »Gravissimo officii munere«, darin wurden die französische Gesetzgebung und die Trennung von Staat und Kirche als schädlich verurteilt. Gleichzeitig lehnte der Papst jeden Kompromiss ab mit der Begründung »es ist besser, frei und arm zu sein, als reich und versklavt.«

Diese harte Linie teilte die Kurie allerdings nicht einheitlich. Auch Pacelli schien eher einen moderateren Weg vorzuziehen, ebenso Staatssekretär Merry del Val. Dieser erhielt durch eine Kurienreform mehr Macht. Ihm wurde auch das Außenministerium untergeordnet. Dessen Leiter Gasparri zog sich enttäuscht zurück und konzentrierte sich auf eine neue Aufgabe, die ganz nach dem Wunsch seines Mitarbeiters Pacelli war. Er sollte das Kirchenrecht völlig neu fassen, das bis dahin aus verschiedenen Teilen bestanden hatte, die nie zu einem einheitlichen Gesetzeswerk zusammengefügt worden waren. Hier waren sich Gasparri und Pacelli völlig einig. Sie stellten sich ein Kirchenrecht vor, das sich an die modernen bürgerlichen Gesetzbücher anlehnte und zugleich der Kirchenzentrale in Rom alle erdenklichen Befugnisse einräumte. Sie wollten die rechtliche Grundlage für den päpstlichen Zentralismus, die Vollendung des ersten Vatikanischen Konzils mit der Aufwertung der kirchlichen Macht des Papstes gesetzlich regeln.

Der Nuntius

Das Trauma von München

Eine bedrohliche Begegnung begründet
Fehler und Verdächtigungen

Ausnahmen und Sonderbehandlung gehören wie selbstverständlich zu Eugenio Pacellis Lebensweg. Die nächsten stehen 1908 bevor. Die Familie wechselt auf die andere Tiberseite in die Nähe des Vatikans in die via Boezio 19 im Stadtteil Prati. Eugenio zieht mit um. In einer kleinen Stadtvilla erhält er zwei Zimmer im zweiten Geschoss und darf dort mit einer Ausnahmegenehmigung des Papstes die Messe feiern. Er steht sehr früh auf und zelebriert kurz vor acht bereits die Messe, wobei ihm ein Kind aus der Verwandtschaft als Messdiener assistiert. Einer der ministrierenden Neffen, Giulio Pacelli, zeigt sich noch nach Jahren tief beeindruckt von dem verklärten Gesicht seines Onkels bei diesen Morgenmessen, die immerhin fast eine Stunde lang dauern. Pacellis Rollenverständnis als Priester, der irgendwo zwischen der Erde und nahe am Himmel lebt, nimmt konkrete Formen an.

Mittags um 14.00 Uhr kehrt Pacelli regelmäßig vom Studium und später bis zu seiner Berufung als Nuntius von seiner Arbeit im Staatssekretariat zum Mittagessen zur Familie zurück. Er gibt dort den aufmerksamen Onkel der Kinder und anspruchsvollen Gesprächspartner der Erwachsenen. Zu den Kindern sei er besonders lieb gewesen, notieren Angehörige in privaten Aufzeichnungen. Die Gymnasiasten beeindruckt er durch Fragen und kleine Unterhaltungen in Latein und Griechisch, wobei er gerne antike Philosophen auswendig zitiert. Nach dem Pranzo, dem Mittagessen, unternimmt Pacelli gewöhnlich einen etwa einstündigen Spaziergang, eine Gewohnheit, die er sein Leben lang beibehält.

Mit 35 Jahren wird Pacelli am 7. März 1911 Vizesekretär der Kongregation für die außerordentlichen Angelegenheiten der Kirche, des so genannten Außenministeriums. In dieser Zeit ist Achille Ratti stellvertretender Leiter der vatikanischen Bibliothek. Pacelli und Ratti begegnen sich hier zum ersten Mal. Er sollte Papst Pius XI. werden und Pacelli sein Kardinalstaatssekretär und Nachfolger.

Das Außenamt führte den angehenden Nachwuchsdiplomaten bald zu offiziellen Terminen ins Ausland. Bei den Krönungsfeiern für König Georg V. von England beobachtete er eine Militärparade der königlichen Marine, die ihn so sehr beeindruckte, dass er immer wieder bei Audienzen für englische Pilger in Rom davon erzählte. Der offizielle Termin krönte einen Verhandlungserfolg des päpstlichen Diplomaten. Vor den Feiern hatte Pacelli erreicht, dass zum ersten Mal seit 1607 bei der Vereidigung der englische König keinen antikatholischen Eid mehr ablegte. Pacelli bereitete sich minutiös auf die Reise vor, wozu auch der Druck von Visitenkarten in der französischen Sprache der Diplomaten gehörte.

Die erste wirklich große Aufgabe im Staatssekretariat führte Pacelli endlich in jenen Bereich ein, den er seit seiner Promotion wie ein Leitmotiv begleitete: das Verhältnis zwischen Staat und Kirche, wie es in Konkordaten geregelt werden kann. In diesem Fall ging es um ein Konkordat mit Serbien, das schließlich kurz vor dem Ausbruch des Ersten Weltkrieges geschlossen werden konnte. Für den jungen Diplomaten galt es, die Empfindlichkeiten der kaiserlichen und königlichen Herrschaft in Wien zu berücksichtigen und dennoch die historische Rolle des habsburgischen Kaiserreiches zu beenden. Immerhin beanspruchte Wien die Protektion aller Katholiken in seinem von Unruhen erschütterten Reich. In Serbien waren die Österreicher jedoch längst nicht mehr dazu in der Lage, zumal es sich um eine kleine Minderheit handelte, die kaum über Kirchen und Priester verfügte. Serbien hatte keinerlei Einwände gegen ein Konkordat, lehnte aber Österreichs überlieferte Vormundschaft ab.

Während der Verhandlungen wurde Pacelli zum Sekretär der Kongregation und damit zum päpstlichen Außenminister befördert. Am 24. Juli 1914, als der Krieg schon nicht mehr abzuwenden war, wurde im apostolischen Palast im Vatikan das erste von Pacelli ausgehandelte Konkordat feierlich unterzeichnet. Kardinalstaatssekretär Merry del Val und der serbische Geschäftsträger Milenko Vesnitch besiegelten die 22 Artikel, mit denen nicht nur die Religionsfreiheit der Katholiken gesichert werden sollte, sondern auch die beiden Diözesen Belgrad und Skopje gegründet wurden. Als zentrale Punkte wurden die Bischofsernennung und der Religionsunterricht in den Schulen geregelt. Die katholische Kirche in Serbien wurde durch das Konkordat eine Körperschaft des öffentlichen Rechts, eine juristische Form, die der Heilige Stuhl immer für alle Bistümer eines Landes anstrebte. Österreich wurde in dem Konkordat nicht erwähnt. Zur Beruhigung des Kaisers bestätigte der Vatikan jedoch in einem Brief die Ehrenrechte des Kaiserhauses. Ein glücklicher Stern lag nicht über dem Konkordat. Es wurde nie angewendet, weil kurz darauf der Erste Weltkrieg ausbrach.

Am 20. August starb Pius X. In den Nachrufen wurde ihm bescheinigt, er habe die Kirche aus den politischen Abhängigkeiten gelöst und sie in eine stärker pastoral orientierte Zukunft geführt. Er hinterließ aber auch den antimodernistischen Ungeist, der in eine regelrechte Hexenjagd gegen Kritiker und Abweichler ausartete. Kurz vor seinem Tod ernannte er im letzten Konsistorium den Erzbischof von Bologna, Giacomo della Chiesa, zum Kardinal. In den päpstlichen Jahrbüchern findet sich jedoch dieser Purpurträger nicht mehr. Er wurde am 3. September gleich zum Papst gewählt und nahm zur Überraschung der Konklavisten den Namen Benedikt XV. an.

Der neue Papst baute umgehend die Kurie nach seinen Vorstellungen um. Zuerst wurde mal wieder der Staatssekretär abgelöst, dieses Mal Merry del Val. Der durfte zunächst die Bauhütte von Sankt Peter leiten, bis er später das Heilige Uffizium, die frühere Inquisition und heutige Glaubenskongregation übernehmen konnte. Der Papst gab dem Entmachteten gerade mal 48 Stunden, um seine Wohnung in den Borgia-Gemächern des Apostolischen Palastes zu räumen. Eugenio Pacelli war von diesem unwürdigen Rauswurf so betroffen, dass er später schon vor dem Konklave von 1939 aus Sorge, sein Amt des Staatssekretärs genauso schnell zu verlieren, die Koffer packen ließ, um ja schnell ausziehen zu können.

Die engsten Mitarbeiter von Merry del Val erlitten dasselbe Schicksal. Substitut Nicola Canali musste gleich mit seinem Vorgesetzten den Apostolischen Palast verlassen. Der für die Hexenjagd auf Abweichler zuständige Umberto Benigni wechselte als Professor an die päpstliche Diplomatenakademie. Zum neuen Kardinalstaatssekretär ernannte Benedikt Kardinal Domenico Ferrata, einst Mitarbeiter von Leo XIII. und frankophiler Diplomat. Seine Berufung wurde zurecht als Signal zum größeren internationalen politischen Engagement des Heiligens Stuhls in dieser unfriedlichen Zeit interpretiert. Er wurde schon am 4. September, am Tag nach der Papstwahl, ernannt, starb aber bereits einen Monat später am 10. Oktober 1914. Benedikt holte nun seinen alten Freund Pietro Gasparri zurück. Der wiederum schätzte den Sekretär des Außenamtes, Eugenio Pacelli, den er einst an die Kurie gebracht und aus der gemeinsamen Arbeit am kanonischen Recht gut gekannt hatte. Er bestätigte ihn deshalb auch in seinem Diplomatenamt. Mit anerkennenden Worten größten Wohlwollens genehmigte der Papst bei dieser Gelegenheit Pacelli eine Sonderzahlung von tausend Lire.

In seiner ersten Enzyklika »Ad Beatissimi Apostolorum Principis« verurteilte Benedikt XV. zwar wie sein Vorgänger die modernistischen Tendenzen in Kirche und Gesellschaft, stellte aber die institutionalisierte Jagd und Verfolgung von Abweichlern ein. Die Kriegsnot linderte er durch ein Hilfswerk für Kriegsopfer aller Länder und vertraute die Leitung Eugenio Pacelli an. Am Ende des Krieges hatte dieses Gefangenenhilfswerk das Schicksal von 170.000 Verschollenen aufgeklärt und für 40.000 Verwundete die Überführung in die Heimat erwirkt. In den Kriegsgebieten organisierte das Hilfswerk praktische Hilfe für die Bevölkerung, ein Vorbild, auf das Pius XII. im Zweiten Weltkrieg zurückgriff.

Als Außenminister erlebte Pacelli hautnah, wie erfolglos päpstliche Appelle an die Kriegsparteien endeten, Erfahrungen, die später sein Verhalten im Zweiten Weltkrieg und gegenüber dem Holocaust vorbestimmten. So rief Benedikt XV. im August 1917 in einer Friedensnote, einer »Nota di pace«, alle Kriegsteilnehmer in der Hoffnung auf, dass auf den unparteiischen Papst gehört würde. Aber niemand wollte ihn hören und der Aufruf verhallte wie die 24 sonstigen des Kirchenoberhauptes unbeachtet .

Pacelli fühlte immer als Römer und Italiener. Im nationalen italienischen Interesse versuchte er bei Kaiser Franz Josef 1915, Italien aus dem Krieg herauszuhalten. Zum ersten Mal hatte er bei dieser Mission mit einem deutschen Diplomaten zu tun, Baron Franz von Stockhammern, Vertreter Bayerns beim Quirinal, der italienischen Regierung. Er trug Pacelli im Vorfeld ein Projekt des deutschen Zentrumspolitikers Matthias Erzberger vor. Mit ihm sollte Italien aus dem Krieg gehalten und zugleich die römische Frage gelöst, d. h. der staatliche und völkerrechtliche Status des Vatikans geklärt werden. Noch immer lebten die Päpste de jure in ihrem freiwilligen Exil im Vatikan und lehnten jeden offiziellen Kontakt zum neuen Italien ab. Mit dem Verlust der weltlichen Macht hatten sie sich arrangiert. Im Grunde beruhte aber ihr politisches Handeln auf einer stillschweigend geduldeten Annahme, der Papst bzw. der Heilige Stuhl verkörpere eine eigenständige, autonome Einheit, obwohl er rechtlich Teil Italiens war. Keine einzige Frage, die aus dem Ende des Kirchenstaates entstanden war, wurde bis dahin gelöst.

Teile dieses Erzberger-Projekts lesen sich aus heutiger Sicht absurd und bar jeder Realität. Der Vatikan sollte als Ausgleich für seinen

Verlust des Kirchenstaates mit dem Trentin, die Gebiete um Trient, entschädigt werden, auf das Österreich hätte verzichten müssen. Der Vorteil lag für die Friedensstrategen darin: Zwischen Österreich und Italien wäre im kritischen deutschsprachigen Grenzgebiet ein neutraler Kirchenstaat entstanden, der aus dem Krieg herausgehalten hätte werden können. Eine unhistorische und unrealistische Utopie auf der krampfhaften Suche nach Frieden. Pacelli reiste mit diesem Projekt nach Wien und wurde auch umgehend vom Kaiser empfangen. Dann war es aber mit den Freundlichkeiten vorbei. Franz Josef lehnte den Vorschlag rundweg ab.

Zuvor hatte schon der Wiener Erzbischof Piffl versucht, den Kaiser für den Plan zu gewinnen. Fürst Bernhard Heinrich Karl von Bülow beobachtete dessen Demarche und notierte: »Der Kaiser, der bereits 84 Jahre alt war, unterbrach den Kardinal, der mit dem nötigen Respekt die Wünsche des Heiligen Vaters vortrug. Der bereits sichtbar senile Kaiser bekam vor Wut einen roten Kopf, packte den Kardinal am Arm und schob ihn buchstäblich aus der Tür.«

Pacelli erging es zwar etwas besser. Die Formen blieben 1915 gewahrt. Das Ergebnis änderte sich nicht. In den folgenden Monaten wuchs zwar in Wien die Bereitschaft, Gebiete an Italien abzutreten. Inzwischen hatten sich die römischen Forderungen aber erhöht. Jetzt verlangte Italien auch Südtirol, obwohl dies rein deutschsprachig war. Am 24. Mai 1915 erklärte Italien Österreich den Krieg. Die in Rom lebenden Diplomaten der Kriegsgegner, die ihre Länder auch beim Heiligen Stuhl repräsentierten, mussten Italien verlassen. Die Abgesandten von Österreich, Bayern und Preußen wichen nach Lugano in der Schweiz aus.

Im Januar 1915 versuchte sich Papst Benedikt XV. mit einem Protest gegen den deutschen Einmarsch ins neutrale Belgien. Die Reaktion enttäuschte seinen Außenminister Pacelli nachhaltig. Deutschland fühlte sich beleidigt und griff den Papst scharf an. In den Zeitungen wurde Benedikt als »der französische Papst« oder Papst der Franzosen diskreditiert. Fortan ergriff der Papst nicht mehr gegen eine Seite Partei, sondern beklagte öffentlich nur noch distanziert die Ungerechtigkeit und Grausamkeit des Krieges. Eugenio Pacelli lernte eine wesentliche Lektion und vergaß sie nie. Der Papst verfügte trotz seiner damals noch intakten Autorität über kein wirksames Mittel, die Weltpolitik zu beeinflussen und Frieden durchzusetzen.

Erschwerend erlebte Pacelli die eingeschränkte Handlungsfähigkeit durch die ungeklärte Lage des Vatikans. Im Zweiten Weltkrieg konnte sich der Papst auf seinen Kleinstaat zurückziehen und von dort aus agieren. Während des Ersten Weltkriegs hing die Kirchenführung völlig vom Wohlwollen Italiens ab. Nichts regelte die Versorgung und nichts die Rechte. So passierte die Post des Vatikans die italienische Militärzensur, die, wie italienische Historiker entdeckten, mitunter allerdings toleranter war als die antiklerikalen italienischen Zeitungen. Die durften den Papst offen beleidigen, ohne dass er sich wehren konnte.

Die Lösung der römischen Frage gehörte jedoch nicht ins Ressort des Außenministers Pacelli. Für diesen hatte Papst Benedikt XV. einen Plan, der Pacelli zum Schicksal werden sollte. Das Verhältnis zu Deutschland sollte verbessert beziehungsweise überhaupt erst aufgebaut werden. Seit Bismarcks Kulturkampf gegen die katholische Kirche blieb auch die deutsche Frage ungelöst. Zum Reich bestanden keine diplomatischen Beziehungen. Die Lage der Kirche war prekär und brauchte dringend eine gesetzliche Grundlage, damit die Kirche sich auf ein Mindestmaß an Rechtssicherheit berufen konnte.

Schwierig waren die Beziehungen zwischen Deutschland und dem Vatikan immer. Erst seit dem 16. Jahrhundert schickte der deutsche Kaiser ständige Vertreter zum Heiligen Stuhl, obwohl schon vorher rege und oft gespannte Kontakte bestanden hatten. Bereits im Mittelalter bedienten sich Kaiser und Reichsfürsten ausgewählter Persönlichkeiten, um mit dem Heiligen Stuhl Verhandlungen zu führen, Papstwahlen zu beeinflussen und bei Papstkrönungen und anderen großen Anlässen Präsenz zu zeigen. Die ersten Ständigen Vertreter waren kirchliche Würdenträger und Adlige. Die Reichsstände unterhielten zusätzlich Ständige Vertreter, um Einfluss auf die Kurie auszuüben, darunter Repräsentanten aus Baden-Baden, Braunschweig-Hannover, Hessen-Darmstadt, Köln, Konstanz, Mainz, Münster, Osnabrück, Paderborn, der Pfalz, Sachsen, Trier, Württemberg und Würzburg.

1806 endete das Heilige Römische Reich deutscher Nation. Damit hörte auch die Vielfalt der ständigen Vertretungen aus dem Reich auf. Neben Österreich behielten nur Bayern und Preußen als Nachfolgestaaten ihre diplomatischen Verbindungen beim Heiligen Stuhl. Andere Staaten setzten meist nur gezielt Missionen ein. Sachsen ließ seine Interessen vom preußischen Gesandten wahrnehmen. Der erste Vertreter aus Preußen war der Archäologe Wilhelm von Uhden. Ihm folgte Wilhelm von Humboldt. Dieser begründete eine Tradition von Vertretern des preußischen Kulturprotestantismus, die sich lieber mit der römischen Geschichte als mit dem Heiligen Stuhl befassten.

Der erste Vertreter Bayerns wurde 1605 von Maximilian I. ernannt. Fast 330 Jahre war Bayern durch eine eigene Gesandtschaft beim Heiligen Stuhl vertreten. Preußen hatte zwar Kontakte zum Vatikan, allerdings wurden nach der Reformation die diplomatischen Beziehungen zwischen der Kurie und den protestantischen Territorien abgebrochen. Für Preußen wurde die Errichtung einer Gesandtschaft notwendig, nachdem das katholische Schlesien 1747 preußisch wurde.

Die zweite Hälfte des 19. Jahrhunderts führte alle aufgeklärten europäischen Staatsführungen in einen Grundkonflikt mit dem Papst. Der lebte noch in den Vorstellungen des Vorrangs oder der übergeordneten Rolle der Kirche über den Staat. Die Vorstellung vom emanzipierten, konfessionsneutralen Staat zwang den europäischen Mächten den Konflikt mit der katholischen Kirche auf. Sie wollten gegen den kirchlichen Anspruch die Autonomie des Staates durchsetzen. Im Deutschen Kaiserreich versuchte Reichskanzler Otto von Bismarck die katholische Zentrumspartei, seine römische »schwarze Internationale«, aus der Politik zu verdrängen, um die strikte Trennung von Kirche und Staat leichter durchsetzen zu können.

Zur Charakterisierung der Politik Bismarcks gegenüber der katholischen Kirche verwendete der Berliner Anatom und Abgeordnete der linksliberalen Fortschrittspartei Rudolf Virchow erstmals am 17. Januar 1873 im preußischen Abgeordnetenhaus den Begriff »Kulturkampf«. Bismarck wollte seine Ziele hauptsächlich mit Gesetzen und bürokratischen Schikanen erreichen. Im Juli 1871 löste die preußische Regierung die dreißig Jahre zuvor errichtete Katholische Abteilung im Kultusministerium auf, die nun als römische Vorhut im Herzen des protestantischen Preußens galt. Mehrere antikatholische Gesetze folgten: Im Dezember 1871 wurde der »Kanzelparagraph« ins Strafgesetzbuch aufgenommen, der Geistlichen unter der Androhung von Haftstrafen verbot, von der Kanzel staatliche Angelegenheiten kritisch zu erörtern. Das preußische Schulaufsichtsgesetz vom März 1872 schränke den Einfluss der beiden christlichen Konfessionen auf die Schulen ein.

Mit der Nominierung von Kardinal Prinz Gustav von Hohenlohe-Schillingsfürst (1823–1896) als Gesandten für die neu errichtete deutsche Vertretung beim Vatikan verschärfte Bismarck 1872 den Konflikt. Der Vatikan kritisierte die Entscheidung scharf und lehnte Hohenlohe-Schillingsfürst, ein Gegner des 1870 auf dem ersten Vatikanischen Konzil beschlossenen Unfehlbarkeitsdogmas, ab. Bismarck nutzte diese Absage in seiner Reichstagsrede am 14. Mai 1872 mit einer Erinnerung an den erniedrigenden Bußgang nach Canossa durch Heinrich IV. (1050–1106) im Jahre 1077 und polemisierte: »Seien Sie außer Sorgen, nach Canossa gehen wir nicht.«

Nach dem Abbruch der diplomatischen Beziehungen mit dem Vatikan unterwarfen die preußischen »Maigesetze« von 1873 die katholische Kirche fast vollständig der staatlichen Reglementierung: Angehende Theologen konnten ihre Ausbildung nur durch ein staatliches Kulturexamen abschließen. Die Bischöfe wurden verpflichtet, Neubesetzungen geistlicher Ämter dem zuständigen Oberpräsidenten zu melden. Ein eigens geschaffener »Königlicher Gerichtshof für kirchliche Angelegenheiten« erhielt weitgehende, willkürliche Vollmachten. Um das alleinige Eheschließungsrecht der Kirche aufzuheben, führte die Regierung 1875 durch ein Reichsgesetz die Zivilehe ein. Im selben Jahr verabschiedete der Reichstag das Reichsexpatriierungsgesetz, das die Freizügigkeits- und Staatsbürgerrechte für Geistliche beschränkte. Mit dem »Brotkorbgesetz« wurden sämtliche staatlichen Zuwendungen an katholische Bistümer und Geistliche eingestellt. Das katholische Vereins- und Pressewesen wurde scharf überwacht und die staatliche Aufsicht über den Religionsunterricht deutlich ausgedehnt. Im Juni 1875 folgte schließlich die Aufhebung der Kirchenartikel in der Preußischen Verfassung, welche die kirchliche Autonomie und konfessionelle Parität gewährleistet hatten. Besonders der Zentrumsabgeordnete Ludwig Windthorst (1812–1891) protestierte gegen diese Bestimmungen.

Solche Einwände blieben jedoch ebenso wirkungslos wie päpstliche Beschwerden und bischöfliche Missbilligungen. Bischöfe und Priester, die die Ausnahmegesetze nicht beachteten, wurden zu Geld- oder Haftstrafen verurteilt. Bei Nichtbezahlen folgten demütigende Hausdurchsuchungen, Zwangsvollstreckungen und Zwangsversteigerungen. 1878 amtierten in den zwölf Bistümern Preußens nur noch drei Bischöfe. Ein Viertel aller katholischen Pfarreien in Preußen blieb unbesetzt. Insgesamt wurden 296 katholische Ordensniederlassungen mit knapp 4000 Mitgliedern verboten.

Trotz aller Schikanen verfehlte Bismarck sein Ziel. Im Gegenteil. Der Kampf gegen Katholiken verstärkte eher die innerkirchliche Solidarität, die Bindung an den Papst und die Identifikation mit dem Papsttum. Bisherige Interessensgegensätze zwischen liberalen und konservativen Katholiken rückten in den Hintergrund. Das katholische Vereins- und Verbandswesen erlebte ebenso einen deutlichen Aufschwung wie die katholische Presse, die ungeachtet der repressiven Maßnahmen die Politik des Zentrums massiv unterstützte. Bei den Reichstagswahlen 1877 und 1878 konnte sich die Zentrumspartei als zweitstärkste Fraktion im Parlament etablieren.

Diese kontinuierlichen Wahlerfolge überzeugten Bismarck Ende der 1870er Jahre, dass er seine Ziele der Zerschlagung des politischen Katholizismus nicht erreichen konnte. Mittlerweile beklagten sich auch protestantische Vertreter über das mangelnde Rechtsbewusstsein, die Einschränkung individueller Rechte und Freiheiten sowie die fortschreitende Säkularisierung des öffentlichen Lebens. Daneben verlor Bismarck durch seine Abkehr von den Prinzipien des Freihandels die Unterstützung großer Teile der Nationalliberalen. Für seine konservative Schutzzollpolitik brauchte der Reichskanzler eine neue parlamentarische Mehrheit, die er nur durch eine Annäherung an das Zentrum erreichen konnte. Gleichzeitig gerieten die Sozialdemokraten stärker in Bismarcks Focus. Sie erschienen ihm als eine noch größere Gefahr als das Zentrum.

Erleichtert wurde Bismarcks Kurswechsel durch einen Wechsel auf dem päpstlichen Stuhl am 20. Februar 1878. Der neue Papst, Leo XIII. (1810–1903), hatte in Rom Bereitschaft zur Verständigung signalisiert. Noch im gleichen Jahr nahmen beide Verhandlungen auf, wenn auch zunächst wenig erfolgreich. Die entscheidende Wende im »Kulturkampf« ermöglichte ein unerwarteter Schritt des Papstes, der im Februar 1880 die Anzeigepflicht für die Neubesetzung von Pfarrstellen billigte. Im Mai 1880 kündigte Bismarck im Reichstag eine Abmilderung der antiklerikalen Gesetze an. Schon im Juli verabschiedete das preußische Abgeordnetenhaus das »Erste Milderungsgesetz«: Vier Bischofssitze, die seit dem Ableben ihrer Inhaber vakant waren,

konnten neu besetzt werden. 1882 wurde die preußische Gesandtschaft beim Vatikan wieder errichtet, nicht jedoch eine solche des
Reichs. Das im selben Jahr verabschiedete »Zweite Milderungsgesetz«
hob das Kulturexamen auf, und das »Dritte Milderungsgesetz« von
1883 erklärte alle bischöflichen Weihe- und Amtshandlungen straffrei:
280 ausgewiesene Geistliche wurden daraufhin begnadigt.

Im Herbst 1885 akzeptierte Bismarck einen Schiedsspruch von Papst
Leo XIII. in einer nebensächlichen deutsch-spanischen Streitfrage um
die Karolineninseln zugunsten Spaniens. Aufgrund dieser Anerkennung des Vatikans als Souverän verlieh das Kirchenoberhaupt dem
Reichskanzler die höchste päpstliche Auszeichnung, den Christusorden
– sehr zum Entsetzen der Katholiken in Deutschland, die in Bismarck
immer noch den »Christenverfolger« sahen. In weiteren Verhandlungen wurde der »Kulturkampf« zusätzlich entschärft: Die beiden Frie-
densgesetze von 1886 und 1887 revidierten schließlich bis auf Schul-
aufsicht und Zivilehe nahezu alle Kulturkampfgesetze. Am 23. Mai 1887
erklärte Leo XIII., dass der Friedenszustand zwischen Heiligem Stuhl
und Deutschem Reich wieder hergestellt sei. Anspielend auf die herbe
Niederlage Bismarcks im »Kulturkampf« hieß es später im Volksmund,
der Reichskanzler habe sich »am Weihwasser die Finger verbrannt«.

Dennoch bestanden keine diplomatische Beziehungen. Bevor Pacelli als Nuntius nach München versetzt wurde, konnten diplomatische
Kontakte nach Deutschland lediglich über die Nuntiatur im Königreich Bayern gepflegt werden. Diese oblagen seit 1907 dem österreichischen Dominikaner Andreas Frühwirth, der 1915 zum Kardinal
ernannt wurde und zur Ablösung anstand. Der Papst hätte am liebsten schon zu dieser Zeit seinen Außenminister Pacelli nach München
geschickt, auch wenn Kardinalstaatssekretär Gasparri auf diesen auf
keinen Fall verzichten wollte.

Pacelli wurde in Rom noch gebraucht. Unabhängig von seiner diplomatischen Arbeit vollendete er einen Auftrag, der für die katholische

Kirche bis heute fundamentale Auswirkungen entfalten sollte: die Reform des Kirchenrechts, die dem Papst das Werkzeug für den seither beklagten römischen Zentralismus in die Hand gab. Gasparri zögerte außerdem, Pacelli nach München zu schicken, weil er nicht sicher war, ob die Mission, über München mit dem Reich ins Gespräch zu kommen, erfolgreich verlaufen würde. Bei einem Scheitern hätte er ausgerechnet seinen wichtigsten Mitarbeiter und bisherigen Außenminister »verbrannt«.

Ein Übergangsnuntius wurde ins Königreich Bayern entsandt, Giuseppe Aversa. Doch dieser starb schon nach drei Monaten im April 1917. Jetzt blieb keine andere Wahl, als Pacelli zum Nuntius zu ernennen, wollte der Heilige Stuhl nicht die deutsche Frage demonstrativ vernachlässigen. Päpstliche Botschafter werden grundsätzlich zu Erzbischöfen geweiht, obwohl das Diplomatenamt keineswegs ein seelsorgliches Hirtenamt in der Apostolischen Sukzession als Nachfolger der Apostel bedeutet. Allenfalls die Rolle der Völkerapostel könnte als Begründung herangezogen werden, um päpstlichen Botschaftern die Bischofsweihe zuzubilligen. Doch das ist ein Thema, das erst gelöst werden dürfte, wenn es keine Nuntiaturen mehr gibt, was auf lange Sicht nicht abzusehen ist. Mit der grundsätzlichen Beförderung des Nuntius zum Erzbischof unterstreicht der Vatikan den Vorrang seiner Botschafter gegenüber den Bischöfen der Länder, in die sie entsandt werden. Der Titel drückt die Rolle als Aufseher im Namen des Papstes aus.

Vor seiner Bischofsweihe jedenfalls traf Pacelli im Vatikan noch mit dem Führungsmitglied des Zionistischen Weltkongresses, Nahum Sokolow, zusammen, der sich beim Heiligen Stuhl für die Gründung eines Staates Israel in Palästina einsetzte. In einem Bericht an das Exekutivkomitee des Kongresses in London berichtete Sokolow, dass der Vatikan, weniger Gasparri, aber umso mehr Pacelli, ihm eine derartige Herzlichkeit entgegen gebracht habe, dass er für seinen Israel-Plan vom Vatikan keine unüberwindbaren Hindernisse erwarte. Von Antisemitismus keine Spur.

In Bayern war Pacelli herzlich willkommen. Sechs Tage nach dem Tod von Aversa stimmte König Ludwig II. bereits der Berufung zu. Am 20. April wurde Pacelli zum Titularerzbischof (also Erzbischof ohne reale Diözese) von Sardi und Apostolischen Nuntius ernannt. Ausgerechnet am 13. Mai 1917, dem Tag der ersten Marienerscheinung von Fatima, weihte Benedikt XV. Pacelli zum Bischof, wieder mit einer besonderen Auszeichnung. Pacelli erhielt in der Sixtinischen Kapelle die Weihe. Der Papst überreichte ihm ein Brustkreuz mit einem Marienbild unter Brillanten und Rubinen. Die Mutter übergab tief bewegt ihrem Sohn einen Fingerring mit einem Safir. Zusammen mit dem älteren Sohn Francesco durfte sie anschließend mit dem Papst zu Mittag essen.

Wenige Tage später reiste Pacelli in einem Sonderabteil der italienischen Staatsbahn in die Schweiz ab. Der italienische Vertreter beim Heiligen Stuhl, Baron Carlo Monti, hatte sogar erreicht, dass dem Nuntius ein Sonderwaggon zur Verfügung gestellt wurde, der versiegelt bis Zürich und nach Zugwechsel ohne Grenzkontrolle nach München gefahren wurde. Darin befanden sich, wie es die von Monti lancierten Erzählungen wollen, 60 Koffer mit angeblichen Luxusartikeln und Lebensmitteln für ein standesgemäßes Leben des Nuntius in dem vom Krieg gebeutelten München.

Monti war nicht gerade ein Pacelli-Freund. Er hielt ihn für charakterschwach und der Aufgabe nicht gewachsen. »Auch wenn der Papst viel auf ihn hält, teilt er bestimmt nicht unbedingt seine Methoden und vor allem nicht seinen Stil«, schrieb Baron Monti.

Die 60 Koffer waren unleugbar für Pacelli bestimmt. Allerdings machte das alles bei Licht betrachtet wenig Sinn, denn Pacelli aß wenig und brauchte keinen derartigen 8000 Lire teuren Transportaufwand. Der italienische Historiker Antonio Scotta entdeckte, dass es sich in der Tat um Lebensmittel handelte, die aber für die Nuntiatur in Wien und als Hilfe für die Bevölkerung bestimmt waren. Der Vatikan habe jedoch die Beschuldigung Pacellis nicht dementiert, um diese Lieferungen über die Fronten hinweg nicht zu gefährden. Immerhin war eine direkte Versorgung der Nuntiatur in Wien wegen des Kriegs zwischen Österreich und Italien nicht möglich. Eugenio Pacelli durfte als Sündenbock noch Jahrzehnte lang herhalten.

Am 20. Mai 1917 trat Pacelli zum ersten Mal zur Arbeit als Nuntius an, allerdings nicht in München, sondern in Lugano bei den exilierten Botschaftern. Auf der Weiterreise begegnete er in der Benediktinerabtei Einsiedeln dem neuen Erzbischof von Krakau, Adam Stefan Sapieha. Seinem Chef Gasparri meldete er als wichtigstes Ergebnis: »Die Katholiken befürchten, dass jegliche Friedensinitiative von den Sozialisten ausgehe, und wünschen, dass der Heilige Vater mit einem feierlichen Akt zur Beendigung des Hasses zwischen den Katholiken der Krieg führenden Nationen aufrufen soll.« Das Ergebnis ist bekannt. Die Friedensinitiativen von Papst Benedikt XV. blieben ungehört. Die Sozialistenangst nahm aber bei Pacelli konkrete Züge an.

Fünf Tage später traf Pacelli schließlich in München ein. In seiner ersten Rede nach der Überreichung der Beglaubigungsschreiben an König Ludwig stellte er den Frieden in den Mittelpunkt seiner Aufgaben. »Nie war es wie in dieser so ernsten Stunde so sehr zu spüren, wie wichtig es ist, die menschliche Gesellschaft auf der Grundlage christlicher Gerechtigkeit neu zu bauen. Noch nie schien es so klar zu sein, dass ein gerechter und dauerhafter Frieden sich allein auf die feste Grundlage des christlichen Rechtes stützen kann. Die Mission, an dieser Friedensaufgabe zu arbeiten, ist meinen schwachen Kräften anvertraut worden in einer Zeit, wie sie die Geschichte noch nie erlebt hat.«

Pacelli überzeugte nicht nur durch seine bereits ansehnlichen Deutschkenntnisse, sondern auch durch seine hohe Intelligenz. Seine Fähigkeiten fielen so sehr auf, dass auch der österreichische Kaiser Karl sich bemühte, ihn als Nuntius nach Wien zu bekommen. Doch

Wien lag weit weg von der Aufgabe, für die Pacelli bestimmt war. Auf ausdrücklichen Wunsch seiner Vorgesetzten im Vatikan reiste der Nuntius bereits am 26. Juni nach Berlin, um mit Reichskanzler Theobald von Bethmann-Hollweg und zwei Tage später mit Kaiser Wilhelm zusammenzutreffen.

Zwei Friedensbemühungen waren bis dahin gescheitert. Am 12. Dezember 1916 hatten Deutschland, Österreich, Ungarn, Bulgarien und die Türkei den Kriegsgegnern ein Friedensangebot unterbreitet. Es handelte sich jedoch nicht um ein präzises Angebot. Zudem wurde den Kriegsgegnern die ganze Schuld an dem Blutvergießen zugeschoben. Diese trafen im Januar 1917 in Rom zusammen und schoben ihrerseits dem Deutschen Reich die gesamte Verantwortung für den Krieg zu. Eine Verständigung erschien unmöglich, selbst nachdem der amerikanische Präsident Wilson vor dem Senat seinen Friedensplan veröffentlichte. Er sah weder einen Besiegten noch einen Sieger vor und schlug die Bildung eines unabhängigen und autonomen polnischen Staates mit einem eigenen Zugang zum Meer vor. Außerdem bekräftigte er die Monroe-Doktrin, wonach kein Staat das Recht habe, sich in die inneren Angelegenheiten des anderen einzumischen und jedes Volk über die eigene Politik in Freiheit bestimmen dürfe. Auch dieser Vorschlag wurde von den beiden Krieg führenden Seiten rigoros abgelehnt.

Vom Gespräch mit dem Reichskanzler nahm Pacelli ein ausgesprochen optimistisches Urteil mit. Deutschland sei bereit abzurüsten, wenn auch die anderen Nationen gleichziehen würden. Das Reich stimme auch der Einrichtung eines internationalen Schiedsgerichts zu und würde Belgien die vollständige Selbstständigkeit zurückgeben, wenn es nicht unter französische und englische Vorherrschaft gerate. Schließlich würde Deutschland auch Frankreich einige Gebiete in Elsass-Lothringen zurückgeben und über neue Grenzen verhandeln.

Von Berlin reiste der Nuntius im kaiserlichen Eisenbahn-Prunkwaggon nach Bad Kreuznach ins Hauptquartier von Wilhelm II. weiter. Doch bei dem Treffen am 29. Juli widersprach der Kaiser allen Vorschlägen seines Kanzlers, der vier Wochen später zurücktreten musste. Deutschland habe den Krieg nicht provoziert und sich lediglich verteidigt. Lange ließ sich der Kaiser darüber aus, dass bisher auf der Erde zwei mächtige Organisationen bestanden hätten, die katholische Kirche und die preußische Armee. Jetzt drohe eine dritte hinzuzukommen: der internationale Sozialismus.

Einige Jahre später, 1922, beschrieb der abgedankte Kaiser in seinem Exil in Doorn in Holland den Nuntius als Fürsten der römischen Kirche, der sympathisch, von hoher Intelligenz und ausgesprochen höflich gewesen sei. Er habe ausreichend Deutsch verstanden, es aber nicht wirklich beherrscht. Ihm, dem Kaiser, sei es gelungen, den Römer zu manipulieren und vom deutschen Standpunkt zu überzeugen. Pacelli sei von ihm fasziniert gewesen. Diese Beschreibung des Kaisers diente den Pacelli-Kritikern später als früher Beweis dafür, dass Pacelli sich für den deutschen Imperialismus begeistert habe. Pacelli sei jedenfalls vom deutschen Sieg überzeugt worden.

Der Nuntius hatte jedoch schon am Tag nach dem Treffen über das Scheitern seiner Bemühungen berichtet und den Kaiser als »keineswegs völlig normal« beschrieben. Er schilderte enttäuscht den Kaiser, wie er wild herumfuchtelte und sich seltsam gebar. Dieser interne Bericht wurde allerdings nicht veröffentlicht. Er veranlasste aber den Vatikan, die kaiserlichen Selbstgefälligkeiten 1922 zu dementieren. Der Einspruch wurde am 19. Oktober 1922 vom Osservatore Romano und der katholischen deutschen Zeitung »Germania« veröffentlicht.

Hans Struth, Gründer und Chefredakteur der katholischen Zeitschrift »Feuerreiter«, hatte in den ersten Zeiten von Pacelli in München privaten Kontakt mit dem Nuntius. Er schilderte seine weniger bekannten Aktivitäten. Schon sehr früh besuchte der Monsignore die verschiedenen Kriegsgefangenenlager in Halle, Celle, Ellwangen, Ingolstadt, Minden, Münster und Regensburg. »Alle waren tief bewegt und erhielten schweigend und voller Andacht seinen Segen«, schrieb Struth. Pacelli ist Besucher bei etwa 300 französischen Offizieren, die durchweg als antiklerikal galten. Pacelli kam jedoch nicht nur mit frommem Trost in die Lager, sondern überbrachte jedem ein kleines Päckchen mit Schokolade, Zigaretten, Seife und Tee.

Manches, was der Nuntius verteilte, stammte allerdings nicht aus vatikanischen Lieferungen, sondern aus seinem eigenen Haushalt. Schwester Pascalina Lehnert, seine deutsche Haushälterin bis zu seinem Tod, berichtete, dass sich der Erzbischof von München, Kardinal Faulhaber, Sorgen machte über den Gesundheitszustand des Nuntius. Trotz seiner schwachen Gesundheit legte Pacelli Wert darauf, nichts anderes zu essen als das, was auch den normalen Menschen zur Verfügung stand. Was ihm der Kardinal zusätzlich spendete, verteilte er an Bedürftige weiter.

Eine verbale Note des Nuntius an den bayerischen Außenminister relativiert den späteren Vorwurf des Antisemitismus. Pacelli bat am 16. November 1917 zu Gunsten der Juden in Jerusalem einzugreifen: »Die jüdische Gemeinde in der Schweiz hat den Heiligen Vater gebeten, Ihre guten Dienste zur Rettung der Heiligen Stätten und der jüdischen Bevölkerung von Jerusalem einzusetzen.« Wenige Tage später erhielt er die Bestätigung, dass die Türken zum Schutz der Bevölkerung bereit wären. Die Juden bräuchten sich nicht zu sorgen. Ursprünglich wollten die Türken die ganze Region zerstören und die Bevölkerung vertreiben. Der jüdische Diplomat und Historiker Pinchas Lapide bescheinigte dem Nuntius Pacelli, er habe jedes moralische Recht anzunehmen, dass er sowohl die jüdische Bevölkerung von Jerusalem als auch die heiligen Stätten zu retten beigetragen habe.

Hausintern musste Pacelli in der ersten Zeit Personalprobleme lösen. Die einheimischen Mitarbeiter der Nuntiatur waren heillos zerstritten, so dass der neue Münchner Erzbischof Michael von Faulhaber dem Nuntius empfahl, alle gegen eine gute Abfindung komplett zu entlassen. Er hatte auch eine Lösung parat. Die Faulhabers waren mit der Familie Lehnert befreundet, von denen eine Tochter vor kurzem mit dem Namen Pascalina in einen Orden eingetreten war. Die energische junge Schwester wurde Pacelli wenigstens für den Übergang als Haushälterin empfohlen. Die 23jährige arbeitete in einem schwäbischen Kloster, als sie von ihrem Mutterhaus in Altötting zurückgerufen wurde. Ursprünglich war nur eine Aushilfe von wenigen Monaten geplant. Doch dieser Dienst sollte sie bis ans Lebensende binden. Auch hier wurde Pacelli eine Ausnahmegenehmigung erteilt. Eigentlich war für die Nuntiatur in der Münchner Brennerstraße, wie in allen päpstlichen Botschaften, nur männliches Personal erlaubt. Papst Benedikt gab der Nonne seinen Segen.

Pascalina und eine zweite Schwester für die Küche mussten zunächst einmal das ganze Haus gründlich putzen. Außerdem mussten die beiden Schwestern sich mit ungewöhnlichen Sprachproblemen herumschlagen. Sie konnten kein Italienisch. Nuntius und Schwestern lernten jedoch vieles voneinander, berichtete später Schwester Pascalina. Pacelli konnte zwar sehr gut Deutsch lesen. Das Sprechen fiel ihm jedoch 1917 in München noch sehr schwer. Köstlich amüsierten sich die beiden Frauen, wenn der Nuntius von ihnen einige Brocken bayerischen Dialektes übernahm und es auf eine recht ungewöhnliche Weise aussprach.

Schwester Pascalina führte so energisch den Haushalt des Nuntius, dass er bald nicht mehr auf sie verzichten wollte. In einem Schreiben an ihre Generaloberin bat er deshalb, dass die Nonne unbefristet bleiben könne. Um die Schwester drehte sich bald der ganze Betrieb. Sie war bestrebt, dem Nuntius alles abzunehmen, was nicht zu seinen strengsten dienstlichen Obliegenheiten gehörte. Ein Ruf baute sich auf, der Pacelli und seiner deutschen Haushälterin ewig anhängen sollte. Ihm wurde nachgesagt, er hänge nicht nur in Haushaltsfragen von seiner Perpetua ab. Pascalina sei zu einem Machtfaktor in München und später auch in Rom geworden. Pacelli wehrte sich stets gegen diese »schrecklichen Unterstellungen«.

Der Jesuit Wilhelm Hentrich, der 16 Jahre lang Sekretär von Pacelli war, verteidigte die Schwester vehement. Sie habe es nie am nötigen Respekt gegenüber Pacelli fehlen lassen und immer in seinem Sinn sparsam und korrekt den Haushalt geführt.

Am 11. November 1918 wurde endlich der Waffenstillstand unterzeichnet. Deutschland war geschlagen und lag darnieder. In München wurde eine bayerische Republik der Arbeiter und Bauern ausgerufen. Die Monarchie war vorbei. Der galizische Jude Kurt Eisner übernahm die neue Regierung und kündigte gleich an, dass »wir uns jetzt das Priesterpack vornehmen werden«.

Pacelli erlebte die Unruhen mehr als nur aus der Nähe. Er geriet mitten hinein. Äußerungen aus dieser Zeit sollen seinen Antisemitismus belegen, was weder den Zeitgeist berücksichtigt noch der Lage in München entspricht. Wie empfand Pacelli selbst die Münchner Ereignisse, die ihn traumatisierten? Am 15. November schilderte Pacelli in einem Schreiben an das Staatssekretariat in Rom: »Es war eine Fehlkalkulation, zu glauben, dass die Ausschreitungen, in denen die russische Revolution endete, nur ein vorübergehendes Beispiel für die Revolutionäre anderer Länder seien. Was für die Ordnungshüter Blutbäder, Raub und Massaker war, waren für die Männer, die von der Revolution träumten und dafür arbeiteten, Ereignisse, die sie ermutigten und sie zur Verwirklichung ihrer trügerischen Ideale drängten. Die sozialistische Propaganda in den Reihen der Wehrmacht war so breit und anhaltend, dass sie ihre Wirkung nicht verfehlen konnte.«

Den Revolutionsführer Eisner zeichnete Pacelli mit den Worten: »Ihn zu beschreiben bedeutet zu schildern, was die Revolution in Bayern wirklich bedeutet. Atheist, radikaler, unleugbarer Propagandist, Intimfreund der russischen Nihilisten, Chef aller Münchner Revolutionsbewegungen, mehrfach eingesperrt wegen politischer Vergehen und außerdem galizischer Jude. Kurt Eisner ist der Bannerträger, das Programm, die Seele der Revolution, die in Bayern ausgebrochen ist und das religiöse, politische und soziale Leben bedroht.«

Pacelli stand diesen Typen ziemlich hilflos gegenüber. Revolution und leibhaftige Kommunisten standen bisher nicht auf seiner Agenda. Er suchte deshalb Hilfe bei Erzbischof Faulhaber. Darüber berichtete er am 26. November nach Rom: »Faulhaber bestätigte mir, dass trotz der augenblicklichen Ruhe die Lage ernst ist und die Besorgnis bleibt und vielleicht würden Tage mit weit reichenden Störungen bevorstehen. Die Revolutionäre an der Macht sind sich nicht sicher, ob sie die Ordnung aufrecht erhalten können, vor allem wenn die Soldaten von der Front heimkehren. Deshalb machte sich der Erzbischof auch Sorgen um meine Person. Besorgt wegen der Arbeit und den Schwierigkeiten der Lebensmittelversorgung riet er mir, zeitweise nach Rorschach in die Schweiz zu gehen, nahe dem Bodensee, und dort den Lauf der Ereignisse abzuwarten. Er empfahl mir das Haus der Schwestern vom Heiligen Kreuz ›Stella Maris‹, wo ich aufgenommen werden könnte. Ich habe dem Rat voll zugestimmt. Monsignore Schioppa bleibt mit seinem lobenswerten Opfergeist in München … Leider ist die Lage in Deutschland extrem traurig, keine Ordnung in diesem sonst so rigoros organisierten Volk, keine Disziplin, kein Respekt, die ganze Macht in der Hand von unordentlichen und frechen Arbeiter- und Soldatenräten. Wir hoffen, dass die nächsten Wahlen für das Parlament die Lage verbessern können und zu einer wenn auch republikanischen, aber gemäßen und geordneten Reform der Regierung führen.«

Pacelli begründete, warum er ein Zusammentreffen mit Eisner abgelehnt habe. In der kurzen Zeit habe er weder einen Rat aus Rom noch vom abwesenden Erzbischof einholen können. Deshalb habe er entschieden, dass ein Nuntius »nicht mit einem solchen Individuum mehr oder weniger offiziell« Beziehung aufnehmen könne. Immerhin hätten auch die bayerischen Bischöfe einen Kontakt zu Eisner abgelehnt.

Am 31. Januar 1919 kehrte Pacelli nach München zurück. Eine »gewisse Verärgerung« war ihm aus Rom wegen seiner Abwesenheit in schwieriger Zeit zugetragen worden. In einem vom 6. Februar datierten Brief, dessen Original sich im Privatbesitz der Familie Pacelli befindet, nannte er einen befreundeten Monsignore, der ihm geraten hätte, nach München zurückzukehren. »Er vertraute mir an, dass der Heilige Vater von meiner verlängerten Abwesenheit nicht erfreut sei und bereits bösartige Gerüchte in Rom umliefen. Auch wenn ich mir in meinem Gewissen keine Vorwürfe machen müsste und mir es besser erschien abzuwarten, bis eine reguläre Regierung gebildet und sich die Lage geklärt hätte, kann ich mich doch dem Eindruck dieses Briefes nicht entziehen!« Pacelli wollte trotzdem noch offizielle Instruktionen aus Rom abwarten. Nachdem ihm aber ein weiterer befreundeter Prälat eine ähnliche Mahnung geschrieben hatte, reiste er am 31. Januar von Rorschach ab.

Er blieb jedoch überzeugt, auf keinen Fall Kontakt zu Eisner aufnehmen zu dürfen. Da die Katholiken und alle Ordnung liebenden Menschen gleich welcher Partei ihn offen ablehnten, wäre auch der Nuntius abgelehnt worden. Um dem Konflikt aus dem Weg zu gehen, schlug Pacelli einen längeren Aufenthalt in verschiedenen bayerischen Klöstern vor, bis sich eine reguläre Regierung installiert hätte. In der Kurie war ihm die Abwesenheit angekreidet worden. Seine Gegner nannten ihn feige und ließen seine Entschuldigung nicht gelten, er sei auf den Rat der bayerischen Bischöfe in die Schweiz gegangen, weil eine weitere Anwesenheit in München nach ihrer Ansicht als eine stillschweigende Zustimmung zur Revolutionsregierung durch den Vatikan hätte interpretiert werden können.

Die Vorwürfe, sein Amt nicht erfüllt und seine Arbeit verlassen zu haben, hinterließen bei Eugenio Pacelli tiefe Spuren. Wenige Wochen nach der Rückkehr entschied er, standhaft allen Anfechtungen und Bedrohungen zu widerstehen. Dabei blieb es ein Leben lang. Auf die Münchner Erfahrungen wies er immer wieder hin, als hätte er damals existentielle Ängste überwunden. Er versuchte zumindest, eine gewisse Feigheit und Mutlosigkeit zu verdrängen.

Die entscheidende, traumatisierende Erfahrung stand ihm aber erst für den April 1919 noch bevor. Graf Anton von Arco-Valley, ein junger, adliger und katholischer Reichswehroffizier, erschoss im Februar Eisner. Bevorstehende Gewaltausbrüche kündigten sich schon im März an, als gegenüber der Nuntiatur ein Maschinengewehrstand eingerichtet wurde.

Der italienische Militärattache in Bayern, Hauptmann Francesco De Luca, der sich mit Nuntius Pacelli angefreundet hatte, beschrieb die Zustände in einem Bericht an den Generalstab in Rom: »Heute wird Bayern mehr als je zuvor mit leninistischen Ordnungsmaßnahmen und Terror regiert. Wer stark genug ist, um sich wehren, trägt eine Pistole. Man lebt nur noch in den Tag. Die Leute sind müde, fürchten sogar zur Messe zu gehen. Niemand glaubt noch an Berlin und seine Versprechen von Ordnung und Gesetzlichkeit.«

Am 19. April fragte Pacelli in Rom nach, ob es noch sinnvoll wäre, den Apostolischen Nuntius in München bei einer kommunistischen Regierung beizubehalten. Es gehe dabei nicht um die Gefahr für seine Person. Die habe nie eine Rolle gespielt. Und er fürchte auch nichts.

Zehn Tage später wurde die Nuntiatur angegriffen. Am 29. April drangen dreizehn Männer in das Gebäude ein, bedrohten den Nuntius mit Revolver und Handgranaten und beschlagnahmten das Auto. Erzbischof Faulhaber überlieferte den Ablauf: »Pacelli wurde mit einer Pistole, die auf seine Brust gerichtet war, eingeschüchtert, zudem mit einer scharfen Handgranate, damit er seinen Wagen übergebe. Der Nuntius hat energisch und würdig gegen die Verletzung des internationalen Rechts protestiert und persönliche Würde bewiesen, von der man sich nur eine Vorstellung machen kann, wenn man jene Tage brutalster Willkür und grausamsten Terrors erlebt hat und sich nicht in anderen Ländern und ruhigeren Zeiten befand.«

Die Nuntiatur wurde von zwei solchen Angriffen heimgesucht. Am 29. April ging es nur um das Nuntiusfahrzeug. De Luca war den Revolutionären zuvorgekommen und hatte ein Teil des Autos ausbauen lassen, damit es nicht gestartet werden konnte. Die Terroristen zogen es aus der Garage und ließen es nach wenigen Metern stehen.

Pacelli hielt ihnen nicht nur die Verletzung des internationalen Rechts vor, sondern präsentierte ihnen die Erklärung der Extraterritorialität der Nuntiatur durch den Volkskommissar für Außenbeziehungen, eine geradezu hilflose Reaktion eines Bürokraten, der erst lernen musste, wie wenig der primitive, aufgehetzte und brutale Mob solch feine diplomatischen Gepflogenheiten ernst nahm.

Am nächsten Tag musste Pacelli wegen einer Erkältung und Magenschmerzen ins Krankenhaus, da kehrten die Revolutionäre zurück. Dieses Mal stellte sich ihnen Militärattache De Luca entgegen. Die Bestätigung für den Einsatz des nicht zur Nuntiatur gehörenden Hauptmanns fand Andrea Tornielli in den Archiven des römischen Generalstabs. In einem von General Roberto Bencivenga unterzeichneten Dokument wurde De Luca mit einem militärischen Orden für die Verteidigung des Apostolischen Nuntius unter Lebensgefahr ausgezeichnet.

Nicht von den Revolutionären stammten jedoch Schüsse, die auf die Nuntiatur abgegeben wurden. Das Maschinengewehrfeuer lösten

Reichstruppen aus, die von Berlin eingesetzt wurden, weil sie nach blutigen Straßenschlachten vermutet hatten, dass sich Rebellen in der Nuntiatur versteckt hätten.

Eine Woche, nachdem mit Hilfe von Reichswehr und Freikorps der bolschewistische Terror beendet war, bedankte sich Pacelli am 7. Mai bei Kardinalstaatssekretär Gasparri für sein Verständnis und für die Erlaubnis, je nach Gefahr die Nuntiatur zu verlassen. Leider sei das Telegramm mit dieser Erlaubnis erst mit zweiwöchiger Verspätung eingetroffen. Er freute sich aber über diese Entscheidungsfreiheit, da sich, was er nicht hoffe, eine ähnliche Situation wiederholen könne. Der Dankesbrief befindet sich im Privatarchiv der Pacellis.

Seinem älteren Bruder Francesco erzählte er im Dezember 1919 ausführlich die Münchner Erfahrungen und die gegenwärtigen Ängste, nachdem Frankreich auf Auflösung der Reichswehr drängte, die in diesem Jahr die Kommunisten niedergehalten hätte. »Wenn diese Sicherheitswächter aufgelöst würden, wird unweigerlich der Bolschewismus, gerade in München, zurückkehren und zwar in einer schlimmeren Form als im vergangenen April. Nachdem ich bereits der Angst angeklagt worden bin, schreibe ich all dies nicht nach Rom, weil es schlecht interpretiert werden würde und zudem niemand mit Gewissheit vorhersagen kann, was geschehen wird.«

Wie das geschlagene deutsche Militär mit der Niederlage umging, zeigt eine Bemerkung von General Erich Ludendorff, der mit Hitler 1924 vergeblich einen Staatsstreich versuchte: Juden, Jesuiten und Freimaurer hätten Deutschland den sicheren Sieg während des Großen Krieges geraubt. »Zu den Kräften, die im ausländischen Auftrag in Deutschland befehligten«, zählte er Nuntius Eugenio Pacelli.

Im Juni 1920 entsteht ein neuer Brief an Francesco, nachdem Pacelli wegen des Todes seiner Mutter am 10. Februar kurz in Rom war. Die revolutionären Wirren waren überstanden und der Nuntius konnte sich auf die wichtigere Aufgabe einstellen, für die er letzten Endes nach Deutschland geschickt worden war: das Konkordat mit Deutschland. Hier bewies er mehr Verständnis für die innenpolitische Lage als seine Vorgesetzten in Rom. Vor allem Kardinalstaatssekretär Gasparri schien von der föderalen Struktur Deutschlands keine richtige Vorstellung zu haben. Er ging davon aus, dass Pacelli direkt auf ein Konkordat mit der Weimarer Republik hinarbeiten sollte. Der Nuntius hingegen schlug Konkordate mit den einzelnen deutschen Staaten vor. Das waren immerhin 17, die aus römischer Sicht eher einen Beitrag zum Separatismus darstellten als zu einem einheitlichen Reich. Föderalismus und Separatismus waren zwei politische Formen, die nicht nur im Vatikan, sondern überhaupt in Italien bis heute schwer unterschieden werden können. Das Unverständnis für die historisch gewachsenen föderalen Strukturen erschwerte immer wieder die Verhandlungen mit Deutschland, weil in der italienischen Wahrnehmung der Zentralstaat allein das Sagen hatte. Der Konflikt zwischen Pacelli und Gasparri wurde nie ganz beigelegt, auch wenn der Nuntius sich de facto mit Verhandlungen über Länderkonkordate durchsetzen konnte.

Zunächst strebte er ein Konkordat mit Bayern an, danach sollte Preußen folgen, das zu dieser Zeit immerhin fast ganz Norddeutschland einschloss. Da Bayern als das katholischste Land galt, erwartete Pacelli hier am schnellsten ein Ergebnis. Dennoch zeichnete sich schon bei diesen Verhandlungen ab, dass die Kurie unbedingt so schnell wie möglich inoffizielle diplomatische Beziehungen zur Weimarer Republik mit einem Nuntius in Berlin aufnehmen sollte. Pacelli gelang es, sich als erster Botschafter in Berlin akkreditieren zu lassen. Vorteile für die Kirche konnte er daraus aber nicht ziehen, obwohl in der Weimarer Anfangszeit die Reichsregierung angesichts der sonstigen Isolierung zu Zugeständnissen bereit gewesen wäre.

In der Arbeit in München wurde ein anderer Zug Pacellis deutlich. Teamarbeit gehörte nicht zu seinen Stärken, auch wenn er sich hierarchisch einzuordnen wusste. Er neigte zu einsamen Entscheidungen und dazu, sich abzuschotten. Die Zusammenarbeit mit seinem Uditore, seinem zweiten Mann in der Botschaft, Monsignore Schioppa, war trotz der Anerkennung für dessen Leistung für beide Seiten schwer erträglich. Gelegenheiten, sich auch privat besser kennenzulernen, ließ Pacelli nicht zu. Das gemeinsame Essen wurde für Schioppa zur Qual, weil Pacelli eine auf seinen Magen abgestimmte, strenge Diät hielt und keineswegs besonders gesellig mit Mitarbeitern umging.

Über Magenbeschwerden klagte Pacelli in dieser Zeit häufig. Er fühlte sich in Rom missverstanden, in der Nuntiatur nicht wohl und der drohende Umzug nach Berlin missfiel ihm völlig. Er versuchte, ihn hinauszuzögern, so lange es nur möglich war. Vordergründig argumentierte er beispielsweise mit den hohen Kosten, die eine Nuntiatur in der Hauptstadt verursachen würde.

In einem Brief an seinen Bruder klagte er kleinmütig, dass er am liebsten alles aufgeben würde. Er wolle sich von allem zurückziehen, eine Alternative, die er bis zur Ernennung zum Kardinalstaatssekretär immer wieder äußert. Francesco deutete er verschiedene »nicht gute Vorkehrungen der Vorgesetzten gegenüber mir« an, weshalb er sich bald zurückziehen wolle.

1922 stirbt Benedikt VX. an einer simplen Erkältung, weil ihn ein nachlässiger Bediensteter an einem ungewöhnlich kalten Januarmorgen zu lange vor dem Hospiz Santa Marta hatte warten lassen, wo er die Messe für die Schwestern hatte feiern wollen. Der bis dahin kerngesunde Papst erkrankte an einer Lungenentzündung, die mit den damaligen Mitteln nicht geheilt werden konnte. Benedikt XV. sollte bis zur Wahl eines anderen Benedikt, des XVI., Joseph Ratzinger, wegen seines erfolglosen Kampfes gegen das Blutvergießen im Ersten Weltkrieg bald vergessen werden. Beim Konklave, das am 2. Februar eröffnet wurde, standen sich als Papabili zwei ehemalige Kardinalstaatssekretäre gegenüber: Pietro Gasparri, der bisherige, und Merry del Val, der Vorgänger.

Doch auch dieses Mal war die Zeit noch nicht reif für die Wahl eines Staatssekretärs zum Papst. Gasparri erkannte seine Chancenlosigkeit und empfahl seinen Wählern den neuen Erzbischof von Mailand, Achille Ratti, der vorher Nuntius in Warschau war und vom ersten Wahlgang an einige der 53 Stimmen erhielt. Merry del Vals Anhang versprach, ebenfalls Ratti zu wählen, wenn er verbotenerweise zusage, Gasparri nicht erneut zu berufen. Am 6. Februar erhielt Ratti im dreizehnten Urnengang 30 Stimmen, beim nächsten wurde er mit 42 gewählt. Er gab sich den Namen Pius XI. Zum ersten Mal nahm der neue Papst einen alten Brauch wieder auf und spendete der Stadt und dem Erdkreis »Urbi et orbi«, seinen Segen von der Mittelloggia des Petersdomes aus, was kein Papst seit 1870 mehr getan hatte.

Pacelli hatte Ratti bisher vor allem in einem Konflikt kennengelernt, der Oberschlesien betraf. Das mehrheitlich deutsch bevölkerte Land mit starkem polnischem Bevölkerungsanteil war in einen deutsch-polnischen Streit geraten, nachdem die Siegermächte es ganz Polen zugeschlagen hatten, da es erst 1815 zu Preußen gekommen war. Ein Volksentscheid sollte über die Zugehörigkeit entscheiden. Die polnische Vertretung beim Heiligen Stuhl forderte von der Kirche eine garantierte Neutralität und die Ernennung eines Apostolischen Verwalters, der nicht vom Breslauer Oberhirten Adolf Bertram abhing. Am Ende wurde Ratti zum Hochkommissar für kirchliche Angelegenheiten in Oberschlesien ernannt. Nach dem Volksentscheid am 20. März 1921 gab Ratti das Amt wieder auf, das ihm Anfeindungen von deutscher und polnischer Seite eingebracht hatte. Das Gebiet wurde zweigeteilt, Deutschland verlor einen rohstoffreichen Teil an Polen. Später sickerte durch, dass Ratti den Industrieteil bei Deutschland hatte belassen wollen. Ratti zog sich aus dem diplomatischen Dienst zurück und wurde im Juni 1921 zum Erzbischof von Mailand ernannt.

1922 kam jedoch nicht nur Pius XI. an die Macht. Es war auch das Jahr, in dem die Faschisten von Benito Mussolini die Regierung in Italien übernahmen. Offensichtlich war der neue Papst keineswegs sonderlich gegen die Faschisten eingestellt. Noch als Kardinal und Erzbischof in Mailand schwärmte er in einem Hintergrundgespräch, Mussolini werde »voranschreiten wie ein Naturelement«. Es sei jedoch schwierig einzuschätzen, ob er der Versuchung aller Mächtigen widerstehen werde, sich zum Diktator aufzuschwingen. »Der Ruhm ist verführerisch, das Fleisch ist schwach und der Mensch ist begrenzt. Aus was besteht ein Genie? Aus einem kleinen Korn von Freud und Leid. Achten wir auf das Senfkorn. Es wird zu schnell ein Baum.«

Die Entwicklungen in der Heimat brauchten Pacelli vorerst nicht zu kümmern. Neben den Verhandlungen für das Konkordat mit Bayern beanspruchte ihn vor allem die Lage der deutschen Bevölkerung, besonders im Ruhrgebiet. Die Reparationsforderungen der Alliierten trieben die Bevölkerung in immer tiefere Not. Frankreich verschloss sich jeder Vernunft und besetzte 1923 die wichtigsten Städte der Ruhr. Die Unternehmer lehnten jede Zusammenarbeit mit den Franzosen ab. Die Fabrikarbeiter und die Eisenbahner traten in den Streik. Alle führenden Mitarbeiter, die nicht zusammenarbeiten wollten, wurden abgesetzt und durch Franzosen oder billigere ersetzt. Bei Unruhen im März 1923 wurden dreizehn Arbeiter getötet.

Der Nuntius hielt sich jetzt aufgrund der Erfahrungen mit kirchlichen Protesten zurück. Wegen der Berichte über die Brutalität der französischen Truppen, besonders der afrikanischen Soldaten, in den Städten entschied Pius XI., wenigstens einen apostolischen Visitator ins Rheinland zu schicken. Nach einem Protest der deutschen Bischöfe gegen den französischen Imperialismus und der Forderung, das Versailler Diktat zu revidieren, veröffentlichte der Papst einen Brief über die Reparationsleistungen und forderte weniger schmerzliche Maßnahmen in den besetzten Gebieten. Frankreich warf daraufhin dem Papst vor, deutschfreundlich zu sein. Erst am 1. Juli 1925 begannen die Franzosen abzuziehen. Pacelli hatte dem Staatssekretariat einen übersetzten deutschen Bericht über die Lage in Deutschland geschickt mit einer Kritik am passiven Verhalten des Vatikans. Papst und Kardinalstaatssekretär rüffelten ihn danach, es sei nicht seine Kompetenz gewesen, diesen Bericht überhaupt zu schicken.

Dem Beispiel Mussolinis folgend versuchte Adolf Hitler im November 1923 ebenfalls einen Staatsstreich, »um die Regierung von Juden und Kommunisten zu säubern«. Der Putsch scheiterte und Hitler wurde zu Gefängnishaft in Landsberg verurteilt. Pacelli kommentierte in einem Brief an seinen Bruder, »die Lage wird immer schlimmer und schwieriger. Das Elend großer Teile der Bevölkerung und die ständig steigenden Preise können die schlimmsten Unruhen auslösen.« Nach Hitlers Verhaftung kabelte er nach Rom: »Ruhe scheint wiederhergestellt«.

Pacelli sah in Hitlers Anhang vor allem die von ihr drohende Gefahr für die Kirche, zumindest wies er in einem Nuntiaturbericht vom 14. November 1923 an das Staatssekretariat auf die antikatholische Einstellung der nationalen Rechten hin, wie sie im »Völkischen Beobachter« und im »Heimatland« veröffentlicht würde. Besonders ausführlich hetzten die Naziblätter gegen den katholischen Klerus. Außerdem verwies er auf eine Predigt und einen Brief an den Reichskanzler, in dem der Münchner Erzbischof Faulhaber gegen die Verfolgung der Juden protestierte. Tornielli schloss aus diesem Schreiben und vor allem aus den bisher nicht bekannten Briefen an den Bruder Francesco, dass der Nuntius sich stets große Sorgen über den Aufstieg der nationalistischen Parteien gemacht habe. Zudem musste Pacelli befürchten, dass das Erstarken der antikirchlichen Rechten die Verabschiedung des Konkordats mit Bayern durch den bayerischen Landtag gefährde. Anfang Mai 1924 nannte Pacelli in einem Brief an Gasparri den Nationalismus »die vielleicht schlimmste Irrlehre unserer Epoche«.

Schwester Pascalina fragte den Nuntius einmal, was er von Hitler erwarte. Er antwortete: »Ich müsste mich schon sehr irren, wenn all dies gut enden wird. Dieser Mann ist vollkommen besessen, alles, was ihm nicht dient, zerstört er. Alles, was er sagt und schreibt, ist von seinem Egozentrismus gekennzeichnet. Dieser Mann geht über Leichen und vernichtet alles, was ihn behindert. Ich kann nicht verstehen, wie so viele in Deutschland, darunter die besten Personen, dies nicht verstehen und daraus keine Lehren ziehen aus dem, was er schreibt und sagt. Wer von ihnen hat wenigstens sein haarsträubendes Buch Mein Kampf gelesen?«

Im Juli 1923 jammerte Pacelli seinem Bruder vor, er würde am liebsten auf sein Amt verzichten, und wenn er schon sich nicht völlig aus dem diplomatischen Dienst zurückziehen könne, dann würde er sich gerne an die ruhige Botschaft des Vatikans in Bern versetzen lassen, statt als Nuntius nach Berlin zu gehen. Sein Arzt habe ihm schon damals empfohlen, aus Gründen des Klimas sich dispensieren zu lassen. Gasparri habe ihm alles abgeschlagen. Die Entscheidung für Berlin stehe fest. Ihm bleibe keine andere Wahl.

Der persönlich anspruchslose und knauserige Pacelli dachte aber zugleich an die Folgen, wenn er statt nach Berlin an die Kurie zurückgehen müsste und Kardinal würde. Eine standesgemäße Wohnung und die sonstigen Kosten bei einer Kardinalsernennung kämen so teuer zu stehen, dass er vermutlich einen Kredit aufnehmen müsse.

Am Ende des Ersten Weltkriegs fand sich der Vatikan staatskirchenrechtlich in einer ungewohnten, völlig neuen Situation. Es gab keine Monarchien und es gab keine autoritären Staatsformen mehr, die als adäquate Partner infrage gekommen wären. Der Heilige Stuhl musste mit ungeliebten Demokratien Vereinbarungen treffen, obwohl rechtlich die Konkordate von früher weiter gegolten hätten. Der Kirchenführung war jedoch bewusst, dass die überwiegend antikirchlichen Regierungen die alten Privilegien der katholischen Kirche nicht mehr aufrecht erhalten wollten. Die Verfassung der Weimarer Republik von 1919 stellte fest, dass es keine Staatskirche mehr gibt. Gleichzeitig garantierte sie eine große Freiheit und hob alle Restriktionen gegenüber den Kirchen auf. So durften sie ihre Funktionäre, was für die Katholiken die Bischöfe und Pfarrer bedeutete, in eigener Verantwortung ernennen. Dieser Art. 137 legte aber auch fest, dass weitere Bestimmungen, sofern sie erforderlich seien, den einzelnen Staaten, das bedeutet den Ländern, überlassen blieben. In der Praxis konnten die Länder großzügig über die Verfassungsbestimmung hinaus Rechte einräumen, aber auch restriktiver damit umgehen.

Das Konkordat mit Bayern wurde am 29. März 1924 unterzeichnet und im darauf folgenden Januar mit 72 gegen 53 Stimmen verabschiedet. Sozialdemokraten, Kommunisten und Nationalsozialisten stimmten dagegen. Es umfasste 16 Artikel und schien auf den ersten Blick ausgesprochen günstig für die katholische Kirche. Der erste Artikel garantierte freie und öffentliche Ausübung der katholischen Religion. Der Staat erkannte das Recht der Kirche an, im Rahmen ihrer Zuständigkeit eigene Regeln zu erlassen, die für ihre Mitglieder bindend sind. Der Staat sicherte die ungestörte Ausübung des Kultes zu und garantierte den Schutz gegenüber dem Klerus bei der Ausübung seines Amtes.

Im Art. 2 wurde den Orden und religiösen Kongregationen die freie Entfaltung im Rahmen der kanonischen Bestimmungen zugesichert. Der Staat nehme keinerlei Einfluss auf ihren Sitz, die Zahl der Mitglieder und deren Lebensstil. Die Orden erhielten den Status öffentlicher Körperschaften. Die religiöse Erziehung in Schulen und Hochschulen wurde nach Maßgabe der Kirche akzeptiert. Es sollten dazu nur Lehrer zugelassen werden, die sich auf dem Boden der katholischen Doktrin befanden. Der Staat verpflichtete sich außerdem, angemessene Honorare an die sechs Diözesanbischöfe und ihre Weihbischöfe und weitere Kirchenmitarbeiter zu überweisen und ihnen eine angemessene und würdige Unterkunft zu sichern.

Dem Heiligen Stuhl wurde schließlich zugesichert, in aller Freiheit Bischöfe und Erzbischöfe zu ernennen. Den Bischöfen wurde nur ein Vorschlagsrecht bei Bischofsernennungen eingeräumt, das den Papst aber nicht band. Das bayerische Konkordat kam in dieser Bestimmung dem Heiligen Stuhl weiter entgegen als die später folgenden Konkordate mit Preußen und Baden. Dort hatten die Domkapitel ein Recht, aus drei Kandidaten, die zuvor mit Rom abgesprochen waren, den Bischof zu wählen.

Die ungeliebten praktischen Dinge des Umzugs nach Berlin überließ Pacelli Schwester Pascalina. Sie suchte ein Nuntiaturgebäude und fand in einer ruhigen Lage in der Nähe des Tiergartens eine Villa im Grünen. Am 18. August 1925 zog der Nuntius nach Berlin. Als erstes feierte Pacelli die heilige Messe. Die günstige Lage erlaubte ihm gelegentliche Ausritte. Reiten faszinierte Pacelli derart, dass ihm seine Mitarbeiter ein elektrisches Pferd schenkten, damit er in der kargen Freizeit auch daheim sich als Reiter fit halten könnte. Das Gestell imitierte einen Galopp. Trotz aller Technikbegeisterung zögerte der Nuntius, sich diesem kindischen Vergnügen hinzugeben. Er benützte es keine zehn Mal und wies den Wunsch seiner Mitarbeiter, ihn auf diesem Reitgestell zu fotografieren, energisch zurück. Eine Aufnahme kam dennoch zustande.

In München und Berlin knüpfte der ansonsten persönlich sehr zurückhaltende Pacelli Freundschaften fürs Leben: neben Kardinal Faulhaber die Priester Konrad von Preysing und Clemens August von Galen, später Bischöfe von Berlin und Münster. Zu dieser Zeit arbeitete Galen als Sekretär von Faulhaber in München und Preysing als Pfarrer in Berlin-Schöneberg, zu dessen Pfarrei geographisch die Nuntiatur gehörte. Hinzu kamen der Jesuit Robert Leiber, dem sich Pacelli durch einen Artikel verbunden fühlte, mit dem der Pater die vatikanische Politik während des Krieges verteidigte. Ein anderer Priester, der sein Vertrauen erwarb, hieß Ludwig Kaas, der von Kardinal Bertram in Breslau als Berater für die Konkordatsverhandlungen empfohlen wurde. Kaas wurde später Vorsitzender der Zentrumspartei und spielte bei deren Auflösung eine unrühmliche Rolle.

In Berlin wurde ihm nach einer Untersuchung in einer von Franziskanerinnen geführten Klinik endlich definitiv bestätigt, an was er litt. Sein Magen war abgesenkt und löste nervöse Störungen aus. Nur eine regelmäßige und strikt eingehaltene Diät könne eine Verschlechterung seines Zustandes verhindern, schrieb Pacelli seinem Bruder. Das hindere ihn aber nicht, Tag und Nacht zu arbeiten, zumal er trotz vieler Gerüchte einer baldigen Rückkehr nach Rom zuerst seinen Auftrag, das Reichskonkordat auszuhandeln, erfüllen wolle. Die Diagnose beruhigte Pacelli, da er eine Zeit lang befürchtete, an Krebs erkrankt zu sein.

Gerüchte über eine Rückkehr wurden 1925 besonders in den Gängen des Apostolischen Papstpalastes gestreut. Pacelli sorgte sich schon, als ihm ein Freund aus der Kurie informierte, welche Probleme es machen würde, das Geschenk betuchter deutscher Katholiken unterzubringen. Sie hatten ihm eine 30.000 Mark teure Limousine geschenkt. Von dem Jesuitenpater Michel d'Herbigny erfuhr er nebenbei, dass er in Rom für ganz hohe Ämter gehandelt werde. Man spreche von ihm bereits als vom künftigen Kardinalstaatssekretär.

Pacelli stand dann doch nicht auf der Purpur-Liste 1925, obwohl ihm der Kardinalshut auch ohne Versetzung nach Rom hätte zuerkannt werden können. Die Nuntiatur von Berlin konnte zu jenen ranghohen päpstlichen Botschaften gerechnet werden, deren Hausherren mit dem Kardinalsamt hätten ohne Bruch mit Protokoll und Tradition ausgezeichnet werden können. Es wäre allerdings das erste Mal gewesen, dass ein Nuntius in einem Land, das nicht fast ausschließlich katholisch bevölkert war, Kardinal geworden wäre.

Ein Jahr später wurde Pacelli signalisiert, dass er nach der Unterzeichnung des Konkordats nach Rom zurückgerufen und die Kardinalswürde erhalten werde. Papst Pius XI. interpretierte Pacellis Wunsch, nicht Kardinal zu werden, als Ausdruck seiner Absicht, noch länger in Berlin bleiben zu dürfen. Die private Korrespondenz mit seinem Bruder hingegen enthüllt als eigentliches Motiv, nicht wieder in die Arbeit der Kurienbürokratie gezwungen zu werden, womöglich noch als Leiter einer ungeliebten Behörde.

Pacelli spielte in Berlin aber auch eine Rolle, die nur wenig mit Deutschland zu tun hatte und die häufig nicht gesehen wird. Das Treffen mit Pater d'Herbigny wies darauf hin. Der konkordatsorientierte Nuntius versuchte mit einem solchen Abkommen das Überleben der eineinhalb Millionen Katholiken in Russland zu sichern. Mit Lenin wäre das, so analysierten Russlandkenner später, noch möglich gewesen. Mit dem katholikenfeindlichen Stalin sanken die Aussichten rapide. Daran änderte auch nichts das vom Heiligen Stuhl betriebene Hilfswerk unter Leitung des amerikanischen Jesuiten Edmund Walsh, das Lebensmittel, Kleider und Medikamente nach Russland lieferte. Stalin ließ bereits 1923 Schauprozesse gegen katholische Priester führen. Sie endeten mit Todesurteilen oder Verbannung in Arbeitslager. Walsh prangerte die Prozesse an und wurde ausgewiesen. Der deutsche Steyler Missionar Eduard Gehrmann übernahm seine Arbeit. Er versuchte offiziell als apostolischer Delegat anerkannt zu werden. Der Heilige Stuhl hätte im Gegenzug die sowjetische Regierung anerkannt. Die Verhandlungen liefen über Pacelli in Berlin. Der russische Botschafter in Berlin, Nicolaij Krestinskij, sollte sein Draht nach Moskau werden.

Pius XI. hatte schon als Nuntius in Warschau über die Aussichten einer Bekehrung Russlands nachgedacht. Voraussetzung sei die Ausbildung und Entsendung katholischer Priester nach Russland, zunächst von einem Seminar in Polen aus, später von Rom. Als Papst griff Ratti den Plan auf und gründete in Rom das Russicum. Gehrmann erfuhr in Berlin die Aussichtslosigkeit dieser Pläne angesichts der Forderungen der Sowjets an die katholische Kirche. Staat und

Kirche sollten völlig getrennt werden. Die religiösen Vereinigungen sollten registriert und genehmigt werden. Die Gläubigen sollten Priester und Bischöfe wählen. Alle amtlichen Stellungnahmen unterlagen der sowjetischen Zensur. Keine Bedingung konnte der Vatikan akzeptieren. Die Verhandlungen stockten.

Als der sowjetische Außenminister, der Volkskommissar für auswärtige Angelegenheiten, Georgij Tschitscherin, zu einer Kur nach Deutschland kam, traf ihn Pacelli bei einem offiziellen Empfang und wunderte sich über die korrekten Manieren, die er seit seinen Münchner Erfahrungen mit Räten (Sowjets) keinem Sowjetpolitiker zugetraut hatte. Tschitscherin weckte zwar leise Hoffnungen auf eine Annäherung. Am Ende scheiterte aber auch dieser Versuch, dieses Mal an der Frage des Religionsunterrichts.

Der Heilige Stuhl hatte eine Chance verpasst, als er unbeweglich an alten Forderungen festhielt, zu einer Zeit nach der Oktoberrevolution, in der die Sowjets auf internationale Anerkennung erpicht waren. Der Vatikan hätte Zugeständnisse erhalten, wenn er als einer der ersten das neue Regime in Moskau anerkannt und damit dessen internationale Isolierung durchbrochen hätte. Ob sich Stalin an Abmachungen gehalten hätte, ist allerdings mehr als fraglich. Rom dachte aber noch immer in den alten Kriterien von Verträgen, die zu halten seien und auf die sich die Kirche rechtlich berufen könnte. Der Irrtum wiederholte sich bei den Nazis.

Jetzt konnte Moskau bereits auf Zeit spielen und der Papst bereitete den Boden für eine Untergrundkirche. Nach dem Scheitern aller Bemühungen sollte in den Katakomben das Überleben der katholischen Kirche in Russland gesichert werden. Am 26. Februar 1926 weihte Pacelli auf päpstliche Weisung in der Kapelle der Nuntiatur in Berlin d'Herbigny zum Bischof mit dem Auftrag, nach Russland zu reisen und weitere Bischöfe geheim zu weihen. Der sowjetische Geheimdienst entdeckte jedoch die Aktivitäten des Bischofs, der bereits drei

Bischöfe geweiht hatte. Der Vatikan schickte zwei weitere Jesuiten nach Russland, zumal der Orden offiziell mit der Bekämpfung des Marxismus beauftragt war. Alle wurden verhaftet und ausgewiesen.

Der völlige Bruch zwischen Moskau und Rom wurde jedoch noch nicht vollzogen. Pacelli übermittelte an den Kardinalstaatssekretär die russische Bitte, sich für zwei von den Faschisten inhaftierte Kommunisten einzusetzen: Antonio Gramsci und Umberto Terracini. Gasparris Mitarbeiter, der Jesuit Pietro Tacchi Venturi, verhandelte inoffiziell mit der Regierung Mussolini, erreichte aber nur, dass die beiden nicht hingerichtet wurden.

Pacellis diplomatische Bemühungen mit Russland beweisen, dass er trotz seiner Verachtung für die Bolschewisten auch mit diesen Kirchenfeinden verhandelte, wenn es um die höheren Interessen der katholischen Kirche ging. Sein Scheitern festigte in ihm zugleich die Bereitschaft, den Kommunismus sogar mit Hilfe der Nationalsozialisten zu bekämpfen.

Pacelli war in Deutschland als Nuntius durchaus beliebt und gerade in katholischen Landstrichen hoch angesehen. Er reiste viel durch das Land und Chronisten verzeichneten, wo und bei welchen Konferenzen und Veranstaltungen er zu Gast war. Als Oberaufseher der Bischöfe im Namen des Papstes war es allerdings auch seine Dienstpflicht, mit den Oberhirten engen Kontakt zu halten und bei ihren Treffen aufzupassen.

Reisen in die deutsche Provinz gehörten nicht unbedingt dazu, und nicht immer verliefen sie für den aristokratisch distanziert wirkenden Nuntius wunschgemäß. So wird rund um die Wartburg noch heute an einen denkwürdigen Besuch von Eugenio Pacelli im September 1928 erinnert. Der wollte unbemerkt bleiben und hatte nur den zuständigen Pfarrer verständigt. Doch der konnte seine Begeisterung nicht bremsen. Pfarrer Ferdinand Spieß, ein energischer, aber auch leicht aufgeregter und nervöser Herr, empfand es als große Ehre, dass Pacelli nach Eisenach kam, und kümmerte sich überhaupt nicht um den Wunsch des Gastes, »absolut inkognito zu kommen«. Die Antwort von Spieß: »Unsinn nur inkognito. Als ob ein Römer weiß, was unserer Diasporagemeinde gut tut.«Der Nuntius wurde von einer Abordnung der Gemeinde begrüßt. Die Kinder aus dem Kindergarten krähten ihm ein fröhliches »O Seelenhirte, sei gegrüßt!« entgegen, heißt es in einer Rückschau der Lokalzeitung. Danach wurden Gast und Begleitung zu einem Imbiss geladen. Dem sonst durchaus selbstbewussten Pfarrer kam die schweigsame Tischgemeinschaft recht merkwürdig vor. Sind doch sonst nicht so mundfaul, die Italiener, dachte er. Um das Gespräch etwas in Gang zu bringen, stellte er dem Nuntius eine Frage, die damals viele Gemüter bewegte: »Nun, Eminenz, wie steht's denn mit dem Konkordat? Kommen die Verhandlungen voran?« Pacelli stocherte schweigend indigniert im Essen herum. Sein Sekretär, Jesuitenpater Faber, beschied dem Gastgeber: »Der Herr Nuntius könne darüber keine Auskunft geben.«Ferdinand Spieß, der offensichtlich nicht direkt neben dem Nuntius saß, brummte in sich hinein: »Kann keine Auskunft geben? Macht doch den ganzen Tag nichts anderes.« Die Verschlossenheit Pacellis war nicht gerade animierend für weitere Gespräche.

Auf halbem Weg zur Wartburg stand der Magistrat von Eisenach, die Sommerhüte in den Händen, so genannte Kreissägen, um den seltenen Gast gebührend zu begrüßen und mit den unvermeidlichen Reden zu quälen. Auch hier musste der Nuntius seine ganze christliche Askese nebst hochgeborener Noblesse zusammennehmen, um nicht den arglosen Stadträten seine Verärgerung anmerken zu lassen. Auf der Wartburg wurde er vom Burgwart Nebe herzlich willkommen geheißen und durch die Wartburg geführt. Dabei interessierten den Nuntius die Lutherstätten ebenso wie die Elisabethtraditionen. Der versierte »Burgherr« staunte über das Detailwissen, das Pacelli durch Fragen und Bemerkungen an den Tag legte. Öfter wurde die Besichtigung durch andächtige Stille unterbrochen, wie in der Elisabethkemenate, in der Burgkapelle, bei den Elisabethfresken und in der Lutherstube.

Am Schluss führte Nebe die Gruppe auf den Südturm, ergriff ein Sprachrohr und rief mit sonorem Bass: »Wartburg Heil!« Man staunte über das schöne Echo »Wartburg Heil … Heil … Heil.« Nun sollte auch Eugenio Pacelli in das Megafon sprechen, der allerdings ein eher dünnes Stimmchen hatte. Entsprechend klang der Ruf. Die Kette der Peinlichkeiten riss aber noch nicht ab. Zum erneuten Verdruss des Nuntius war im Wartburgrestaurant ein erfrischender Imbiss bereitet, auch hier wieder unter völliger Missachtung des Inkognito. Er war so verstimmt, dass er nichts anrührte, weshalb seine Umgebung auch nicht zugriff. Da aber zeigte sich Pfarrer Spieß als ein Mann der Tat und stellte entschlossen fest: »Mein Kaplan hat Durst, ich auch. Prost!« Dieses Schlusswort wird von denen, die die Geschichte kennen, bis auf den heutigen Tag bei passender Gelegenheit zitiert. Sie zeigt aber auch, wie wenig Pacelli den Graben zwischen seinem Amt und der praktischen Seelsorge überbrücken konnte, auch wenn er stets beteuerte, er wäre viel lieber Seelsorger geworden: wohl eine Lebenslüge.

Die Verärgerung war nicht nur wegen des missachteten Inkognitos begründet. Die Verhandlungen über die Konkordate wollten nicht so recht vorankommen. Mit dem überwiegend evangelischen Preußen lief nichts so glatt wie in Bayern. Die Katholiken bildeten in Preußen nur eine Minderheit, die zudem noch an den Folgen des Kulturkampfes litten. Die meisten antikatholischen Gesetze waren zwar abgeschafft oder wurden nicht mehr angewandt. Einige haben glücklicherweise überdauert wie die Zivilehe. Doch die Stimmung gegen die katholische Kirche war eher feindselig. Preußen hatte zudem kein Interesse an einem Konkordat. Es wollte mit dem Heiligen Stuhl lediglich eine Reihe von umstrittenen Punkten klären.

In der dann doch erreichten, am 14. Juni 1929 unterzeichneten und am 13. August ratifizierten Vereinbarung garantierte die preußische Regierung Freiheit und Schutz bei der Ausübung der katholischen Religion. Alle antikatholischen Gesetze wurden abgeschafft. Nebenbei wurden einige Diözesangrenzen neu gezogen, die Kirche für Beschlagnahmungen entschädigt und den Diözesen vom Staat eine gesamte Summe von jährlich 2,8 Millionen Mark zugesichert. Die Kirche durfte die Lehrer der theologischen Fakultäten in völliger Freiheit ernennen. Die Bischofswahl wurde festgelegt. Das jeweilige Domkapitel schickte eine Kandidatenliste nach Rom, aus denen der Heilige Stuhl drei Namen auswählte, unter denen das Kapitel den neuen Bischof frei wählen konnte. Der Heilige Stuhl verpflichtete sich, keinen Kandidaten zu nominieren, gegen den die preußische Regierung politische Einwendungen hat. Die Schulfrage wurde nicht zu Gunsten Roms gelöst, weil nach der Begründung des preußischen Ministerpräsidenten Otto Braun dies angesichts der kirchenkritischen Stimmung nicht durchzusetzen gewesen wäre.

Besser sah es in Baden aus, wo allerdings auch erst nach Pacellis Weggang das Konkordat unterzeichnet werden konnte. Das Gebiet des ehemaligen Großherzogtums war zwar ebenfalls gemischt konfessionell, aber mit starken katholischen Gebieten und einer starken Zentrumspartei. Pacelli durfte die Früchte seiner Bemühungen in Rom ernten. Er unterzeichnete das am 12. Oktober 1932 in Hegne am Bodensee vereinbarte Konkordat als Kardinalstaatssekretär im Vatikan.

1929 wurde das entscheidende Jahr für Pacelli. In diesem Jahr änderte sich in der katholischen Welt sehr vieles. In Italien wurde die römische Frage endlich durch ein Vertragswerk gelöst, das unter dem Namen Lateranverträge in die Geschichte einging. Im Konsistorium im Dezember wurde Pacelli zum Kardinal ernannt, unweigerlich mit seiner Rückkehr nach zehn Jahren in Deutschland verbunden. Was ihn in Rom erwartete, war noch nicht gesagt. Von der Ernennung zum Kardinalstaatssekretär war noch nicht die Rede.

Diese Ernennung hing mit den innerkirchlichen Folgen der Lateranverträge zusammen, die am 11. Februar 1929 vom faschistischen Diktator Benito Mussolini und Kardinalsstaatssekretär Pietro Gasparri unterzeichnet wurden. Für Italien und die katholische Kirche begann eine neue Ära. Der Katholizismus wurde zur Staatsreligion, der Kirchenstaat wurde für die durch die italienische Einigung 1870 erlittenen Gebietsverluste mit Bargeld, die damals enorme Summe von 1,8 Milliarden Lire, und Anleihen entschädigt, Grundlage für den so umstrittenen und mystifizierten angeblichen Reichtum des Vatikans. Der Restkirchenstaat erhielt unter dem Namen »Staat der Vatikanstadt« (Stato della Citta del Vaticano) die volle Souveränität. Mit einer Fläche von nur rund 44 Hektar im Herzen Roms ist er bis heute der kleinste Staat der Welt. Fast 60 Jahre lang hatten sich die Päpste als Gefangene im Vatikan betrachtet und diesen nie verlassen.

Der in Rom lehrende deutsche Faschismus-Experte Lutz Klinkhammer meinte, die Lateranverträge seien vor allem »eine Bremse für die Bestrebungen des Faschismus gewesen, sich als Religionsersatz zu präsentieren«. An den Schulen etwa sei der Religionsunterricht eingeführt worden. Allerdings sei auch der Faschismus ein Nutznießer der Einigung gewesen, da in den Folgejahren die Kirche die faschistische Propaganda unterstützt habe. Klinkhammer weiter: »Sie hat dem Regime enormen Rückhalt gegeben. Man kann sagen, dass die Lateranverträge den Faschismus katholisiert und den Katholizismus faschisiert haben.«

Die Faschisten nutzten für ihre Zwecke auch eine Äußerung von Papst Pius XI. über Mussolini. »Vielleicht war ein Mann nötig, wie ihn uns die Vorsehung hat treffen lassen«, hatte der Papst gesagt. Daraufhin wurde Mussolini von den Faschisten unter Berufung auf Pius XI. verkürzt als »Mann der Vorsehung« bezeichnet. Der politische Katholizismus, der den Faschismus ablehnte und folglich gegen ein solches Konkordat war, war 1929 von den Faschisten längst ausgeschaltet worden. Dessen wichtigster Repräsentant, der Priester Luigi »Don« Sturzo, hatte Italien verlassen müssen. Der Vatikan hatte den politisch organisierten Katholiken wegen ihrer demokratischen Tendenzen misstraut.

Hitler begrüßte im »Völkischen Beobachter« das Konkordat mit dem faschistischen Italien »auf das Herzlichste«. Er wertete es als eindeutigen Beweis dafür, »dass die faschistische Gedankenwelt mit dem Christentum näher vertraut ist als die jüdisch-liberale oder atheistisch-marxistische, mit der sich die so genannte katholische Partei des Zentrums heute zum Schaden jeglichen Christentums und unseres deutschen Volkes so sehr verbunden fühlt«.

In dieser positiven Einschätzung der Lateranverträge traf er sich in frappierender Weise mit dem Prälaten Ludwig Kaas, dem engen Vertrauten Eugenio Pacellis und seit 1928 Vorsitzender der Zentrumspartei. Noch schlimmer und bezeichnend für das autoritäre Denken führender deutscher Kirchenamtsträger offenbarte dieser sich in einem Aufsatz vom November 1932 in der Endphase der Weimarer Republik. Kaas bejahte etwa neun Monate vor Abschluss des Reichskonkordats diesen Vertrag als »eine ideale Vereinbarung zwischen dem modernen totalitären Staat und der modernen Kirche«. Kaas schrieb weiter: »Der autoritäre Staat musste die autoritäre Kirche besser in ihren Postulaten begreifen als andere.«

Bereits am 9. Dezember verabschiedete sich Pacelli offiziell von Präsident Hindenburg. Dieser unterstrich des Nuntius Beitrag für den Frieden und die guten Beziehungen zwischen Deutschland und dem Heiligen Stuhl. Der Nuntius bedankte sich für die herzliche Zuneigung vieler Deutscher, »die ihm, weit weg vom eigenen Vaterland, den Sinn des Vaterlands gegeben hat«.

Schwester Pascalina notierte, dass Pacelli Deutschland voller Sorgen wegen des ständigen Anwachsens des Nationalsozialismus verlassen habe. Er war überzeugt, dass »all das nicht gut enden kann«.

Nach einem großen Empfang in der Berliner Kroll-Oper mit einer Lobrede von Prälat Kaas reiste Pacelli am 12. Dezember 1929 von Berlin ab. Auf dem Weg von der Nuntiatur zum Anhalter Bahnhof grüßten ihn Tausende Menschen mit Lichtern, gesenkten Fahnen und Kirchenliedern. Das Diplomatische Korps und Regierungsvertreter verabschiedeten ihn auf dem Bahnsteig. Nach dem Verklingen der Papsthymne fuhr der Zug Richtung München ab. Dort grüßten ihn Kardinal Faulhaber und der bayerische Ministerpräsident Held. Auf der Fahrt über den Brenner lieh sich Pacelli, so will es eine Geschichte, bei einem seiner Begleiter eine Remington-Reiseschreibmaschine, um zu arbeiten.

In Rom, wo er zunächst wieder ein Bischof unter vielen war, zog er in seine alte Wohnung im Haus der Familie, die unverändert für den großen Sohn bewahrt worden war Zum ersten Jahrestag der Lateranverträge wurde Pacelli am 7. Februar 1930 zum Kardinalstaatssekretär ernannt. Pietro Gasparri hatte seine Pflicht erfüllt und das Konkordat mit Italien erreicht. Jetzt stand er dem faschistischen Regime zu nahe und musste gehen. Als ihn Pacelli wenige Tage nach der Amtsübernahme am 9. Februar zu einem Höflichkeitsbesuch traf, warf ihm der abgelöste Kardinalstaatssekretär vor: »Sie haben mir den Posten genommen.«

Der Kardinal

Der Staatssekretär oder das andere Ich des Papstes

Wenn Noten und Proteste nichts ausrichten.
Wie Pacelli die Ohnmacht kennenlernte

Der Kardinalstaatssekretär gilt traditionell als das Alter Ego, das andere Ich des Papstes. Der Papst ist der absolutistische Monarch des Vatikanstadtstaates, das Kirchenoberhaupt, Inhaber des Heiligen Stuhls. Der Staatssekretär im Range eines Kardinals fungiert als sein Premierminister im klassischen Sinn. Im alten Kirchenstaat war das schon so, im gerade 1929 gebildeten Vatikanstadtstaat sollte sich nichts ändern. Der Kardinalstaatssekretär steht an der Spitze der Exekutive, die die Kirche im Auftrag des Papstes regiert. Ihm zur Seite stehen ein Substitut, er ist der Innenminister, und ein Außenminister, der im Laufe der Geschichte immer wieder den Namen geändert hat, zumal seine Aufgaben geringere Bedeutung haben als die eines gewöhnlichen Außenministers. So berichten die Botschafter, die Nuntien, nicht nur ihm, sondern, je nach Thema, auch dem Substitut. Gemeinsam bilden die drei die Spitze des Staatssekretariats. Über sie müsste theoretisch der wichtigste Schriftverkehr der Kurie laufen.

Der Kardinalstaatssekretär müsste also in voller Harmonie mit dem Papst denken und handeln. Bei Pietro Gasparri war dies nur eingeschränkt der Fall. Bei Pius XI. und Eugenio Pacelli fällt es erst recht schwer, vom anderen Ich zu sprechen. Der asketische, zögerliche, beherrschte, reflektierende, pingelige und arbeitsame Pacelli ergänzte den Papst ganz anders. Er war das genaue Gegenteil von Pius XI., der impulsiv, direkt und offen war, dem Halbherzigkeiten zuwider waren und der kämpferisch auch einmal einen Krach riskierte. Es wird spannend zu beobachten, wo der Papst und wo der Stellvertreter des Stellvertreters sich je durchsetzt.

Kurienmitarbeiter der beiden sprechen dennoch von einer »perfekten Harmonie«. Pius XII. vertraute seiner Haushälterin Pascalina im ersten Jahr seines eigenen Pontifikats an, dass er nie »nein zum Papst gesagt hat, wenn er ja gemeint hätte«. Eugenio Pacellis hierarchisches Denken zwang dennoch zu absolut loyalem Verhalten gegenüber seinem Chef, stellte Kardinal Egidio Vagnozzi, ein Pacelli-Freund, fest. Für ihn habe es nur unbedingten Gehorsam gegeben. Das habe er auch von seinen Untergebenen und damit von der ganzen Kirche erwartet.

Pacellis Laufbahn direkt neben Pius XI. begann 48 Stunden vor dem ersten Jahrestag der Lateranverträge am 9. Februar 1930. Pacelli zog mit Urkunde vom 7. Februar in sein neues Büro im Apostolischen Palast ein, das er erst neun Jahre später als designierter Nachfolger von Pius XI. wieder räumen sollte.

Den Gegensatz zu Gasparri spürte die Kurie schneller, als ihr lieb war. Pacelli pflegte den Ruf, sich besonders pastoral zu verhalten. Im Amt erschien er aber ganz als der dominierende Chef. Er wollte über jedes Detail informiert sein, wo der Vorgänger sich auf das Wesentliche konzentriert hatte.

Gasparris Wohnung konnte er allerdings nicht sofort übernehmen. Sie musste zuerst renoviert werden, was Pacelli wieder seiner in solchen Sachen in Deutschland erprobten Hausmanagerin Schwester Pascalina überließ. Er hatte sie umgehend nach Rom kommen lassen. Andere Quellen besagen allerdings, dass Pacelli gar nicht so sehr auf die weitere Betreuung durch die allgegenwärtige und machtbewusste deutsche Schwester bedacht gewesen sei. Vielmehr habe sie sich ihm aufgedrängt und sei ihm aus freien Stücken nach Rom nachgereist, um wie selbstverständlich ihre Rolle neben Pacelli fortzusetzen. Mehr darüber im Kapitel über die Deutschen bei Pius XII.

Jedenfalls nahm Pascalina die Neugestaltung der Wohnung des Staatssekretärs in die Hand. Dieser blieb vorerst in seinen zwei Räumen im Haus der Familie mit Privatkapelle. Das Mobiliar für die neue Bleibe stifteten übrigens deutsche Katholiken zum Berliner Abschied, ebenso einige wertvolle Bücher.

Pacelli stürzte sich in die Arbeit. Die einzigen Unterbrechungen, die er sich gönnte, waren drei Mahlzeiten und der einstündige Spaziergang, in dieser Zeit oft noch in der riesigen Parkanlage der Villa Borghese auf der »weltlichen« Tiberseite. Als Papst beschränkte er diesen nachmittäglichen Ausgang auf die Vatikanischen Gärten. Doch selbst während des Spaziergangs beschäftigte er sich mit Dokumenten und Eingaben seiner Mitarbeiter, was zumindest schon anzweifeln lässt, dass es Informationen gegeben haben könnte, die vor ihm verheimlicht hätten werden können. Mangelhafte Information kann Pacelli gewiss nicht vorgeworfen werden. Auf die Frage, wann er sich denn ausruhe, antwortete Pacelli einmal: »Eine Sekunde nach dem Tod«. Ausdruck von Selbstüberschätzung oder doch eher der Ängstlichkeit, etwas zu übersehen und deshalb falsch zu entscheiden? Seine Autorität konnte mangelnde Souveränität überspielen.

Die italienische Wirklichkeit sah anders aus, als Papst Pius XI., sein bisheriger Kardinalstaatssekretär Pietro Gasparri und sein Nachfolger Eugenio Pacelli sie sich Anfang der 30er Jahre, am Ende der vatikanischen Gefangenschaft, vorgestellt hatten. Benito Mussolini dachte gar nicht daran, wie später auch Adolf Hitler und alle anderen Diktatoren nicht, sich an das Konkordat zu halten. Den ersten Anlass zum Streit nach der von Pacelli noch als »historische Wende« apostrophierten Konkordatswirklichkeit ließen die Faschisten 1931 nicht aus. Sie versuchten, die Kirche von jeglicher politischen Betätigung auszuschließen, was zwar mit dem Wortlaut des Konkordats hätte gerechtfertigt werden können, nicht aber mit der widersprüchlichen Auslegung. Der Vatikan verstand unter politischer Tätigkeit kirchlicher Organisationen nur parteipolitisches Engagement. Die Faschisten sahen hinter fast jeder nicht streng religiösen Betätigung schon politische Aktivitäten. Unter dem Vorwand, es handle sich um illegale Einmischung in die Politik, verboten sie die Jugendorganisation der Katholischen Aktion, die in jedem Bezirk ein Arbeitssekretariat einrichten wollte, um sozial Bedürftigen zu helfen.

In einem Brief an den Mailänder Erzbischof, Kardinal Alfredo Ildefonso Schuster, verteidigte Pius XI. die Jugendarbeit: »Es ist die Pflicht und das Recht der Kirche und der Hierarchie und der Katholischen Aktion, sich auch auf dem Gebiet der Arbeiter, dem Sozialen zu betätigen, nicht um gewerkschaftliche Aktivitäten zu beanspruchen oder sich dort einzumischen, oder etwas anderes, das ihnen nicht zusteht, sondern um überall die Ehre Gottes zu erweisen, das Wohl der Seelen, überall und immer das übernatürliche Leben mit allen seinen Segnungen zu vermitteln.«

In Mailand hatte der lokale Sekretär der faschistischen Partei besonders scharf die Politisierung der Katholischen Aktion angegriffen und die Kirche daran erinnert, dass diese mit dem totalitären faschistischen Regime ein Konkordat abgeschlossen habe. Der Papst wiederum unterschied nachdrücklich zwischen dem Staat und dem totalitären Regime. Die Kirchenführung konnte jedoch nicht verhindern, dass im Mai 1931 faschistische Banden das Sant Appolinare-Seminar und die Basilika San Lorenzo stürmten und »Tod dem Papst« skandierten. Zwei Tage später ließ der Papst den italienischen Botschafter beim Heiligen Stuhl wissen, er werde ihn bis auf weiteres nicht mehr empfangen. Seinen eigenen Botschafter, Nuntius Erzbischof Francesco Borgongini Duca, ließ er Mussolini ausrichten, dass er innerhalb von 24 Stunden eine Entschuldigung erwarte. Der antwortete mit einem Dekret, mit dem alle Jugendorganisationen aufgelöst wurden, die nicht der faschistischen Partei unterstanden. Er ließ ihre Güter beschlagnahmen und ihre Zeitungen schließen. Pius XI. protestierte mit einer offiziellen Note.

Pacelli versuchte zu vermitteln und empfing den italienischen Botschafter Cesare Maria de Vecchi di Val Cismona und eröffnete ihm, dass die Unterbrechung der Beziehungen nicht auf ihn zurückzuführen sei. Der Papst habe sie entschieden, nachdem der Nuntius seit Monaten nicht mehr vom Regierungschef empfangen worden sei. Er schlug eine gemischte Kommission vor, um Meinungsverschiedenheiten in der Interpretation des Konkordates beizulegen. Im Gegensatz zu dieser moderaten Linie seines Staatssekretärs Pacelli war Pius XI. bereit, die gerade erst geknüpften Beziehungen zu Italien wieder zu beenden. Dazu legte er Pacelli einen Artikel für den »Osservatore Romano« vor. Der Staatssekretär überließ die Entscheidung dem Papst. Aber wenn er das faschistische Regime auf diese Weise offen angreife, »dann ohne mich«. Nach einer zweistündigen Auseinandersetzung wurde der Text zurückgezogen und nicht veröffentlicht. Nach Pacellis Ansicht hätte der Papst einen wahrhaft gefährlichen Schritt unternommen, weil er jede Verständigung auf lange Zeit verhindert hätte.

Der Gegensatz zwischen den beiden erschien Pacelli so ausgeprägt, dass er bei seinem Namenstagsempfang am 2. Juni fragte, ob Pius XI. nicht schon bereut habe, ihn zum Staatssekretär berufen zu haben. Der Papst soll nach Aufzeichnungen von Schwester Pascalina geantwortet haben: »Ich denke, dass es die große Gnade meines Lebens ist, Sie an meiner Seite zu haben.«

Statt des scharfen Artikels in der Vatikanzeitung wandte sich Pius XI. mit Datum vom 29. Juni mit einer Enzyklika an die italienische Öffentlichkeit. »Non abbiamo bisogno« (Wir brauchen nicht) wurde am 5. Juli im »Osservatore« veröffentlicht, nachdem der Text bereits sicherheitshalber vorher den Nuntien in mehreren Ländern übermittelt worden war aus Sorge, dass das italienische Regime die Veröffentlichung verhindern werde. Ein erster Minutant des Staatssekretariates trug ihn übrigens nach München und Bern. Er hieß Giovanni Battista Montini, der spätere Papst Paul VI.

Der Papst wehrte sich in dem Rundschreiben gegen falsche und ungerechte Anklagen und die Verfolgung der katholischen Organisationen, als wären sie kriminell. Die katholische Aktion »steht außerhalb und über jeglicher Form von Parteipolitik«. Der Staat wolle die Jugend monopolisieren und von der frühesten Jugend an zum alleinigen Vorteil einer Partei und eines Regimes mit einer heidnischen Ideologie monopolisieren, die den Naturrechten der Familie und den übernatürlichen Rechten der Kirche widerspricht. Auf diese Weise werde verhindert, dass die Jugend zu Jesus Christus geführt werde. Es sei mit der katholischen Lehre nicht zu vereinbaren, dass sich die Kirche auf eine rein liturgische Praxis der Religion wie Messen und andere Sakramente beschränken solle und der Rest der Erziehung dem totalitären Staat vorbehalten sei. Dennoch wollte der Papst nicht völlig mit dem Regime brechen und ließ es den Katholiken frei, weiterhin die faschistische Partei zu unterstützen.

Ex-Staatssekretär Gasparri sah in diesem Streit seine Zeit wieder gekommen. In einem Brief an Mussolini bat er, diesen Zwist zu beenden, um zu den freundschaftlichen Beziehungen zurückzukehren, die zu den Lateranverträgen geführt hätten. Pius XI. rief eine Woche später alle in Rom anwesenden Kardinäle zusammen und einen Tag später bestellte er Gasparri zu einem einstündigen Vier-Augen-Gespräch ein. Die Treffen lösten das Gerücht aus, Pacelli wolle als Kardinalstaatssekretär zurücktreten und Gasparri würde ins alte Amt zurückkehren. Familienmitglieder von Pacelli berichteten jedoch, dass die Beziehungen zwischen Papst und Pacelli mehr als herzlich geblieben seien. Um Rücktritt ging es jedenfalls nicht, eher um eine Maßregelung für den faschistenfreundlichen Gasparri. Die Faschisten reagierten mit dem mehr als hirnrissigen Vorwurf, der Vatikan habe ein unausgesprochenes Bündnis mit den Freimaurern geschlossen. Die Vorwürfe des Papstes seien Lügen. Freimaurer, die gewöhnlich über alle Vorwürfe schweigend hinweggehen, werden bis heute in Italien als finstere Kräfte vermutet, wenn es darum geht, eigene Fehler zu vertuschen.

Der Papst wollte auch in dieser Situation nicht auf den belasteten Gasparri zurückgreifen, obwohl dieser sich als Vermittler zwischen Mussolini und der Kirche angeboten hatte. Stattdessen wählte Pius XI. den Jesuitenpater Pietro Tacchi Venturi, der schon einmal gute Dienste geleistet hatte, als er zwei später prominente Kommunisten vor der Todesstrafe durch das Mussolini-Regime bewahrte. Schon wenige Stunden später traf der Pater am 24. Juli mit Mussolini zusammen. Beide entwarfen eine Drei-Punkte-Vereinbarung, die vom Papst am 2. September unterzeichnet wurde. Im ersten Punkt wurde festgestellt, dass sich die Katholische Aktion de facto nicht um Politik kümmert. Die katholischen Organsiationen durften fortan nicht mehr ihre Vereinsfahnen benutzen, nur noch die Nationalflagge. Die AC (Katholische Aktion) durfte keine gewerkschaftlichen Aufgaben übernehmen und ihre Berufsgruppen durften sich nur noch religiösen Zwecken widmen. Auch wurden sportliche Aktivitäten untersagt. Nur noch Aktivitäten der Erholung und der Erziehung mit religiösen Zielen durften sie organisieren. Die Studentenvereinigung Fuci, die besonders hart angegriffen worden war, musste den Namen ändern und sich der AC unterordnen. Dafür wurden die Organisationen wieder zugelassen und ihre Zeitschriften wieder erlaubt.

Der nationale geistliche Beirat der Fuci, Montini, der spätere Paul VI., hielt wie ein Großteil der katholischen Welt diese Vereinbarung für einen unwürdigen und wenig beruhigenden Sieg Mussolinis, rief aber dennoch dazu auf, loyal den Anordnungen des Papstes zu folgen. Dieser wiederum war überzeugt, das zu Rettende auch gerettet zu haben. Pacelli fungierte hier nur als Erfüllungsgehilfe des Papstes, ohne eine erstrangige Rolle zu spielen. Die war ihm in der Auseinandersetzung mit seiner Domäne Deutschland vorbehalten.

Mit vergleichsweise weitgehenden Zusagen gegenüber den Kirchen begann Adolf Hitler nach seiner Beauftragung zum Reichskanzler am 30. Januar 1933 seine erste Regierungszeit mit einem Kabinett, in dem die Nationalsozialisten noch nicht die Mehrheit hielten. In seiner Regierungserklärung am 1. Februar sagte er ihnen zu, ihre Interessen zu berücksichtigen. Doch am 23. Februar wird der Reichstag angezündet und zerstört. Am 5. März werden die Deutschen erneut an die Urne gerufen. Hitler wiederholt seine beruhigenden Zusicherungen an Protestanten und Katholiken. Die beiden Kirchen seien Teil des deutschen Lebens. Doch auch dieses Mal bekommen die Nazis wieder nicht die absolute Mehrheit, obwohl sie 288 von 647 Sitzen erhalten. Die beiden katholischen Parteien, das Zentrum und die Bayerische Volkspartei, verhinderten einen Wahlsieg der Nazis. Die Kommunisten verlieren spürbar.

Hitler kommentiert das Wahlergebnis mit einer Warnung vor der Gefahr des Bolschewismus in Europa. Angenehm überrascht reagiert in Rom Papst Pius XI. Zwei Tage nach der Wahl in Deutschland versichert er dem französischen Botschafter: »Ich habe meine Meinung über Hitler geändert als Folge seiner Äußerungen über den Kommunismus.« Zum ersten Mal habe ein Regierungschef so klar gegen den Kommunismus Stellung bezogen und damit die Zustimmung des Papstes gefunden. Beim Konsistorium am 13. März erklärte er sogar den Kardinälen, dass bisher allein er (Hitler) die Stimme gegen die große Gefährdung für die christliche Kultur erhoben habe. Die Worte wurden allgemein als Anerkennung der Nazis bewertet, auch wenn Hitlers Name nicht fiel. Immerhin stellte Kardinal Faulhaber danach fest, »der Heilige Vater hat öffentlich den Reichskanzler Adolf Hitler für seine Stellungnahme gegen den Kommunismus gewürdigt«.

Zur selben Zeit stellte Faulhaber vermutlich auf Pacellis Bitten in einem Memorandum zusammen, was von den Nazis zu akzeptieren sei und was nicht. Die Gefahr durch die Nationalsozialisten dürfe nicht allein wegen ihres Bollwerks gegen den Kommunismus verniedlicht werden. Sollte diese Analyse zutreffen, wären die Rollen zwischen Pacelli und dem Papst geradezu umgekehrt, als sie später wahrgenommen worden sind. Untermauert wird diese Bewertung dadurch, dass Pius XI. sich relativ leicht beeindrucken ließ und impulsiv reagierte, während Pacelli zögerlich und nachdenklich zunächst analysieren wollte. Dazu benötigte er den Rat des Münchner Erzbischofs.

Andrea Tornielli hat trotz seines Zugangs zu bis dahin unveröffentlichtem privaten Material aus Pacellis Nachlass und außer den bekannten offiziellen Dokumenten keinen Text, kein Zeugnis oder irgend einen Brief gefunden, der Pacelli eine Nähe oder gar Bewunderung für die Nazis bescheinigt hätte. Er interpretierte die Haltung von Pius XI. als eine Reaktion auf den historischen Augenblick. Immerhin kam Hitler legal an die Macht und wurde danach mit überwältigender Mehrheit im Reichstag zum Reichskanzler gewählt. Zu diesem Zeitpunkt benötigte er auch noch die Unterstützung der katholischen Parteien. Dazu war Monsignore Kaas vom Zentrum bereit, nachdem Hitler am 23. März in seiner Regierungserklärung zusicherte: »In Schule und Erziehung wird die Regierung den christlichen Bekenntnissen den Einfluss, der ihnen gebührt, vorbehalten und sichern« – sofern sie sich nicht den gesetzlichen Verpflichtungen entzögen. Die Kirche vernahm die Versprechungen, aber nicht die Drohung. Fünf Tage danach hob die Fuldaer Bischofskonferenz das Verbot für Katholiken, Mitglied der nationalsozialistischen Partei zu sein, auf. Hitler hatte für sein Ermächtigungsgesetz 441 Stimmen, darunter auch die des Zentrums, erhalten. Dieses löste sich danach auf.

Pater Leiber kommentierte in Rom die Machtergreifung des Führers mit den Worten: »Es ist eine schreckliche Sache und schlimmer als ein Sieg der sozialistischen Linken.« Pius XI. ließ sich jedoch weiterhin täuschen. Ihm lag mehr als seinem Staatssekretär daran, mit den Nazis den Bolschewismus zu bekämpfen. Pacelli suchte in dieser Zeit Kontakt zur katholischen Hitler-Opposition. Dazu gehörte auch der Kölner Dozent Benedikt Schmittmann, den er während der Münchner Jahre kennengelernt hatte. Dieser hatte im Februar 1933 die Vatikanspitze nachdrücklich vor der Gefahr der Nazis für Deutschland gewarnt. Bei einem Besuch einen Monat später in Rom gewann er den Eindruck, zumindest von Pacelli verstanden worden zu sein.

Der Heilige Stuhl blieb jedoch zumindest auf einem Auge blind für die Wirklichkeit. Überraschend nach den mehrfachen und gescheiterten Versuchen schon unter Pacelli in Berlin bot das Regime im April 1933 dem Vatikan ein Konkordat an. Da in dieser Zeit bereits die ersten Übergriffe gegen die katholische Kirche und vor allem gegen Priester stattfanden, zögerte der deutsche Episkopat mit einer Reaktion. Am 7. November 1932 war das Konkordat mit Baden unterzeichnet worden, als Hitler noch nicht an der Macht war. Kaum war er aber am 11. März 1933 Reichskanzler geworden, ließ er den badischen Ministerpräsidenten Joseph Schmitt durch die Gestapo verhaften. Dennoch diente er nur einen Monat später das Reichskonkordat an. Angeregt wurde er von dem katholischen Politiker von Papen, der allerdings nicht der Kirche helfen, sondern den katholischen Parteien den Todesstoß versetzen wollte. Der Heilige Stuhl sollte wie in Italien Priestern und Ordensleuten jede politische Tätigkeit verbieten. Von Papen reiste in Hitlers Auftrag am 7. April 1933 nach Rom, um im Vatikan selber das Konkordat vorzuschlagen. Im selben Zug reiste auch Prälat Kaas, der sich nach der von ihm betriebenen Auflösung des von ihm geführten Zentrums nach Rom absetzte.

Der Vertrag mit Hitler war die erste politische Versuchung, die an Eugenio Pacelli herantrat, urteilte ein Historiker. Er wusste, mit wem er es zu tun hatte. Der britische Gesandte im Vatikan, Ivone Kirkpatrick, hatte darüber im August 1933 ein langes Gespräch mit Pacelli und meldete nach London, der Kardinal habe »keinen Versuch gemacht, seine Abscheu vor den Taten der Regierung Hitler zu verbergen – der Verfolgung der Juden, dem Vorgehen gegen politische Gegner, der Herrschaft des Terrors«.

Warum ging er dann auf Hitlers Offerte ein? Weil ihm Hitler, so Pacelli zu Kirkpatrick, Konzessionen gemacht habe, die »weiter gingen als alles, was jede vorausgegangene deutsche Regierung zuzugestehen bereit gewesen wäre«. Der Kardinalstaatssekretär sah sich nach Kirkpatricks Notizen in einer Lage, die keine andere Wahl ließ: »Eine Pistole war auf seine Schläfe gerichtet und er hatte keine andere Wahl gehabt.«

Außerdem sah sich Pacelli in einem zweiten Dilemma, das nichts mit seinen Empfindungen zu tun hatte, sondern mit der Einsicht in die Folgen. Wenn er das Reichskonkordat ablehnte, gefährdete Pacelli die eigenen Verhandlungserfolge. Die Konkordate mit Bayern, Baden und Preußen wären automatisch hinfällig gewesen, weil sie nach dem umstrittenen Verfassungsartikel 137 ausgeschaltet hätten werden können. Die deutschen Länder hatten zuviel von ihrer Selbstständigkeit eingebüßt. Im Reichskonkordat wurden diese Länderverträge sanktioniert.

Die Verhandlungen gingen dann sehr schnell über den Tisch, nur vom 10. April bis 20. Juli 1933. Der Vatikan bezog erst in der Endphase die deutschen Bischöfe mit ein und legte ihnen einen Entwurf zur Begutachtung vor. Vom 30. Mai bis 1. Juni berieten die Bischöfe am traditionellen Versammlungsort in Fulda. Nur einige Mitglieder des Episkopats brachten Einwände vor. Kardinal Bertram von Breslau witterte gefährliche antikatholische Tendenzen wegen des Verbots politischer Betätigung. Doch am Ende stimmte die Mehrheit zu in der Überzeugung, dass mehr nicht zu erreichen sei. Das gilt bis heute. Wegen der für die Kirche vorteilhaften Bedingungen wie staatlichem Kirchensteuereinzug und beamteter Hochschullehrer auf Staatskosten möchte selbst heute kein Bischof an dem von der Bundesrepublik Deutschland als Rechtsnachfolger übernommenen Konkordat rütteln.

Die große Frage stellte sich damals jenseits von Verhandlungen, Vereinbarungen und Fußnoten. Würde sich Hitler an die Bestimmungen halten? Die Nazis gaben die Antwort schneller als erwartet. Der

Druck auf die Kirche, die letzte Institution in Deutschland, die noch nicht völlig gleichgeschaltet war, nahm zu: Verhaftungen, Misshandlungen, Schikanen.

Wenige Tage vor der feierlichen Unterzeichnung des Konkordates im Vatikan durch Vizekanzler Franz von Papen und Eugenio Pacelli am 20. Juli ließen die Nazis in Deutschland zahllose Politiker und Priester verhaften. Pacelli forderte von Hitler eine Erklärung, in der dieser die Auflösung der katholischen Organisationen sofort zurücknehmen und die Zwangsmaßnahmen gegen ihre Mitglieder aufzuheben zusagen sollte. Hitler stimmte zu und ließ eine entsprechende Erklärung am 9. Juli veröffentlichen.

Pacelli antwortete erleichtert und gutgläubig mit einer Note an Franz von Papen mit folgenden Punkten: Der Heilige Stuhl nahm mit Befriedigung zur Kenntnis, dass die Auflösung der katholischen Organisationen teilweise aufgehoben wurde. Er ging davon aus, dass diese Organisationen in den nächsten vier Wochen den Bestimmungen des Konkordates angepasst würden. Schließlich erwartete der Vatikan, dass die Freiheit der katholischen Presse gewahrt werde.

Siebzig Jahre lang ruhte ein Brief von Edith Stein an Papst Pius XI. aus dieser Zeit, vom April 1933, im Geheimarchiv des Vatikans, bis ihn die Tageszeitung »Die Welt« endlich im vollen Wortlaut veröffentlichen konnte. Edith Stein drängte Papst Pius XI. bereits beim Beginn der Naziherrschaft, nicht zu schweigen zu den Ereignissen, die sie seit der Machtergreifung Hitlers beobachtet habe. Sie flehte den Papst förmlich an zu intervenieren, weil sie »das Schlimmste für das Ansehen der Kirche (fürchtete), wenn das Schweigen noch länger anhält«. Die später verhaftete und in Auschwitz ermordete Nonne, die aus einer streng gläubigen jüdischen Familie in Breslau stammte, hatte das helle Entsetzen gepackt, als sie die betrügerischen Wortverdrehungen der Nazis erkannte, deren Propaganda vor christlicher Terminologie strotzte: »Wir werden selbst eine Kirche werden«, hämmerte Adolf Hitler den neuen Gauleitern am 5. August 1933 ein. Die Partei sollte zur neuen »Wesensmitte« der »Gottgläubigen« Deutschlands werden. Nach der Eroberung der politischen Macht machten sich die Nazis als nächstes daran, den Glauben der Deutschen zu besetzen – zusammen mit seinem jüdisch-christlichen Vokabular.

Edith Stein schrieb Pius XI.: »Alles, was geschehen ist und noch täglich geschieht, geht von einer Regierung aus, die sich christlich nennt. Seit Wochen warten und hoffen nicht nur die Juden, sondern Tausende treuer Katholiken in Deutschland … darauf, dass die Kirche Christi ihre Stimme erhebe, um diesem Missbrauch des Namens Christi Einhalt zu tun. Ist nicht diese Vergötzung der Rasse und der Staatsgewalt, die täglich durch Rundfunk den Massen eingehämmert wird, eine offene Häresie? Ist nicht der Vernichtungskampf gegen das jüdische Blut eine Schmähung der allerheiligsten Menschheit unseres Erlösers …?« Es ist eine prophetische Beschwörung, wenn sie den Papst »zu Füßen« anfleht und ihm dabei mitteilt, dass die »Verantwortung … auch auf die (fällt), die dazu schweigen«.

Weiter heißt es in dem Brief : »Als ein Kind des jüdischen Volkes, das durch Gottes Gnade seit elf Jahren ein Kind der katholischen Kirche ist, wage ich es, vor dem Vater der Christenheit auszusprechen, was Millionen von Deutschen bedrückt. Seit Wochen sehen wir in Deutschland Taten geschehen, die jeder Gerechtigkeit und Menschlichkeit – von Nächstenliebe gar nicht zu reden – Hohn sprechen. Jahre hindurch haben die nationalsozialistischen Führer den Judenhass gepredigt. Nachdem sie jetzt die Regierungsgewalt in ihre Hände gebracht und ihre Anhängerschaft – darunter nachweislich verbrecherische Elemente – bewaffnet hatten, ist diese Saat des Hasses aufgegangen.«

Edith Stein wies auf Ausschreitungen hin, über deren Umfang »wir uns kein Bild machen, weil die öffentliche Meinung geknebelt ist. Aber nach dem zu urteilen, was mir durch persönliche Beziehungen bekannt geworden ist, handelt es sich keineswegs um vereinzelte Ausnahmefälle. Unter dem Druck der Auslandsstimmen ist die Regierung zu ›milderen‹ Methoden übergegangen. Sie hat die Parole ausgegeben, es solle ›keinem Juden ein Haar gekrümmt werden‹. Aber sie treibt durch ihre Boykotterklärung – dadurch, dass sie den Menschen wirtschaftliche Existenz, bürgerliche Ehre und ihr Vaterland nimmt – viele zur Verzweiflung: es sind mir in der letzten Woche durch private Nachrichten 5 Fälle von Selbstmord infolge dieser Anfeindungen bekannt geworden.«

Edith Stein bemühte sich um eine Privataudienz bei Papst Pius XI. Sie wird ihr nicht gewährt. Ein Mittelsmann überbringt dem Papst einen Brief, in dem sie ihn beschwört, eine Enzyklika zum Schutz der Juden zu veröffentlichen. Da gerade die Konkordatsverhandlungen zwischen Heiligem Stuhl und Deutschem Reich laufen, will der Papst offenbar die Reichsregierung nicht reizen: Es gibt keine Enzyklika. Stattdessen legt das Pädagogische Institut in Münster Edith Stein nahe, die Dozentur niederzulegen. Eine Jüdin im Lehrkörper könnte das ganze Haus gefährden.

Edith Stein hat also ausdrücklich nicht nur um eine Verurteilung von Nationalsozialismus und Rassismus und seines antichristlichen Charakters gebeten, sondern um eine Stellungnahme zugunsten der verfolgten Juden. Die nächste Phase des Kampfes, so warnte sie, werde sich gegen die Katholiken selbst richten, die Kirchenfreundlichkeit der Nazis sei ein reines Täuschungsmanöver.

Der Brief beweist, dass bereits 1933 die Gefahr für die Juden und die Verantwortung der Kirche zu erkennen waren. Natürlich konnte niemand, auch nicht die Verfasserin, den Holocaust voraussehen. Dieser war schlicht unvorstellbar. Aber sie vermochte immerhin zu erkennen, dass hier Unrecht geschah, und zwar Unrecht der schlimmsten Art, und dass dies für die Juden eine tödliche Gefahr darstellte.

1933 wollte die Kirche von solchen Warnungen nichts wissen und sicherte lieber kurzsichtig ihre eigenen Interessen. Kaum war das Konkordat im Vatikan unterzeichnet, jubelten die Nazis. Der »Völkische Beobachter« stellte die Vereinbarung mit dem Heiligen Stuhl als Zustimmung der Kirche zum Nationalsozialismus und seiner Ideologie dar. Pacelli selbst sah sich veranlasst, umgehend zu antworten. In einem ungezeichneten Artikel des »Osservatore Romano« wies er das Jubelgeschrei der Nazis zurück. Der Heilige Stuhl schließe mit allen Staaten Verträge ab, um Rechte und Freiheit der Kirche zu sichern. Dahinter verberge sich keinerlei andere Betrachtung.

Die Nazis wollten sich durch solch einen Artikel die Propaganda in Deutschland nicht verderben lassen und verbaten die Veröffentlichung. Aus den Angriffen der Parteimedien konnte die Bevölkerung jedoch leicht ablesen, um was es wirklich ging: um ein Konkordat mit dem Deutschen Reich und nicht mit Hitler oder seiner Ideologie.

Bereits drei Tage später protestierte der Vatikan gegen einen Artikel aus den eigenen Reihen, der bewies, wie sehr die Nazis auch im katholischen Milieu Anhänger gefunden hatten. In der katholischen Zeitung »Germania« rechtfertigte der Paderborner Moraltheologe Josef Mayer ein neues Gesetz über die Sterilisierung von Behinderten und Geistesgestörten. Nuntius Cesare Orsenigo ließ im Namen des Heiligen Stuhls verlauten, dass dieses Gesetz von Katholiken nicht akzeptiert werden könne. Der Nuntius forderte die deutschen Bischöfe auf, gegen die Gesetzlosigkeit der Eingriffe vorzugehen. Doch lediglich der Bischof von Münster, Clemens August von Galen, protestierte mit einem kurzen Brief am 29. Januar 1934 gegen die Verletzung der Menschenwürde.

Da die Verfolgung der Kirche nicht nachließ, fragte Kardinalstaatssekretär Pacelli die deutschen Bischöfe, ob die Ratifizierung des Konkordats noch angebracht sei. Die Bischofskonferenz beriet Ende August 1933 in Fulda. Ergebnis: Das Konkordat müsse ratifiziert werden, obwohl Hitler es allein als Prestigegewinn betrachte und die Vereinbarungen missachte. Unter Bezug auf das Konkordat würden die Bischöfe sich mit größerer Sicherheit gegen antikatholische Aktionen wehren können. Wenn die Ratifizierung längere Zeit verzögert werde, verschlechtere sich die Position des Episkopates.

Der Heilige Stuhl ratifizierte schließlich am 10. September 1933 den Vertrag und protestierte gleichzeitig in einer langen offiziellen Note von Pacelli. Darin heißt es: »In allen Teilen Deutschlands hat es zahlreiche Übergriffe und Beschlagnahmungen von Gütern katholischer Vereinigungen bis vor wenigen Tagen gegeben. Einige dieser Übergriffe wurden eingestellt, jedoch nicht alle. Die Ungewissheit ist jedoch geblieben. Die katholischen Organisationen werden überall öffentlich als politisch suspekt diffamiert und ihnen werden Mangel an Patriotismus vorgeworfen sowie Feindschaft gegenüber dem Staat. Auf einzelne Mitglieder der katholischen Organisationen wird Druck ausgeübt. Sie werden in allen Teilen der Wirtschaft ihrer Posten beraubt. In der Folge müssen sie schwere Schäden für die eigene Existenz und die ihrer Familien befürchten ...«

In einem geheimen Protokoll fügte der Heilige Stuhl noch hinzu, dass ihn das Schicksal der Juden nicht betreffe. Ausdrücklich jedoch wies Pacelli auf jene deutschen Katholiken hin, die als Juden zur christlichen Religion konvertiert waren. Der Heilige Stuhl sieht sich rechtlich im Rahmen des Konkordates tatsächlich nicht für die Juden zuständig.

Doch alles Anbiedern half nichts. Die schlimmsten Befürchtungen bestätigten sich. Drei Tage nach der Ratifizierung des Konkordats verkündeten die Nazis das Gesetz über die Sterilisierung von Behinderten. Wenige Monate später wurde Erich Klausener, Ministerialdirektor und Leiter der Katholischen Aktion in Berlin, ermordet. Die Vernichtungsmaschinerie der Nazis richtete sich voll gegen bekennende Katholiken. Die katholische Presse wurde verboten, ein Großteil der kirchlichen Güter beschlagnahmt und Hunderte von Priestern in die Konzentrationslager gesteckt. Der Heilige Stuhl wusste sich nicht anders zu helfen, als von 1933 bis 1937 siebzig Proteste nach Berlin zu schicken, von denen gerade mal dreißig beantwortet wurden. Diplomatische Demarchen des Vatikans verpufften wirkungslos. 1937 endlich meldete der deutsche Botschafter in Rom, Diego von Bergen, in einem Telegramm an den Reichsaußenminister, der Vatikan fühle sich zutiefst durch das Verhalten der deutschen Regierung verletzt und beabsichtige, die Lage öffentlich anzuklagen.

Am 18. August 1936 war in Rom ein Gesuch von 30 deutschen Bischöfen eingetroffen, in dem sie Pius XI. zu einem Apostolischen Brief aufforderten an sie und alle Katholiken in Deutschland mit einer klaren Verurteilung dessen, was sie zurzeit in Deutschland erleben müssten, mit einer Verurteilung des Atheismus, der Beschränkung der Religionsfreiheit, Gefahren für die Erziehung und der Verunglimpfung von Priestern und Ordensleuten. Allerdings waren die deutschen Bischöfe nicht einig. Um den Breslauer Kardinal Bertram gruppierte sich der kompromissbereite und vorsichtige Teil der Bischofsversammlung. Um den Berliner Bischof Graf von Preysing hingegen versammelten sich die entschlossenen Gegner, darunter der Bischof von Münster, Clemens August von Galen, der schon bei der Machtübernahme geäußert hatte: »Wir sind in den Händen von Verbrechern und Verrückten.«

Am 21. Dezember 1936 bat Kardinalstaatssekretär Pacelli die drei deutschen Kardinäle und dazu zwei Bischöfe zu einem Treffen nach Rom: Bertram aus Breslau, Faulhaber aus München, Schulte aus Köln sowie Preysing und von Galen. Bertram protestierte, weil der Osnabrücker Bischof Wilhelm Berning nicht eingeladen war, obwohl er die Kommission der Bischöfe leitete, die für die Beziehungen zum Staat zuständig war. Außerdem kritisierte Bertram den Bischof von

Münster, weil dessen offener Kampf für »unsere Zwecke« nicht dienlich sei. Pacelli blieb jedoch bei seiner Auswahl. Die Delegation traf am 16. Januar 1937 in Rom ein und wurde sofort vom Kardinalstaatssekretär empfangen. Der »Osservatore Romano« meldete den Aufenthalt als routinemäßigen ad limina-Besuch und spielte damit die eigentlichen Gründe herunter.

In einer Papstaudienz am 17. Januar versicherte Graf von Galen Pius XI.: »Wir haben es mit einem Gegner zu tun, der weder Wahrheit noch Treue kennt. Was sie Gott nennen, ist nicht unser Gott, sondern etwas Teuflisches.« Der Papst hörte bleich mit tiefen Furchen im Gesicht zu. Er konnte vor Übermüdung die Augen kaum offen halten. Er fragte, was zu tun sei. Dieses Mal forderten die Bischöfe nicht nur eine öffentliche Verurteilung, sondern hielten eine päpstliche Enzyklika für die geeignete Reaktion, um die Gläubigen gegen die nationalsozialistische Propaganda zu schützen und sie zum Widerstand gegen das Regime zu ermutigen. Auf Pacellis Wunsch stellte Kardinal Michael Faulhaber aus München einen Entwurf mit den wesentlichen Aussagen zusammen. Am 20. Januar übergab er Pacelli elf Blätter mit seinen handschriftlichen Vorschlägen. Pacelli soll nur bedingt zufrieden gewesen sein und einige Punkte wesentlich verschärft haben. Seine Formulierungen sollen schließlich die endgültige Fassung ergeben haben.

Am 14. März 1937, am Palmsonntag, unterzeichnete Pius XI. die Enzyklika mit den Anfangsworten »Mit brennender Sorge«. Das päpstliche Schreiben war ausnahmsweise in der Sprache verfasst, die die Empfänger sprachen, in Deutsch. Faulhaber hatte statt »mit brennender Sorge« mit »großer Sorge« vorgeschlagen. Der bereits schwer kranke Papst hatte nach nur zwei Tagen den Text nahezu unverändert abgesegnet. Der Originaltext wurde bereits am 12. März an alle 26 deutschen Bischöfe geschickt. Gleichzeitig wurden sie im Detail angewiesen, wie sie ihn verteilen sollten, um eventuelle Gegenmaßnahmen der Nazis zu verhindern. Zwölf Druckereien vervielfältigten geheim das Dokument. Jugendliche auf Fahrrädern stellten sie den einzelnen Pfarrern zu und taten alles, um irgendwelchen Kontrollen zu entgehen. Manche fuhren auf Feldwegen und Waldwegen zu den Kirchen. Die Übergabe fand gewöhnlich im Beichtstuhl statt.

Am Sonntag, dem 21. März 1937 platzte die Bombe, wie ein französischer Besucher in Berlin, Professor Robert d' Harcourt, Mitglied der Academie Francaise, beobachtete. Die Enzyklika schlug ein wie ein Blitz und ließ die Staatsmacht und die Polizei völlig überrascht. Die Verbreitung wurde noch am selben Tag unter Strafe gestellt. Alle beteiligten Druckereien wurden auf Hitlers Befehl sofort geschlossen und enteignet. Die Nazipresse polemisierte gegen die Enzyklika als »mit jedem Wort eine Beleidigung Deutschlands«. Botschafter Diego von Bergen wurde untersagt, an den vatikanischen Osterfeierlichkeiten teilzunehmen. Alle deutschen Botschafter wurden instruiert, die Enzyklika als eine Kampfansage zu beurteilen, weil darin die katholischen Bürger aufgerufen würden, sich gegen die Reichsführung zu erheben.

Die schärfste Waffe, über die der Papst verfügte, wurde weltweit beachtet. »Mit brennender Sorge« prangerte der Papst das Hitler-Regime an und dessen »angriffslüsternes, von einflussreicher Seite leider vielfach begünstigtes Neuheidentum«. So war in Deutschland seit 1933 nicht mehr gesprochen worden.

»Mit brennender Sorge« verurteilte nicht nur die Kirchenverfolgung in Deutschland, sondern auch die nationalsozialistische neuheidnische Ideologie, die Vergötterung des Staates und den Gebrauch von Rasse und Blutlinien, um den menschlichen Wert zu bestimmen. Sie sagte: »Wer die Rasse, oder das Volk, oder den Staat, oder die Staatsform, die Träger der Staatsgewalt oder andere Grundwerte menschlicher Gemeinschaftsgestaltung – die innerhalb der irdischen Ordnung einen wesentlichen und ehrengebietenden Platz behaupten – aus dieser ihrer irdischen Wertskala herauslöst, sie zur höchsten Norm aller, auch der religiösen Werte macht und sie mit Götzenkult ver-göttert, der verkehrt und fälscht die gottgeschaffene und gottbefoh-lene Ordnung der Dinge. Ein solcher ist weit von wahrem Gottes-glauben und einer solchem Glauben entsprechenden Lebensauffassung entfernt.«

Eine Stelle ist ein offensichtlicher Schlag gegen Hitler und den Nati-onalsozialismus:

»Nur oberflächliche Geister können der Irrlehre verfallen, von einem nationalen Gott, von einer nationalen Religion zu sprechen, können den Wahnversuch unternehmen, Gott, den Schöpfer aller Welt, den König und Gesetzgeber aller Völker, vor dessen Größe die Nationen klein sind wie Tropfen am Wassereimer, in die Grenze eines einzelnen Volkes, in die blutmäßige Enge einer einzelnen Rasse einkerkern zu wollen (Jes 11,15).«

Die Enzyklika schließt mit dem Satz: »Dann – das sind Wir gewiss – werden die Feinde der Kirche, die ihre Stunde gekommen wähnen, bald erkennen, dass sie zu früh gejubelt.«

Im Mai zitierte eine Schweizer Zeitung Reichskanzler Hitler mit den Worten: »Das Dritte Reich sehnt sich nicht nach einem Modus viven-di mit der katholischen Kirche, sondern eher nach ihrer Zerstörung mit Lügen und Unehre, um einer deutschen Kirche Platz zu machen, in der die deutsche Rasse verherrlicht wird.«

Von diesem Zeitpunkt an betrachteten die Nationalsozialisten Papst Pius XI. als ihren Feind. Am 12. April protestierte die Reichsregie-rung offiziell beim Vatikan gegen die Veröffentlichung der Enzyklika. Am 30. April antwortete Pacelli mit einer eingehenden Begründung, warum der Protest unangebracht sei. Das Deutsche Reich hatte die alte Methode benutzt, auf keinerlei Argumente einzugehen, sondern nur pauschal wie gehabt die Kirchenführung zu beschuldigen. Adolf

Hitler wetterte am 1. Mai im Lustgarten gegen die Enzyklika: »Die Kirchen sollen sich um ihre religiösen Probleme kümmern. Dann kümmert sich auch der Staat nicht um sie.« Wenn sie sich jedoch anmaßten, in die Kompetenzen, die allein dem Staat zustehen, einzumischen, würden sie in die Grenzen ihrer geistlichen Aktivität und der Seelsorge verwiesen.

Die Enzyklika aus der Feder von Eugenio Pacelli ging in die Geschichte als ein, wenn nicht sogar das einzige mutige Zeichen des Protestes der katholischen Kirche gegen den Nationalsozialismus ein. Bewirkt hat sie nichts: Im Gegenteil. Die Juden, aber auch die Katholiken wurden noch schlimmer verfolgt. Diese Auswirkung prägte den sowieso nicht sehr mutigen Pacelli so stark, dass er später als Papst vor jeder weiteren öffentlichen Verurteilung von Hitler zurückschreckte.

Die Enzyklika erregte weltweit Aufmerksamkeit. Der Erzbischof von Chicago, George William Mundelein, griff die Propaganda der Nazis in einer internen Versammlung mit etwa 500 Priestern seiner Diözese auf und fragte, wie es möglich wäre, »dass eine Nation von 60 Millionen intelligenten Menschen sich einem Ausländer, einem österreichischen Tapezierer unterwerfe?« Die gesamte amerikanische Presse griff die Polemik auf. Der deutsche Botschafter in Rom, Diego von Bergen, überbrachte Kardinalstaatssekretär Pacelli umgehend eine Protestnote der Regierung. Pacelli antwortete mit einer Gegenfrage. Gewöhnlich äußere er sich nicht, ohne den genauen Text zu kennen. Aber was unternehme denn die deutsche Regierung gegen die niederträchtigen Beleidigungen und Verleumdungen, die Tag für Tag in den deutschen Medien gegen die Kirche geäußert werden? Nichts. Im Gegenteil, sie sei dafür verantwortlich.

Propagandaminister Joseph Goebbels konterte mit einer Hassrede vor 20.000 Menschen. In den Klöstern würden massenhaft Verbrechen gegen die Natur verübt. Der Klerus habe eine moralische Dekadenz erreicht, wie es sie in der Geschichte der Menschheit noch nie gegeben habe. Mundelein sei ein billiges Werkzeug der amerikanischen Juden. Die katholische Kirche in Deutschland sei in Dreck und Schande versunken.

Einen Tag später übergab der Geschäftsträger der deutschen Botschaft, Fritz von Menshausen, eine neue tolle Botschaft an Pacelli. Er forderte eine offizielle Distanzierung des Heiligen Stuhls von Mundelein. Der Papst berief daraufhin eine Sondersitzung der Kardinäle der Kongregation für die öffentlichen Angelegenheiten nach Castel Gandolfo ein. Pacelli bewertete die Äußerungen des Kardinals zwar als unglücklich. Jedoch dürfe nicht der Eindruck erweckt werden, dass die Kirche Schwäche zeige und Hitler in seiner Selbstverherrlichung bestärkt werde, die ganze Welt würde sich vor ihm verbeugen. Wenn der Kardinal sich jetzt entschuldige, würde der Eindruck erweckt, der Heilige Stuhl habe ihn dazu aufgefordert. Das wollte Pacelli unbedingt verhindern. Der Kardinal ließ dem deutschen Botschafter mitteilen, der Erzbischof von Chicago sei ein freier Bürger, der das Recht beanspruchen dürfe, gemäß der Verfassung seines Landes sein eigenes Urteil über die Ereignisse in Deutschland zu äußern.

Die Reichsregierung dachte in dieser Zeit daran, einseitig das Konkordat mit dem Heiligen Stuhl zu annullieren. Religionsminister Hans Kerrl hatte bereits ein Dekret entworfen und Hitler präsentiert. Dieser verlangte zunächst eine schärfere Verurteilung. Während jedoch zwei weitere Entwürfe vorbereitet wurden, änderte er seine Meinung. Botschafter von Bergen wurde nach Deutschland zurückgerufen. Die Prozesse wegen Unmoral des Klerus wurden seltsamerweise blockiert und Rudolf Hess an der Spitze der Partei befahl den Parteiorganen, sich jeglicher Aktionen gegen die Kirche zu enthalten. Offensichtlich wollte Hitler ungestört den Anschluss Österreichs und von Teilen der Tschechoslowakei vorbereiten.

Die Gegenreaktion in Rom war typisch für Pacellis Denken. Pius XI. hatte ebenfalls überlegt, die Nuntiatur in Berlin zu schließen. Der Kardinalstaatssekretär lehnte das ab, weil der Heilige Stuhl üblicherweise nicht als erster die Beziehungen abbreche. Man könne der Regierung keinen größeren Dienst erweisen, als sie von den Bindungen des Konkordats, auch wenn diese kaum noch wirkten, zu befreien. In der Weihnachtsbotschaft von 1937 verurteilte der Papst erneut die Verfolgung der Religion in Deutschland und die Unterdrückung: »Wir wissen, dass sie besteht und es in der Geschichte nur wenige Male eine so schlimme und traurige, in ihren Auswirkungen schwer erträgliche Verfolgung gegeben hat.«

All das hinderte jedoch England, Frankreich und Italien nicht daran, am 30. September 1938 die Münchner Verträge mit Deutschland zu unterzeichnen, mit denen ein großer Teil der Tschechoslowakei an Deutschland fiel. Sie hofften, dass Hitler damit befriedigt worden sei und keine weiteren territorialen Forderungen stellen werde.

Die Nuntiatur in Berlin blieb. Der Vatikan war sich sicher, dass sie viel leichter geschlossen werden konnte, als je wieder eine zu öffnen. Pacelli forderte dagegen von seinem Nachfolger Nuntius Cesare Orsenigo, mehr Distanz zum Hitler-Regime zu halten. Konkreter Anlass war ein üblicher Empfang mit Abendessen der päpstlichen Botschaft für die Reichsregierung. Der Nuntius wollte nicht gerne darauf verzichten und sondierte in Rom, was er zu tun habe, nachdem nun mal die Enzyklika veröffentlicht worden war. Pacelli ließ keinen Zweifel an der Absage: Der Papst habe es ausdrücklich verboten mit den Worten »für die Katakomben sind wir bereit, aber nicht für die Lächerlichkeit«. Orsenigo feierte das Münchner Abkommen in seinen Berichten nach Rom überschwänglich als Friedensbotschaft. Die Antwort fiel kühl aus. Er möge seinen Ton mäßigen, sich auf die Substanz konzentrieren und sich nicht zu poetischen Betrachtungen verleiten lassen.

Pacelli urteilte dagegen in einem Gespräch mit dem früheren amerikanischen Konsul in Berlin, Alfred W. Klieforth, das erst im Jahre
2003 veröffentlicht wurde, über Adolf Hitler als einen vertrauenslo-
sen Schurken und eine zutiefst bösartige Person. Dennoch hielt er
daran fest, selbst mit solch einer Figur Verträge abzuschließen. Wie
ein roter Faden zog sich durch sein Lebenswerk die Vorstellung, die
Interessen der Kirche grundsätzlich durch Verträge mit den einzelnen
Staaten abzusichern. Alles andere hätte zwar wünschenswert sein
können, war aber im Zweifelsfall zu vernachlässigen.

Der Münsteraner Kirchenhistoriker Hubert Wolf fragte, warum trotz
allem Hitlers »Mein Kampf« nie auf den Index gesetzt und verboten
wurde. Im Grunde sei die Liste der Gutachten und die Verurteilung
von Mein Kampf schon fertig gewesen, aber im letzten Moment ge-
stoppt worden. Geschah das auf Veranlassung des damaligen Papstes
Pius XI.? Oder steckte dessen Staatssekretär Eugenio Pacelli dahinter,
auf dessen Veranlassung sämtliche Kommentare zu den Gräueltaten
der Nationalsozialisten als »molto delicato«, sehr heikel, eingestuft
wurden? »Vermutlich siegte die Angst vor einer solchen ›delikaten‹
Situation über die Klarheit katholischer Glaubensüberzeugungen«,
urteilt Wolf. »Einen legal an die Macht gekommenen Reichskanzler
konnte man aus Gründen der Opportunität nicht mehr indizie-
ren.«

Die Beziehungen zu den Staaten wollte Pacelli beinahe um jeden Preis
und gleich mit welchem Regime sichern, weil er nur darin ein Mindestmaß an Garantie für die freie Glaubensausübung sah. Er unter-
mauerte seine Ansprüche mit großen Reisen, beispielsweise 1934
nach Südamerika, 1935 nach Lourdes, 1937 nach Lisieux, 1936 in die
USA und 1938 zum Eucharistischen Weltkongress nach Budapest.

In Brasilien wurde er vorauseilend bejubelt mit »Tu es Petrus« (Du
bist Petrus), dessen Nachfolger er 1939 erst wurde. Von der Chris-
tusstatue über Rio de Janeiro segnete er Brasilien. Über Buenos Aires

durfte er zweimal fliegen, zuerst mit einem größeren Flugzeug, in dem er sich aber wie in einem Linienbus vorkam. Das von General Augustin Justo geführte Regime ließ ihn deshalb ein zweites Mal in einer kleinen Militärmaschine über die Hauptstadt fliegen. Den Kontakt zur römischen Zentrale hielt der technikbegeisterte Pacelli über eine Funkbrücke. Seine nicht zu leugnende Eitelkeit versuchte er demonstrativ mit Gesten der Demut zu widerlegen. So fand ihn ein Kammerdiener eines Morgens beim Wecken auf dem Boden liegend. Pacelli wollte, wie er sagte, auf diese Weise »inmitten all dieser Ehrungen den Kontakt zum Boden nicht verlieren«.

Die nächste Reise führte Pacelli 1935 nach Frankreich. Das Verhältnis zur französischen Regierung hatte sich etwas entspannt und Paris drängte darauf, dass der Kardinalstaatssekretär nicht nur in den Marienwallfahrtsort Lourdes pilgern möge, sondern auch die Hauptstadt besuchen solle. Doch Pacelli lehnte den Umweg über die französische Metropole ab, um den pastoralen Charakter der Reise zu unterstreichen und keine politische Aussage damit zu verknüpfen. In Wirklichkeit hatte die Kirchenspitze Angst, Deutschland unnötig zu düpieren.

Im Januar hatte Papst Pius XI. den französischen Außenminister Pierre Laval in Audienz empfangen und am 11. April im oberitalienischen Badeort Stresa unter dem Eindruck der Drohungen aus dem Deutschen Reich eine Verpflichtung unterzeichnet, Gebietsansprüche Deutschlands nicht zu akzeptieren. Pius XI. zögerte lange, weil er auf keinen Fall den Eindruck einer einseitigen Parteinahme erwecken wollte.

In Lourdes wurde Pacelli von einem polnischen Prälaten gehört, der später polnische Geschichte schreiben würde: Stefan Wyszynski, in der schlimmsten Zeit kommunistischer Verfolgung Primas von Polen. Der bekannte nach einer Ansprache von Eugenio Pacelli, er habe zum ersten Mal den Staatssekretär nicht als Diplomaten, sondern als

Seelsorger wahrgenommen. Das habe »ihn sehr seiner Person nahe gebracht«. Es war allerdings eine besondere Form des Seelsorgers, die da bei Pacelli sichtbar war. Er war in der Marienhochburg der marianische Priester, der die Gottesmutter seit der Kindheit besonders verehrte.

In den wenigen Ermahnungen in der Predigt in Lourdes warnte Pacelli vor falschen Vorstellungen von der Welt und dem Leben sowie der Überlegenheit von Rasse und Blut, »Konzepte, die der christlichen Lehre völlig widersprechen«. In Deutschland wurden sie als Parteinahme für das laizistische und antiklerikale Frankreich kommentiert und als Diffamierung der Grundsätze des Nationalsozialismus zurückgewiesen.

Die vorletzte Auslandsreise des Kardinalstaatssekretärs führte Pacelli Ende September 1936 »privat« auf Einladung der Herzogin Genevieve Gravin Brady, einer steinreichen Witwe mit einem herrschaftlichen Wohnsitz auf Long Island, in die USA. Vergeblich hofften liberale amerikanische Kreise, dass Pacelli sich öffentlich gegen den Hassprediger Pater Charles E. Coughlin wenden würde, der einem Millionenpublikum mit Radiobotschaften Isolationismus, Antisemitismus und Antikommunismus einhämmerte. Dass Thema erledigte sich von selbst. Coughlin wollte die Wiederwahl von Franclin Delano Roosevelt verhindern. Als er damit scheiterte, verstummten die Tiraden des irischstämmigen Hetzers auch ohne Pacellis Einschreiten.

Pacelli bereiste zwölf amerikanische Diözesen. Er begegnete dem erzkonservativen Bostoner Weihbischof Francis Spellman, der von dem künftigen Papst als »dem Ebenbild Christi« schwärmte. Spellman wurde später Erzbischof von New York und Kardinal. Vor seiner Rückkehr traf Pacelli mit dem wiedergewählten Präsidenten Roosevelt zusammen, aber auch zum Tee mit der gesamten Familie Kennedy. Immer wieder soll er mit Blick auf Deutschland vor den neuen

Heiden gewarnt haben. Eines hatte er aber nicht erreicht trotz aller persönlichen Erfolge. Die USA pflegten noch weitere Jahre keine diplomatischen Beziehungen zum Heiligen Stuhl.

Das Jahr 1937 endete mit zwei weiteren Enzykliken, die jedoch in Deutschland weniger beachtet wurden. Fünf Tage nach »Mit brennender Sorge« veröffentlichte Pius XI. am 19. März sein Rundschreiben »Divini Redemptoris« mit der Verurteilung des atheistischen Kommunismus. Am 28. März folgte »Firmissimam constantiam« gegen die Kirchenverfolgung in Mexiko.

Der österreichische Bischof Alois Hudal, Rektor der römischen Anima, des deutschen Priesterseminars und des Sitzes der deutschen Nationalkirche in Rom, hatte vergeblich versucht, eine einzige Enzyklika zur Verurteilung aller Totalitarismen und Nationalismen zu erreichen. Pius XI. blieb bei den drei Enzykliken. Die Bitte verhallte jedoch nicht vergeblich. Der Papst beauftragte die Jesuiten, eine Enzyklika gegen die drei modernen Häresien Rassismus, Nationalismus und Totalitarismus zu verfassen. Diese Enzyklika entstand geheimnisumwittert. Sie war fertig, als Pius XI. starb. Nachfolger Pacelli, Pius XII., hat sie nie veröffentlicht. Sie ging in die Geschichte ein als die unterdrückte, verheimlichte oder einfach als die nicht erschienene Enzyklika.

Die widersprüchlichen Entwürfe wurden dennoch bekannt und spiegelten die unterschiedlichen Einschätzungen der Autoren wider. Spannend waren jedoch nicht die Akzente, die französische oder deutsche Verfasser setzten. Spannend und bis heute nicht definitiv geklärt ist die Frage, ob Pius XII. den Entwurf gekannt und warum er sich die Enzyklika nicht angeeignet und sie veröffentlicht hat.

Am 12. März 1938 marschieren die deutschen Truppen in Wien ein. Drei Tage später begrüßt der Erzbischof der österreichischen Hauptstadt, Kardinal Theodor Innitzer, »unsere glorreiche Rückkehr ins große Reich« mit einem warmherzigen Heil Hitler: In einem Hirtenbrief forderte er die österreichischen Gläubigen auf, sich für den Anschluss auszusprechen. In Rom empörte sich Pacelli ob soviel Nähe zu den Nazis und bestellte den Wiener Kardinal dringend ein. Innitzer wusste sehr wohl, was ihn erwartete. Er zögerte die Abreise solange es ging hinaus. Pacelli ließ aus Ärger in einem Artikel im »Osservatore Romano« am 1. April dem Wiener Erzbischof klar machen, dass seine Hitlerbegeisterung nicht vom Heiligen Stuhl geteilt würde.

Innitzer wollte den Ärger dann schnell hinter sich bringen und reiste nach Rom, um nur über Nacht für eine kurze Audienz zu bleiben. Am 6. April erschien er im Vatikan, wo Pacelli alles für einen Rücktritt des Kardinals vorbereitet hatte. Pius XI. lehnte aber eine Audienz ab. Der Erzbischof musste mit Pacelli Vorlieb nehmen, der ihm ein Dokument zur Unterschrift vorlegte. Innitzer musste darin anerkennen, dass die österreichischen Bischöfe dem Heiligen Stuhl unterstanden und dass die Gläubigen in keiner Weise den Empfehlungen des Erzbischofs zu folgen hätten, sondern nach ihrem Gewissen entscheiden sollten. Nach der Unterschrift empfing der Papst den Wiener in Audienz. Pacelli hielt fest, dass der Papst den Oberhirten aufforderte, den von ihm angerichteten gewaltigen Skandal in der ganzen katholischen Welt zu beenden.

Die Bemühungen um Schadensbegrenzung waren vergeblich. Am 10. April 1938 stimmen 99,08 Prozent der österreichischen Wähler für die Wiedervereinigung Österreichs mit dem großen Reich. Der »Angriff« jubelte in einem Leitartikel über die Niederlage der Kirchenfürsten. In Rom feierte der Anima-Bischof Hudal, der formal dem Wiener Erzbischof unterstand, den Anschluss mit einem Dankgottesdienst.

Wenige Wochen später wurde Adolf Hitler in der Ewigen Stadt erwartet. Die faschistische Regierung forderte die Bevölkerung auf, die

Straßen auf dem Weg des Führers festlich zu schmücken. Die Zeitung »Il Messaggero« listete die Route detailliert auf, darunter auch die Via della Conciliazione, die vom Tiber direkt zum Petersplatz führt. Der Vatikan war bestürzt, dass Hitler sozusagen unter den Augen des Papstes durch ein Spalier von Hakenkreuzfahnen fahren würde. Der Kardinalsstaatssekretär sah darin einen feindseligen Akt, der eindeutig das Konkordat zwischen dem Heiligen Stuhl und Italien verletzte. Vertraulich erfuhr Pacelli als Antwort, dass die Fahrt anders verlaufe und hinter dem Vatikan über die Viale Vaticano geleitet würde.

Der Kardinalstaatssekretär wies drei Tage vor Hitlers Ankunft alle italienischen Bischöfe, die möglicherweise zu Empfängen mit dem Führer eingeladen wurden, an, diese Einladungen nicht anzunehmen. Allerdings hielten sich einige der Oberhirten nicht an die vatikanische Order und begrüßten sogar mit Hakenkreuzfahnen den deutschen Gast. Pius XI. richtete der italienischen Regierung aus, dass der Mann, »für den die festlichen Empfänge vorbereitet werden, der größte Verfolger der Kirche ist«.

Dennoch sondierte das faschistische Regime, unter welchen Bedingungen der Papst bereit wäre, den Staatsgast in Audienz zu empfangen. Pius XI., der sich während der Besuchszeit an seinem Sommersitz Castel Gandolfo aufhielt, wäre dazu bereit gewesen, hätte Hitler öffentlich zugesichert, seine Kirchenpolitik in einem von beiden Seiten abgesprochenen Text zu ändern. Hitler lehnte ab. Der Papst wies den »Osservatore« an, den Hitler-Besuch in Rom zu verschweigen. Die Vatikanzeitung gab deshalb nur die Abreise des Papstes in seine Sommerresidenz aus gesundheitlichen Gründen bekannt.

Vom 25. bis 30. Mai unternahm Pacelli als päpstlicher Legat seine letzte Auslandsreise. Diese führte ihn zum 34. Internationalen Eucharistischen Weltkongress in Budapest. Die Nazis untersagten allen Deutschen die Teilnahme an dem religiösen Treffen, was Pacelli nicht hinderte, auf Deutsch die beispiellose Krise der heutigen Menschheit und die Menschen verachtende Politik in Deutschland zu verurteilen.

Eine der wenigen klaren Verurteilungen des Antisemitismus sprach Pius XI. in einer Audienz am 6. September 1938 aus, als er in einer Bibel blätterte, die ihm belgische Pilger übergeben hatten. An der Stelle über Abrahams Opfer hielt er inne. Er erinnerte daran, dass Christen und Juden Abraham gemeinsam zum Ahn hätten. Der Antisemitismus sei damit nicht zu vereinbaren. Mit Tränen in den Augen fuhr Pius XI. fort: »Für Christen ist es unmöglich, sich an Antisemitismus zu beteiligen. Wir erkennen an, dass jeder das Recht auf Selbstverteidigung hat und dass er durch Taten seine legitimen Interessen wahrt. Aber Antisemitismus ist unannehmbar. Geistig sind wir alle Semiten.«

Allerdings wurden diese Äußerungen des Papstes weder im »Osservatore Romano« noch in der »Civiltà Cattolica« je veröffentlicht. Die Zitate überlieferte die belgische Zeitung »Cité Nouvelle«. John Cornwell schloss daraus, dass Kardinalstaatssekretär Pacelli die Veröffentlichung in den vatikanischen Blättern verhindert habe.

Diese Interpretation ruht auf wackligen Beinen. Sie missachtet den Formalismus des Vatikans, der nur amtliche Texte veröffentlicht. Päpstliche Äußerungen aus dem Stegreif wurden nie vom Heiligen Stuhl publiziert. Im Herbst 1938 wäre eine Berichterstattung über die Papstaudienz sinnvoll gewesen. Aber die Kurie mit Pacelli an der Spitze sah keinen Anlass zum Bruch mit Traditionen, zumal gerade in diesem Herbst 1938 auch das faschistische Italien Rassengesetze erließ.

Öffentliches Schweigen und diskretes Handeln bestimmen Pacellis Vorgehen. Am 30. November schrieb er an die Nuntiaturen in Irland, Argentinien, Belgisch Kongo, Indochina, Ägypten und Südafrika: »Zahlreiche italienische und deutsche jüdische Konvertiten sind durch die bekannten Gesetze gezwungen, ihre Heimat zu verlassen, und um überleben zu können, suchen sie Arbeit als Lehrer oder Ärzte. Bitte lassen Sie mich wissen, ob und unter welchen Bedingungen an Ihren Hochschulen, katholischen oder anderen Instituten und Krankenhäusern solche Leute aufgenommen werden können.«

Pius XI. appellierte in einem Brief an die Kardinäle in den USA und Kanada, den jüdischen Wissenschaftlern und Gelehrten zu helfen. Der Appell wurde spätestens durch einen Brief des Hochkommissars für deutsche Flüchtlinge, James G. McDonald, vom 22. April 1940 an Enrico Galeazzi dokumentiert, in dem sich der Amerikaner nicht nur für den Einsatz des Papstes, sondern auch für die Unterstützung des Kardinalstaatssekretärs Pacelli zu Lebzeiten von Pius XI. bedankte.

Mehr öffentlich demonstrierter Mut des Vatikans gegen den Antisemitismus in Deutschland hätte in diesem späten Jahr 1938 vermutlich auch in Deutschland noch Wirkung gezeigt. Wer weiß, was verhindert oder verschoben worden wäre, bevor in der Reichskristallnacht am 9. November 1400 jüdische Geschäfte zerstört wurden und vom 7. Oktober 1938 an die Juden den Judenstern und das J im Pass tragen mussten. Die polnische Regierung ordnete an, dass die Pässe aller im Ausland lebenden Juden nicht mehr verlängert wurden. Über 20.000 polnische Juden, die seit Jahren in Deutschland lebten, wurden über Nacht heimatlos. Heinrich Himmler befahl umgehend deren Verhaftung und Auslieferung. Die polnische Regierung lehnte jedoch die Rückkehr in das Heimatland ab.

Ende November übermittelte der Erzbischof von Westminster, Arthur Hinsley, einen Brief von Lord Rothschild, dem angesehensten Juden Englands, an den Kardinalstaatssekretär. Rothschild forderte den Papst auf, öffentlich zu erklären, dass es vor Christus keine Rassendiskriminierungen gebe. Pacelli entwarf und verwarf einen Text. Er bat stattdessen nur den Londoner Erzbischof, im Namen des Papstes mit Lord Rothschild zu sprechen und um Unterstützung für die Juden zu bitten. Die Bitte an Pius XI. erreiche diesen in einer extrem schwierigen Lage. Pius XI. war bereits vom nahenden Tod gezeichnet und der überlastete Pacelli wollte nicht selbstständig entscheiden.

Pacelli war zudem nicht nur der Regierungschef des Papstes. Er war, wie alle Kardinalstaatssekretäre, Mitglied in verschiedenen Kongregationen, darunter der für die Glaubensverbreitung Propaganda Fide, dem Heiligen Offizium (Ex-Inquisition) und der Konsistorialkongregation, die das wichtigste Machtmittel der Päpste verwaltet. Heute heißt diese Bischofskongregation. Die Zuständigkeit, Bischofsernennungen vorzubereiten, ist geblieben.

Seit 1935 war Pacelli auch Camerlengo, Kämmerer der katholischen Kirche, ein Ehrentitel, wenn der Papst regiert, eine Bürde, wenn der Papst stirbt. Der Kämmerer ist für den ordentlichen Verlauf der Sedisvakanz zuständig, der Zeit zwischen dem Tod des alten und der Wahl des neuen Papstes, und damit natürlich auch für das ordnungsgemäße Konklave. Das wäre bei einem modern organisierten Kurienapparat schon eine ordentliche Last. Für einen Mann, der alles im Detail wissen will und dem nichts vorenthalten werden darf wie Pacelli, ist es eine selbst gewählte schwere Bürde.

Wie Pacelli die Arbeit in den letzten Jahren vor dem Tod des Papstes arrangierte, beschrieb der spätere Kardinal Domencio Tadini, sein enger Mitarbeiter im Staatssekretariat. Tardini vereinbarte mit Pacelli eine Art Geheimcode, um seine Vorgesetzten auch während dessen Reisen oder der alljährlichen Ferien in der Schweiz im Oktober über den Gesundheitszustand des Papstes auf dem Laufenden zu halten. Die Chiffrierung füllte eine ganze Seite, von denen jeder ein Exemplar aufbewahrte. Wenn Pacelli beispielsweise anfragte, ob es in Rom regnete, und ihm Tardini antwortete, es ist noch immer neblig, bedeutete dies, dass sich der Gesundheitszustand des Papstes nicht verändert habe. Diese Geheimsprache war allerdings keine Marotte der beiden. Sie sollte verhindern, dass die Faschisten aus den Telefonaten oder Telegrammen wichtige Informationen aus dem Vatikan beziehen konnten.

Immerhin wusste der Papst, was er an seinem quasi Stellvertreter hatte. Deutschen Kardinälen bekannte er bei einer Audienz im Vatikan: »Wir stehen bei unserem Kardinalstaatssekretär in tiefer Schuld. Auch wenn seine Demut es nicht will, sollt ihr daran denken, wenn ich nicht mehr sein werde.« So ernennt man einen Kronprinzen.

Niemand zweifelte daran, dass Pacelli der Wunschnachfolger von Pius XI. sei, was sich immer deutlicher zeigte, als sich Anfang 1939 der Gesundheitszustand des Papstes von Tag zu Tag verschlechterte. Er wollte noch unbedingt eine Rede zum zehnjährigen Bestehen des Konkordates mit Italien halten. Alle italienischen Bischöfe waren dazu für den 11. Februar nach Rom eingeladen. Aus Mailand wurde der Arzt Professor Domenico Cesa Bianchi dringend ans Krankenbett gerufen, damit er das Unmögliche wahrmache, den Papst bis zum 11. Februar am Leben zu erhalten. Es nützte jedoch nichts. Der Papst starb am frühen Morgen des 10. Februar, vermutlich weil die Vorbereitung der bedeutenden Abschiedsrede seine Kräfte überfordert hatte. Über Jahre hinweg wurde die vorbereitete Ansprache geheim gehalten. Um Rede und Tod rankten sich zahlreiche Gerüchte.

Eine Version läuft auf Sterbehilfe aus politischen Motiven hinaus. Der Leibarzt setzt eine Spritze. Sie kann das Leben von Achille Ratti aber nicht mehr retten. Das ärztliche Bulletin nennt als Grund Herzversagen. Weil Pius XI. aber am folgenden Tag eine der wichtigsten Reden seines 17jährigen Pontifikats halten und die Rassenverfolgung und die Kriegsvorbereitungen der Nazis scharf verurteilen wollte, könnte großes Interesse bestanden haben, diese Ansprache um jeden Preis zu verhindern. Die Rede sollte über den von ihm eingerichteten Sender Radio Vatikan in alle Welt ausgestrahlt werden.

Die Todesnacht verhinderte alles und bestimmte möglicherweise mehr als bisher bekannt das zögerliche Verhalten des Nachfolgers Pius XII. entscheidend vor. Denn seit jener Todesnacht tauchen immer wieder Gerüchte auf, dass Ratti zwar leidend bis zur Gehunfähigkeit gewesen sei, aber keineswegs todkrank. Das Herzversagen sei vorgeschoben worden. Die Spritze, die der Leibarzt verabreicht hat, sei vergiftet gewesen. Der Leibarzt des Papstes hieß Professor Francesco Petacci. Dessen Tochter war die Lebensgefährtin von Benito Mussolini und wurde mit ihm von Partisanen am Kriegsende gehängt.

Hatte Petacci ein Motiv? War er von faschistischen Interessen gezwungen worden, dem Papst ein um Stunden oder Tage vorzeitiges Ende zu bereiten, und hatte er sich bis zum letzten Moment gesträubt, also bis wenige Stunden vor der großen Anklagerede? Alle Spekulationen um eine Verschwörung gegen den Papst bekamen in den 70er Jahren einen Namen: »Tisserant-Krimi«. Der Franzose Eugène Tisserant war in jener Zeit einer der mächtigsten Kurienkardinäle. In einem ihm zugeschriebenen Tagebuch, das 1971 erschien und von der französischen und italienischen Presse mit den verschiedensten Interpretationen aufgegriffen wurde, darunter »Le Figaro«, »Paris-Match«, »Gente«, »Panorama« und »Corriere della Sera«, wird ein politisches Mordkomplott vermutet.

Danach wurde Pius XI. wegen seines antifaschistischen Einsatzes ermordet, angeblich um schlimmere Auswirkungen als Gegenreaktion Hitlers auf die Unruhen in den katholischen Massen zu verhindern. Jedenfalls hatte Mussolini nach dieser Rekonstruktion Angst vor der für ihn verheerenden Wirkung des Papstes in Italien. Der Duce rechnete sogar mit seiner persönlichen Ex-Kommunikation, was in Italien weite Kreise gegen ihn mobilisiert hätte. Über den befreundeten Jesuiten, Pater Tacchi Ventura, der als Verbindungsmann zwischen Kurie und faschistischer Regierung wiederholt wertvolle Dienste geleistet hatte, habe Mussolini beim Papst sondieren lassen.

Das Ergebnis ist nicht bekannt. Tacchi Ventura dürfte ihn persönlich beruhigt haben. Möglicherweise um von ihm abzulenken, sollte Tacchi Ventura in Mussolinis Namen dem Papst nahe legen, Hitler zu exkommunizieren. Das erscheint denkbar, aber in vielen Punkten doch zu widersprüchlich.

Solche Internas könnten aber den Nachfolger Pius XII. zu noch mehr Vorsicht veranlasst haben. Ein Mord am antifaschistischen Papst hätte Pius XI. zum Märtyrer gemacht. Er wäre zum Schutzpatron aller Katholiken aufgestiegen, die unter der Naziherrschaft gelitten haben. Ein Heiliger der Resistenza, des Widerstandes.

Nach dem Tod von Pius XI. ließ Pacelli ungehemmt die Koffer packen und alles in seiner Dienstwohnung für einen Umzug vorbereiten. Aus Aufzeichnungen der Familie und Äußerungen zu Mitarbeitern und Verwandten geht hervor, dass er keineswegs damit rechnete, demnächst einen Stock höher in die Papstgemächer des Apostolischen Palastes ziehen zu dürfen. Er erinnerte an seinen Vorgänger Merry del Val, der in wenigen Stunden seine Wohnung räumen musste. Pacelli wollte dieses Schicksal nicht erleiden und dem Rauswurf zuvorkommen. Er plante einen Urlaub in der Schweiz nach dem Konklave, weil er sich zwar durchaus seiner Designation als Nachfolger, als der Papabile unter den Papabile, bewusst war. Er erinnerte sich aber auch, dass in der jüngeren Kirchengeschichte noch nie ein Kardinalstaatssekretär zum neuen Papst gewählt worden war.

War es nur Demut oder gar Koketterie, dass Pacelli die deutlichen Anspielungen von Pius XI., die ihn als Nachfolger auszeichneten, überspielte? Die Frage bleibt unbeantwortet. Pacelli war keineswegs so über jeden menschlichen Ehrgeiz erhaben, dass ihm die Rolle des natürlichen Erben nicht gefallen und er alles dafür getan hätte, das Erbe auch anzutreten. Seine Einsicht in die vatikanische Tradition, sein Geschichtsbewusstsein und das Gewicht der Institution nährten aber Zweifel.

Mit einem Vorteil zog Pacelli am 1. März ins Konklave. Seine Wohnung wurde in den Konklavebereich einbezogen. Er konnte deshalb selbst in der rigorosen Abgeschiedenheit der Papstwahl seinen gewohnten Tagesablauf beibehalten und sozusagen daheim wohnen und wählen. Nötig wäre es nicht gewesen. Eugenio Pacelli wurde am 2. März 1939 gewählt. Um 17.27 Uhr stieg weißer Rauch aus dem Ofenrohr der Sixtinischen Kapelle auf. Habemus Papam, wir haben einen Papst, er nannte sich Pius XII. Zur Enttäuschung und völligen Überraschung der deutschen Reichsführung wurde er sogar bereits im dritten Wahlgang mit mindestens 48 von 62 Stimmen gewählt. Manche jubelten so sehr, dass sie gar unterstellten, mit 61 Stimmen und damit von allen außer seiner eigenen gewählt worden zu sein.

Begleitet wurde das Konklave in Deutschland von Hetzparolen. »Das Reich« beschimpfte Pacelli: »Pius XI. war ein Halbjude, weil seine Mutter eine holländische Jüdin war, aber Kardinal Pacelli ist vollständig Jude.« Die »Berliner Morgenpost« verbreitete am 3. März, dass Pacellis Wahl in Deutschland nicht begrüßt werde, »weil er immer feindlich gegen den Nationalsozialismus eingestellt war«. Das SS-Blatt »Das Schwarze Korps« sah wenig Grund für Vertrauen in den neuen Papst, weil er vermutlich nicht von seinem Weg der Verständnislosigkeit für den Nationalsozialismus abweichen werde. Glückwünsche trafen aus allen Ländern außer vom deutschen Reichskanzler in Rom ein.

Die »Frankfurter Zeitung« formulierte diplomatisch: »Viele seiner Reden haben bewiesen, dass er die politischen und ideologischen Motive, die ihren siegreichen Marsch durch Deutschland genommen haben, kaum verstanden hat.« Das ließe sich interpretieren.

Der Politiker

Hitler hätte verhindert werden können

Der Untergang der katholischen Zentrumspartei und Pacellis Zeitgeist

Die Katastrophe hätte verhindert werden können, hätte Eugenio Pacelli schon in den 20er Jahren gedacht wie nach dem Zweiten Weltkrieg. Es ist natürlich Unsinn, mit solchen Wunschträumen zu operieren und sich damit auch gleich von der Wirklichkeit zu verabschieden, die beinahe logisch zu Hitlers Machtergreifung auch mit katholischer Hilfe geführt hat. Fast tragisch, weil das Denken der deutschen Katholiken und das des päpstlichen Botschafters, ja selbst des Papstes eine andere Wahl als die Nähe zu einem autoritären System gar nicht vorstellbar machte, mit ganz wenigen Ausnahmen. Diese bewirkten jedoch beinahe nichts, zumal sich Eugenio Pacelli mit Ratgebern umgeben hatte, die ihn in seinem hierarchisch autoritären, systemkonformen Denken bestärkten. Immerhin gab es genügend Stimmen und Ansätze, die Pacelli hätte wahrnehmen können und die ihn mit nicht geringer Aussicht auf Erfolg hätten bewegen können, Hitler zu verhindern. Seine Herkunft und seine Ablehnung des demokratischen Systems samt dessen Parteien, seine Befangenheit im Kirchenrecht und sein Beruf als Diplomat sowie seine Sozialistenangst standen ihm im Weg.

Das Mittel wäre die katholische Zentrumspartei gewesen, die schon sehr früh von Rom und seinem Nuntius als unzuverlässig verdächtigt und aufgegeben worden ist, obwohl die parlamentarischen Führungspositionen innerhalb der Zentrumspartei und ihrer Schwester, der Bayerischen Volkspartei (BVP), im Wesentlichen in Händen von Prälaten lagen. Diese waren durch ihren geistlichen Beruf aber viel stärker der Gefahr ausgesetzt, die Politik in erster Linie als Mittel zur

Sicherung kirchlich-kultureller Belange zu betrachten und in einer politischen Partei der Katholiken einen Vortrupp der Kirche in der Welt zu sehen. Sie versperrten damit zusätzlich den Blick für gefährliche politische Entwicklungen. Typisch für die Blindheit im politischen Katholizismus vor 1933 schrieb Heinrich Brüning, Zentrums-Reichskanzler, in seinen Memoiren: »Pacelli meinte, dass ich mit Blick auf ein Konkordat mit dem Reich eine Regierung der Rechten bilden müsse und als Voraussetzung dafür den sofortigen Abschluss eines Konkordats fordern sollte. Ich wandte ein, dass er die politische Lage in Deutschland falsch beurteilte und vor allem die wirkliche Natur des Nazismus.«

Für Pius gab es nur die Richtung nach rechts. Nach links bedeutete für ihn, den Kommunismus zu fördern und die Interessen der Kirche zu verraten. Rechtssicherheit schien für den Bestand der Kirche nur ein Konkordat zu gewähren, egal wie kriminell der Partner war. Dafür wurde dann auch im Reichskonkordat 1933 die Auflösung des Zentrums vereinbart. Brüning warf dem Vatikan vor, die katholische Partei verraten zu haben, auch wenn sich das Zentrum schon vor dem absehbaren Abschluss des Konkordates aufgelöst hatte mit kräftiger Hilfe des Pacelli-Freundes Prälat Ludwig Kaas, dem Vorsitzenden der katholischen Partei. Der Vatikan rechtfertigte sich dagegen wenig überzeugend, er habe nicht die Auflösung bezweckt.

Pius-Biograf Andrea Tornielli warf anhand von Pacelli-Unterlagen dem Zentrum noch 2007 vor, nicht genügend Widerstand gegen Hitler geleistet zu haben, und lässt durchklingen, dass die römische Kurie die Partei nicht habe fallen lassen. Sie selbst habe den Niedergang verursacht. Das trifft ebenso zu wie nicht, weil es die klerikal geprägte Wirklichkeit der Partei nicht berücksichtigt und noch weniger die tatsächlichen politischen Möglichkeiten im Reichstag. Als Beleg führen die Pacelli-Verteidiger an, er sei über die Auflösung des Zentrums erbost gewesen. Natürlich war er das. Aber nicht aus Wertschätzung für die katholische Partei, sondern weil er ihre Existenz als Karte in den Verhandlungen um das Reichskonkordat spielen wollte.

Auch übersehen die Verteidiger der vatikanischen Deutschlandpolitik wesentliche Hindernisse, die Pacelli dem Zentrum in den Weg gelegt hat. Erstens misstraute die Kirchenspitze überhaupt den Parteien. Zweitens erweckte Pius XI. den Eindruck, selbst nicht ausreichend die nationalsozialistische Gefahr zu erkennen. Drittens ließ Pacelli-Freund Prälat Kaas seine Partei verhängnisvoll im Stich und flüchtete vor der Verantwortung in Deutschland nach Rom. Viertens lehnte Pacelli in seinem Misstrauen gegenüber den Sozialisten jegliche Zusammenarbeit oder gar Koalition des Zentrums mit der zweiten Volkspartei, den Sozialdemokraten, im Reichstag ab. Aber nur mit ihnen zusammen hätte Hitler verhindert werden können zu einer Zeit, als dessen Macht noch zu erschüttern war bzw. als er noch Partner brauchte, um sie zu erringen.

Die treffende Erklärung für diese vier Elemente lieferte der Kölner Prälat Robert Grosche schon 1933. Er gab dem Ersten Vatikanischen Konzil die Hauptschuld, dass die Kirche in Deutschland sich selbst in eine Sackgasse manövriert hatte: »Da (1870) nahm die Kirche auf der höheren Ebene jene geschichtliche Entscheidung voraus, die heute (1933) auf der politischen gefällt wird: für die Autorität und gegen die Diskussion, für den Papst und gegen die Souveränität des Konzils, für den Führer und gegen das Parlament.« Weil die Papstdogmen dieses Konzils in der Person von Pius IX. selig gesprochen werden sollen, bleibe nichts anderes als lautstarker Protest: zum Segen der römisch-katholischen Kirche und aller anderen Kirchen. Der aber war nicht zu hören.

Ohne die autoritären Denkstrukturen in der katholischen Kirche hätten Zentrum und SPD zur Zusammenarbeit geführt werden können. Die historisch gewachsenen Gegensätze in beiden Parteien hätten überwunden werden können zumindest zu einer Zweckkoalition, zumal die SPD Brünings unpopuläre Sparpolitik für grundsätzlich richtig hielt und lediglich versuchte, die größten sozialen Härten zu mildern. Als wirksame Opposition fielen die Sozialdemokraten damit aus, und je tiefer Deutschland in den Strudel der Weltwirtschaftskrise geriet, desto stärker wurde der Zulauf zu den radikalen Parteien von rechts und links: Nationalsozialisten und Kommunisten.

Der Historiker Heinrich August Winkler beschrieb in seiner Geschichte Deutschlands, »Der lange Weg nach Westen«, die Gesamtlage in diesem Sinn: Bei den Reichstagswahlen vom 31. Juli 1932 wurden die Nationalsozialisten mit 37,4 Prozent der Stimmen stärkste Partei. Die Kommunisten erzielten 14,3 Prozent. Zusammen verfügten die beiden extremen Parteien über eine relative Mehrheit. Hinter der Regierung von Papen standen nur die Abgeordneten der Deutschnationalen und der rechtsliberalen Deutschen Volkspartei, zusammen etwa ein Zehntel der Abgeordneten. Der Reichstag fiel damit als konstruktives Verfassungsorgan aus. Deutschland trat in ein Stadium ein, das von Staatsrechtlern mit Begriffen wie »Verfassungslähmung« und »Verfassungsnotstand« beschrieben wurde.

Ende Januar 1933 ließ sich Hindenburg von seinen engsten Beratern davon überzeugen, dass es einen Ausweg gebe: die Ernennung Hitlers zum Kanzler eines mehrheitlich konservativen Kabinetts. Die Nationalsozialisten hatten zwar bei der Reichstagswahl vom 6. November 1932 über zwei Millionen Stimmen verloren, waren aber weiterhin die stärkste Partei. Am 30. Januar 1933 beschritt Deutschland mit der Regierung Hitler-Papen den Weg, der zur totalitären Diktatur, dem Zweiten Weltkrieg, dem Holocaust und dem Untergang des Deutschen Reiches führte.

»Unaufhaltsam war diese Entwicklung nicht. Hindenburg hätte nach seinem Sieg bei der Reichspräsidentenwahl im April 1932 Brüning im Amt belassen können, und er war in keiner Weise gezwungen, den Reichstag aufzulösen. Eine Neuwahl stand erst im September

1934 an. Für diesen Zeitpunkt durfte man mit einer wirtschaftlichen Erholung, sinkenden Arbeitslosenzahlen und nachlassendem Zulauf zu den radikalen Parteien rechnen. In jedem Fall war es ein Gebot der Vernunft und der Verantwortung, die gemäßigte, parlamentarisch tolerierte Form der Präsidialregierung so lange wie möglich beizubehalten. Hätten sich Hindenburg und alle, die Einfluss auf ihn hatten, von dieser Einsicht leiten lassen, wäre Hitler vermutlich nicht an die Macht gekommen.

Gesiegt haben im Frühjahr 1932 die alten, wilhelminisch geprägten Eliten in Reichswehrführung und preußischem Rittergutsbesitz, die das Rad der Geschichte zurückdrehen wollten. Die Nationalsozialisten, die ihnen dabei helfen sollten, waren aber nicht bereit, die Rolle des Juniorpartners der Konservativen zu übernehmen«, urteilte Winkler.

Am Ende gehörten auch Hitlers Steigbügelhalter zu den Verlierern der »nationalen Revolution« von 1933. Sie hatten einen Prozess in Gang gesetzt, den sie schon nach wenigen Wochen nicht mehr steuern konnten. Prälat Grosche hat den Zustand des deutschen Katholizismus von 1933 beschrieben. Fast dreißig Jahre später blickten zwei katholische Experten mit Distanz auf denselben Katholizismus und das Zentrum des Jahres 1933 zurück. Der Staats- und Verfassungsrechtler, Rechtsphilosoph und spätere Verfassungsrichter Ernst-Wolfgang Böckenförde und der Münchner Historiker Karl Buchheim setzten sich bereits 1960 in Beiträgen für die katholische Kulturzeitschrift »Hochland« mit dem Weg der Kirche bis 1933 auseinander.

Böckenförde ging davon aus, dass das Ende des NS-Regimes im Frühjahr 1945 nach zwölfjähriger Herrschaft in einem totalen militärischen und politischen Zusammenbruch für die deutschen Katholiken – ebenso wie für die evangelischen Christen – die Stunde der Befreiung von einer immer drückender werdenden Verfolgung bedeutete. Die deutschen Katholiken hätten, von ihren Bischöfen und dem Klerus geführt und bestärkt, diesem Druck, im Ganzen gesehen, tapfer widerstanden und sich dabei als überzeugungsfeste Gegner des Nationalsozialismus erwiesen. So fiel ihnen bei dem nun notwendigen politischen Neuaufbau wie von selbst ein gewichtiger Anteil zu, der durch das Vertrauen, das die drei westlichen Siegermächte ihnen vielfach entgegenbrachten, noch größer wurde.

Diese Situation verhinderte die Frage, ob und wie weit die Katholiken und ihre geistlichen Führer nicht selbst die NS-Herrschaft in deren Anfängen befestigt und ihr die eigene Mitarbeit angetragen hatten. Der deutsche Katholizismus habe sich bei dem nachweislich gegen das NS-System geleisteten Widerstand beruhigt und ohne Zögern die sich bietenden neuen Wirk- und Einflussmöglichkeiten ergriffen, ohne sich mit der eigenen Vergangenheit näher zu befassen. »Das lag auch sonst in niemandes Interesse.«

Böckenförde beschrieb den deutschen Katholizismus am Vorabend des Krisenjahres 1933 als eine auf religiös-weltanschaulicher Grundlage fest geeinte, in zahlreichen Berufs- und Standesorganisationen erfasste, zu einheitlichem politischem Wollen verbundene soziale Gruppe. Er habe die Ghetto-Situation von einst weit hinter sich gelassen und im gesellschaftlichen und staatlichen Leben eine beachtliche und anerkannte Position errungen. Seine politische Vertretung und weithin auch politische Heimat besaß er seit den Tagen des Kulturkampfes in der Zentrumspartei. Episkopat und Klerus beherrschten diese politische Vertretung als ein Erbe des Kulturkampfes, in dem das katholische Volk sich gegenüber dem sein religiöses Lebensrecht bedrohenden Staat eng um seine Bischöfe und Priester geschart hatte. Seither sahen die Katholiken in der Amtskirche auch die politischen Führer, vor allem nachdem um die Jahrhundertwende die Gründergeneration der Zentrumspartei nicht mehr lebte: »Die vorherrschende Rolle des geistlichen Elements im Zentrum seit dem letzten Parteitag [1928] und besonders in der Krisenzeit der Jahre 1932/34 war so nicht Ausdruck eines von außen an die Partei herangetragenen klerikalen Führungsanspruchs, sondern entsprach der inneren Situation des deutschen Katholizismus, wie sie sich seit dem Kulturkampf entwickelt hatte.«

Ein Wort eines Zentrumsabgeordneten aus den Mai-Tagen 1933 kennzeichnet die Erwartung, die im katholischen Volk gegenüber seinen geistlichen Führern lebendig war: »Unter ihrer [der Bischöfe] Leitung können wir nicht in die Irre gehen.« Die deutschen Katholiken konnten freilich nicht ahnen, dass gerade diese Führer sie zur Bejahung und Unterstützung des NS-Staates auffordern würden. Dass dies geschah, kam um so unerwarteter, so Böckenförde, als noch zu Beginn des Jahres 1933 und auch unmittelbar nach der »Machtübernahme« der deutsche Katholizismus als fester und unerschütterlicher Gegner der NS-Bewegung erschien. In zahlreichen oberhirtlichen Verlautbarungen hatten die Bischöfe die Irrlehren der nationalsozialistischen Bewegung verurteilt, vor ihrer Gefährlichkeit gewarnt und das aktive Eintreten für die Ziele der NSDAP, vielfach auch die bloße Mitgliedschaft in ihr, für unerlaubt erklärt. In manchen Diözesen waren aktive Nationalsozialisten oder sogar alle Parteimitglieder, wie in Mainz, vom Sakramentenempfang und der kirchlichen Beerdigung ausgeschlossen.

Zentrum und Bayerische Volkspartei führten den Wahlkampf für die Wahl vom 5. März 1933 in scharfer Front gegen die Nationalsozialisten und konnten trotz der erheblichen Behinderungen, denen sie und ihre Presse durch die Regierung schon ausgesetzt waren, ihren Stimmenanteil im wesentlichen behaupten und insgesamt 92 von 647 Reichstagsmandaten erringen. Zusammen mit der SPD konnten Zentrum und BVP die für Verfassungsänderungen notwendige Zweidrittelmehrheit blockieren und hatten es dadurch in der Hand, die von der neuen Regierung erstrebte legale Außerkraftsetzung der Weimarer Verfassung zu verhindern.

Für die innere Stabilisierung und den legalen Ausbau der von den Nationalsozialisten erstrebten diktatorialen Herrschaft kam es also in hohem Maß darauf an, ob der deutsche Katholizismus und seine politische Vertretung bereit waren, die Verfassung von Weimar als solche zu verteidigen und einer antidemokratischen Regierung und Parlamentsmehrheit den legalen Zugriff auf die gesamte Staatsgewalt zu verwehren. Das setzte freilich den Willen voraus, der durch die Krisenjahre und manche konkrete Erscheinung des politischen Lebens geförderten Demokratiemüdigkeit wenigstens so weit entgegenzutreten, als nicht diese oder jene Institution, sondern die Substanz des parlamentarisch-demokratischen Staates selbst in Frage stand.

Bereits am 6. März machte Prälat Kaas als Vorsitzender der Zentrumspartei jedoch ohne vorherige Fühlungnahme mit der Partei dem Vizekanzler Franz von Papen das Angebot, einen Strich unter die Vergangenheit zu ziehen, und ließ die Bereitschaft zur Mitarbeit durchblicken. In den Beratungen innerhalb der Parteiführung und Fraktion trat er dann entschieden für die Annahme des Ermächtigungsgesetzes ein, die er am Ende auch durchsetzte. Dabei kam es zu scharfen Auseinandersetzungen mit Brüning, der die prinzipielle Bedeutung des Gesetzes für das Außerkrafttreten der Weimarer Verfassung klar erkannte und seiner Annahme aus rechtlichen und politischen Erwägungen bis zuletzt heftig widersprach. Wenn Brüning sich dann doch dem Beschluss der von Kaas geführten Fraktionsmehrheit fügte und dem Ermächtigungsgesetz zustimmte, ist dies wohl nur aus einer übergroßen Loyalität gegenüber Partei und Fraktion zu erklären. Die SPD blieb sich und der Verfassung treu und lehnte das Ermächtigungsgesetz ab.

Offenbar kam es dem Prälaten Kaas und der Mehrzahl der Zentrums- und BVP-Politiker ganz im Sinn der von Kardinalstaatssekretär und Kaas-Freund Pacelli betriebenen Deutschlandpolitik darauf an, sich mit dem neuen Regime zu arrangieren, wenn dieses zu bestimmten Konzessionen auf den für die Katholiken besonders bedeutsamen Gebieten der Kirchen- und Schulpolitik bereit war und für christlichen Einfluss offen blieb. Böckenförde: »Das erschien wichtiger als die Verteidigung des demokratisch-parlamentarischen Staates, auf dessen Boden man zwölf Jahre lang gestanden hatte.«

Bereits am Tag nach der Annahme des Ermächtigungsgesetzes, am 24. März, fuhr Kaas nach Rom, um mit Pacelli die neue Lage zu besprechen. Nach einer Unterredung mit Hitler unter vier Augen am 2. April fuhr er am 7. April zum zweiten Mal und endgültig nach Rom. Papen teilte er mit, dass er die durch die kulturpolitischen Erklärungen Hitlers in seiner Reichstagsrede geschaffene neue Situation vollauf anerkenne. Nichts könne zu einer inneren Konsolidierung des autoritären Regimes mehr beitragen als die Weiterverfolgung der dort angekündigten Politik. Er stelle sich »aus innerer Überzeugung« auf die Seite der positiven Mitarbeit. Prälat Kaas hat sich dann in enger Fühlungnahme mit dem Kardinalstaatssekretär in die bereits am 9. April beginnenden Konkordatsverhandlungen eingeschaltet. Das Zentrum geriet durch die Maßnahmen der Nationalsozialisten in wachsende Bedrängnis. Parteichef Kaas versicherte dagegen in einem Telegramm zu Hitlers Geburtstag am 20. April diesen seiner »unbeirrten Mitarbeit«.

Der politische Repräsentant des deutschen Katholizismus hatte also im Interesse der Sicherung kirchlich-kulturpolitischer Belange zugunsten der Stabilisierung des NS-Regimes über das Schicksal der von ihm geführten Partei, deren Vorsitz Brüning erst Anfang Mai übernahm, innerlich bereits disponiert, analysiert Böckenförde. Er sah mit dieser Haltung gegenüber dem NS-Regime Prälat Kaas aber nicht allein. Manche katholischen Blätter waren bereits vor dem 20. März 1933 bereit, in der NS-Regierung die neue »Obrigkeit« anzuerkennen, der gegenüber keine Oppositionshaltung mehr eingenommen werden dürfe.

Die Fuldaer Bischofskonferenz nahm dann in einer Erklärung am 28. März, fünf Tage nach Annahme des Ermächtigungsgesetzes, die

»allgemeinen Warnungen und Verbote« gegenüber einer Mitarbeit in der NSDAP zurück und ermahnte die Katholiken zur Treue gegenüber der »rechtmäßigen Obrigkeit«, obwohl kein Punkt des NS-Parteiprogramms geändert worden war. Damit war die durch die Annahme des Ermächtigungsgesetzes geschaffene Lage auch »geistlich« legitimiert und einer politischen Opposition der Katholiken gegen das neue Regime der innere Rückhalt entzogen.

Diese Aufforderungen mochten nicht wenige Katholiken als in erster Linie taktisch gemeint verstehen, vor allem jene, die noch überzeugte Gegner des NS-Regimes waren. Im Ganzen jedoch kann jenen Aufforderungen eine bedeutsame Wirkung in der katholischen und allgemeinen Öffentlichkeit nicht abgesprochen werden, umso weniger, als die Zentrumspartei durch den Rom-Aufenthalt des Prälaten Kaas, der den Parteivorsitz nicht zuvor niedergelegt hatte, zunächst buchstäblich kopflos war.

Bereits am 25. April ließ Erzbischof Konrad Gröber von Freiburg auf der Diözesansynode keinen Zweifel daran, dass die Katholiken »den neuen Staat nicht ablehnen dürfen, sondern ihn positiv bejahen und in ihm unbeirrt mitarbeiten müssen«. Kardinal Bertram erklärte in einer Ansprache in Beuthen am 4. Mai, die neue Regierung wolle die katholische Kirche nicht nur dulden, sondern lege größten Wert darauf, »dass die Kirche ihre Kräfte im Volksleben entfalte«. Diesem Bewusstsein entspringe das »Hochgefühl«, mit dem die Katholiken die Mitarbeit leisteten.

Am 3. Juni folgte dann der programmatische Hirtenbrief aller deutschen Bischöfe. Darin werden die Prinzipien des NS-Staates, vor allem die überaus starke Betonung der Autorität, bejaht, andererseits aber bestimmte Ansichten und Methoden der NSDAP abgelehnt und etliche Forderungen für die Freiheit und Wirkungsmöglichkeit der Kirche und der katholischen Organisationen erhoben. Dieser Brief endete mit den Sätzen: »Geliebte Diözesanen! Wenn wir deutschen Bischöfe die aufgezählten Forderungen erheben, so liegt darin nicht etwa ein versteckter Vorbehalt dem neuen Staat gegenüber. Wir wollen dem Staat um keinen Preis die Kräfte der Kirche entziehen, und wir dürfen es nicht, weil nur die Volkskraft und die Gotteskraft, die aus dem kirchlichen Leben unversiegbar strömt, uns erretten und erheben kann.« Nach diesem Hirtenwort setzte eine Welle von Austrittserklärungen aus der Zentrumspartei ein. Den Höhepunkt erreichte die Unterstützung des NS-Regimes durch die deutschen Bischöfe nach Abschluss des Reichskonkordats im Juli 1933. Hitler erschien als vertragsfähig. Seine Worte hielten viele für die Erklärungen eines Staatsmannes.

Der deutsche Episkopat mochte glauben, auf diese Weise das NS-Regime und den inneren Aufbruch des Jahres 1933 in die Richtung einer christlich-autoritären Staatsordnung zu lenken und so alles zum Guten zu wenden. Es zeigte sich jedoch schnell, wie sehr er dabei der Gefangene seiner eigenen Politik geworden war. Hitler hatte bereits unmittelbar nach der Märzwahl mit der ihm eigenen politischen Witterung erkannt, dass ein wirklicher Einbruch in den katholischen Volksteil zugunsten des Nationalsozialismus sich nur erringen lasse, »wenn die Kurie die beiden Parteien (Zentrum und BVP) fallen lasse«. Auf dieses Ziel hatte er dann konsequent hingearbeitet.

Die deutschen Bischöfe setzten ihre Autorität ein, um kirchen- und kulturpolitische Zusicherungen zu erhalten, ohne dass schon eine äußere oder innere Notlage der Kirche gegeben war, und festigten das NS-Regime. Sie banden sich, um das Konkordat zu erhalten, selbst die Hände. Sie waren nun auf die Linie der Treuebekenntnisse lange Zeit festgelegt, schon um nicht irgendeinen Anlass zu geben, der das von NS-Seite ohnehin nicht ernst gemeinte Konkordat zu gefährden. Der einsame Rufer Heinrich Brüning hat als einziger prominenter katholischer Politiker den Vatikan nachdrücklich vor dem Abschluss des Reichskonkordats gewarnt.

Theologische Hilfe für die Bischöfe leisteten vor allem Michael Schmaus und Josef Lortz, die auf der Grundlage des antiliberalen katholischen Autoritäts- und Ganzheitsdenkens eine Brücke zwischen Katholizismus und Nationalsozialismus zu schlagen suchten. Schmaus sah im Nationalsozialismus den radikalen Gegensatz zu Liberalismus und Bolschewismus, gegen deren Unnatur er die »naturgegebenen Ordnungen und Wirklichkeiten« wieder zu ihrem Recht bringe. »Die Tafeln des nationalsozialistischen Sollens und die der katholischen Imperative stehen freilich auf verschiedenen Ebenen des Seins, jene in der natürlichen, diese in der übernatürlichen Ebene … Aber sie weisen in dieselbe Wegrichtung.« Den Totalitätsanspruch des NS-Staates hielt Schmaus für ungefährlich, da er durch das Reichskonkordat seine authentische Interpretation erfahren habe. Wie Schmaus stellte Lortz grundlegende Verwandtschaften zwischen Katholizismus und Nationalsozialismus fest und glaubte, in diesem eine Aufbruchbewegung gegen eine Zersetzung von mindestens sechshundert Jahren sehen zu können, eine Aufbruchbewegung, die im Tiefsten auch dem Gläubigsein den Weg bereite.

Auch die ständisch-autoritäre Gesellschaftsordnung und die Sozialpolitik des NS-Regimes fanden verbreitete Zustimmung und wurden als Überwindung des Klassenkampfes zugunsten einer naturrechtlich begründeten berufsständischen Ordnung interpretiert, wie sie die Enzyklika Quadragesimo anno empfohlen hatte. Vor allem Theodor Brauer erläuterte und verteidigte die Gesellschafts- und Sozialpolitik des Dritten Reiches in diesem Sinn. Selbst Josef Pieper, dessen Gegnerschaft zum Nationalsozialismus als Weltanschauung zu keiner Zeit zweifelhaft war, meinte feststellen zu können, dass hier die Übereinstimmung der Grundgedanken »wirklich bis in den Kern der christlichen Gesellschaftsethik und bis in die gemeinsame Brunnenstube aller sozialpolitischen Antriebe des nationalsozialistischen Staates hinabreicht«.

Ein anderer Weg zur positiven Bejahung und Unterstützung des NS-Staates führte über die theologische Aufwertung und Ausdeutung des Reichsgedankens zu einer theologisch-politischen Reichsideologie. Böckenförde beobachtete sie vor allem in der katholischen Jugendbewegung, bei den deutschen Benediktinern und in der katholischen Akademikerschaft. Das Reich erschien als die eigentlich katholische, weil ganzheitliche Form politischer Ordnung, als die Hereinnahme auch der politischen Welt in die Erlösungsordnung und somit als die christlich-katholische Gegenposition zum modernen, individualistischen und säkularisierten Staat. Reichspolitik war demnach katholische Politik, und das Reich Adolf Hitlers bedeutete den Aufbruch und die Möglichkeit zu neuer organisch-ganzheitlicher und substanzhaft-christlicher Ordnung.

Der hoch angesehene Abt von Maria Laach, Ildefons Herwegen, machte sich besonders zum Interpreten einer religiösen Überhöhung des Führerprinzips und der auf den volkhaften Kräften von Blut und Boden aufbauenden Ordnung. An ihr mitzuwirken, forderte er die Katholiken auf: »Volk und Staat sind wieder Eins geworden durch die Tat des Führers Adolf Hitler. Weil der Führer aus der Einsamkeit des Dienens und Opferns heraus, getragen von einem unbeirrbaren Glauben an das deutsche Volk, dieses wieder zu freudigem Bekenntnis zu sich selbst gebracht hat ... Auf den Glauben des Führers an das Volk antwortet die Gefolgschaft des Volkes. Die treue Gefolgschaft aller gegenüber dem Einen schafft ein neues Gemeinschaftserlebnis, das unser Volk zurückfinden lässt zu den letzten Wurzeln seiner Gemeinsamkeit: zu Blut, Boden und Schicksal.«

Auf dem deutschen Gesellentag in München im Juni 1933 deutete Generalsekretär J. Nattermann den Aufbau des neuen Reiches als Gottes Ruf, aus deutschem Wesen zum entscheidenden Schlag gegen den Bolschewismus auszuholen. »Wiederum hat die deutsche Nation den Schild des heiligen Reiches gegen Unglauben und Heidentum geführt. Wiederum war das deutsche Volk seiner alten Sendung getreu. So, deutsche Jugend, deute ich die Stunde unserer Gegenwart.«

Die tragische Situation der Weimarer Republik wird an dieser Stelle noch einmal in aller Deutlichkeit offenbar. Die Weimarer Republik hatte, wie sich bei ihrem Ende herausstellte, von Anfang an keine ernsthaften und entschlossenen Verteidiger ihrer auf einem politischen und weltanschaulichen Kompromiss beruhenden politischen Substanz. Sie hatte nur Anhänger, die ihr letztlich mit einem inneren Vorbehalt gegenüberstanden und die Neutralität und Offenheit der Verfassung als Durchgang zu einer Aufhebung dieses Kompromisses benutzen wollten. Die Sozialdemokraten bejahten sie, weil und soweit sie offen war für den Sozialismus: »Republik, das ist nicht viel, Sozialismus ist das Ziel«, lautete die bekannte Parole E. Bernsteins. Die konservativen Gruppen lehnten sie als solche ab und nahmen sie allenfalls als Übergang zu einer monarchischen Restauration in Kauf. In der Krise des Jahres 1933 wurde dann offenbar, dass auch bei den Katholiken ein entsprechender Vorbehalt wirkte: »Republik, das ist nicht viel, konfessionelle Schule und christlicher Staat ist das Ziel.« Eine Republik, die auf solche Anhänger angewiesen ist, konnte nach Böckenfördes Bilanz eine ernsthafte Krise nicht überdauern.

Die mangelnde Bereitschaft, sich für den Weimarer Staat in seiner Krise zu engagieren, wurde darüber hinaus durch die naturrechtliche Staatslehre als solche, wie sie die Katholiken gelehrt wurde und wird, gefördert. Diese Staatslehre unterscheidet zwischen den übergeschichtlichen naturrechtlichen Grundsätzen der staatlichen Ordnung und den vom Naturrecht nicht abhängigen und daher dem geschichtlichen Wechsel unterliegenden konkreten Staats- und Verfassungsformen, denen gegenüber sie sich neutral verhält. Für diese lohnt es nicht, sich im Ernstfall mit ganzer Kraft zu engagieren.

Mit diesen Prinzipien haben die deutschen Katholiken 1918 den Untergang der Monarchie sang- und klanglos geschehen lassen und im Jahre 1933 den parlamentarisch-demokratischen Staat, den sie mitgeschaffen hatten, in keiner Weise ernsthaft verteidigt. In dem Augenblick, als Hitler vorgab, die »christlichen Grundsätze« zu respek-

tieren, waren die Katholiken – von aller Demokratie-Müdigkeit
einmal abgesehen – schon auf Grund ihrer politischen Prinzipien
um den Elan gebracht, den Staat von Weimar zu verteidigen. Die
Treue zur bestehenden geschichtlichen Verfassung hatte keinen naturrechtlichen Ort.

Den wesentlichen Antrieb für die weit verbreitete Bejahung und Unterstützung des NS-Regimes durch den deutschen Katholizismus im
Jahre 1933 erklärt Böckenförde jedoch mit dem tief verwurzelten
Antiliberalismus, der dem katholischen Denken seit dem neunzehn-
ten Jahrhundert eigen war und wohl bis heute (1960) eigen sei. Dieser Antiliberalismus sei ein Ergebnis der innerkirchlichen Abwehr
und Überwindung der Aufklärung. Er hatte zunächst religiösen Charakter und richtete sich gegen die im Rahmen der Vernunft vorge-
tragene prinzipielle Kritik an Religion, Offenbarung und Dogma.
Durch den Einfluss von Restauration und Romantik wurde er jedoch
bald auch zu einer politischen Haltung mit scharfer Front gegen die
»Ideen von 1789« und die darauf beruhenden Ordnungsformen.

Gegen den Individualismus der Aufklärung, wie er sich in der Theorie des Gesellschafts- und Staatsvertrags, in der Lehre von der Volkssouveränität und in der Freisetzung des Individuums aus den überlieferten Ordnungen und sittlichen Bindungen äußerte, stellte man
die Theorie von der »organischen«, sich an die »naturgegebenen
Wirklichkeiten« haltenden, auf Autorität, echter Gemeinschaft und
ständischer Gliederung beruhenden Ordnung. Diese Ordnung erschien gegenüber dem Ansturm der »modernen«, auf Emanzipation
drängenden Welt als die eigentlich christliche und naturgemäße. Das
katholische politische Denken verlor dadurch allmählich jede Unbe-
fangenheit und Offenheit gegenüber der geschichtlichen Realität.

So lebte das katholische politische Denken schließlich weithin aus
einer prinzipiellen Verneinung von mindestens zweihundert Jahren
Geschichte. »Das muss zu Illusionen oder Katastrophen führen. Um

das Jahr 1933 war in weiten Kreisen des deutschen Katholizismus eine ideologische Befangenheit und Wirklichkeitsferne erreicht, die auch in der NS-Bewegung, nur weil sie sich sehr betont als antiliberalistisch und antimarxistisch begriff und sich zahlreicher Vokabeln des organischen Denkens bediente, einen willkommenen Bundesgenossen im Kampf gegen den ›liberalen Ungeist‹ und für eine christliche, die ›volle Verwirklichung des Naturrechts‹ bringende Ordnung sehen ließ«, schrieb Böckenförde und fuhr fort:

»Dieser Zusammenhang macht schließlich auch die tragische Rolle der hirtenamtlichen Verlautbarungen im Jahre 1933 deutlich. Die deutschen Katholiken haben für ihr politisches Verhalten von ihren Bischöfen mit hirtenamtlicher Autorität Ratschläge und Anweisungen empfangen, die sie besser nicht befolgt hätten. Das wäre staatspolitisch richtig gewesen. Jene Katholiken, die den politischen Ratschlägen und Anweisungen ihrer Bischöfe 1933 treu ergeben gefolgt waren, hatten 1945 die Folgen dieses Handelns bei der Entnazifizierung allein zu tragen, ohne von ihren Bischöfen Schutz und Verteidigung in der Öffentlichkeit verlangen zu können.«

Dieser Exkurs erläutert nicht nur die geistesgeschichtliche und gesellschaftliche Landschaft der Katholiken bis weit nach 1933. Er beschreibt zugleich auch das Denken, mit dem Eugenio Pacelli christliche Politik beurteilte und im Grunde denselben verheerenden Irrtümern erlag wie die meisten deutschen Oberhirten. Insofern muss nicht nur vom Scheitern der Päpste Pius XI. und Pius XII. gesprochen werden, sondern vom Irrweg der katholischen Kirche, die sich in vielen Fragen bis heute, siehe die fortschrittsfeindliche Hoffnungsenzyklika von Papst Benedikt XVI., nicht gründlich gelöst hat. Pacelli war und blieb bis zum Ende des Zweiten Weltkrieges ein Gefangener des im 19. Jahrhundert entstandenen kirchlichen Systems.

Wäre trotz dieser gewaltigen Hindernisse im katholischen Milieu, von dem das Zentrum abhing, ein Überleben der katholischen Partei möglich gewesen und hätte Hitler verhindert werden können? Karl Buchheim bestätigt die Eingangsthese. Nur das Bündnis zwischen Zentrum und SPD mit der breitesten Grundlage im Volk hätte den Bestand der parlamentarischen Regierungsweise sichern können. Die Sozialdemokratie hätte sich zu einem ausreichenden Entgegenkommen auf die kulturpolitischen Forderungen des Zentrums entschließen müssen.

Außenpolitisch hätte ein Bündnis davon profitieren können, dass der von den Siegermächten gedemütigte junge Staat in Europa vorerst ohne Freunde dastand. Nur Papst Benedikt XV. demonstrierte sein Wohlwollen. Am 27. September 1919 erklärte der sozialdemokratische Reichsaußenminister Hermann Müller, dass Deutschland die Freundschaft der Kirche begrüße und gute Beziehungen zum Vatikan brauche, die schließlich zum Abschluss eines Konkordats führen könnten. Noch vor Ende 1919 kam der Münchener Nuntius Pacelli nach Berlin, um die ersten Verhandlungen anzuknüpfen. Aber die Aussichten trübten sich. Nach den Reichstagswahlen von 1920 kam die Regierungskoalition zwischen der Sozialdemokratie und dem Zentrum nicht wieder zustande. Ein Reichskonkordat hätte aber nur das Ergebnis einer Dauerkoalition des Zentrums mit der Sozialdemokratie sein können, wie in Preußen, wo eine solche Koalition bis 1932 bestand.

Nur ein Dauerbündnis der roten mit der schwarzen Volkspartei hätte die parlamentarische Demokratie in Deutschland gefestigt. Vorurteile gegeneinander bestanden auf beiden Seiten, aber sie hätten sich, wie das Beispiel Preußens zeigte, in einer gemeinsamen Reichsregierung abschleifen können, schreibt Buchheim. Die SPD hätte ihre Wähler dazu erziehen müssen, einem Konkordat und auch einem Reichsschulgesetz zuzustimmen, das für das Zentrum annehmbar war. Aber sie fürchtete, zuviel Arbeiterstimmen zu verlieren, wenn sie aufgehört hätte, vom Ziel des Sozialismus zu sprechen, um sich dafür zur verfassungsmäßigen Republik als einer Endform des deutschen Volksstaates zu bekennen. Gerade mit solcher staatspolitischer Lauheit konnte sie bei den Arbeitern die Anfälligkeit für linksradikale Parolen am wenigsten überwinden. Andererseits muss man auch auf der Seite des Zentrums feststellen, dass die Verfassungstreue nur mäßige Temperaturen entwickelte. Rudolf Morsey bilanziert: »Das Zentrum hatte sich so wenig wie 1918/19 bedingungslos dem Weimarer Parteienstaat mit seiner Verfassung ohne Gott verschrieben.«

Am Ende flüchtete 1933 der Vorsitzende des Zentrums, Prälat Ludwig Kaas, nach Rom. Sein Verhalten führt Buchheim darauf zurück, dass man in Rom tatsächlich das Zentrum abgeschrieben hatte. Die Kurie setzte auf das Reichskonkordat, zumal sie, wie es in einem Bericht an die Münchner Regierung hieß, »die Situation in Deutschland optimistischer beurteilte, als sie es verdiente«. Von Pius XI. und Pacelli sei aber nicht anzunehmen, dass sie über Hitler »optimistisch« dachten, höchstens vielleicht nicht pessimistisch genug.

Um der Haltung der Kurie gerecht zu werden, muss nach Buchheims Ansicht berücksichtigt werden, dass der Vatikan das Zentrum, das sich erst unter Bismarcks Druck zur katholischen Partei entwickelt hatte, nie für eine ideale Truppe hielt. Als der Kirchenstaat vom Königreich Italien annektiert worden war, verwarf Pius IX. den Gedanken, die Interessen der Kirche innerhalb dieses revolutionären Staates mit den Mitteln der Parteipolitik zu verteidigen. Er verbot den Katholiken, an den Wahlen teilzunehmen oder sich wählen zu lassen mit dem »ne eletti ne elettori«. Vielmehr vertraute er die Verteidigung der »Opera dei Congressi«, einer 1876 entstandenen, vielgestaltigen, unmittelbar kirchlichen, eng mit den Bischöfen verbundenen Vereinsbewegung an. Auch die nachfolgenden Päpste gestatteten nur wenige Ausnahmen von diesem »Non expedit« (Es geht nicht). Erst Benedikt XV. erlaubte am Ende des Ersten Weltkrieges dem Priester Don Sturzo, einem Bewunderer des deutschen Zentrums, die Gründung der Italienischen Volkspartei. Das Zentrum hatte diese Haltung der Kurie nie nachvollziehen können.

Die Kurie behielt insofern Recht, als die Italienische Volkspartei kein Glück hatte. Sie wurde nach kurzem Bestehen mattgesetzt, als Mussolini im Oktober 1922 an die Regierung kam. Da erließ der neue Papst, Pius XI., am 23. Dezember 1922 seine erste große Enzyklika »Ubi arcano Die«, mit der er, die Lage rasch erfassend, die »Katholische (Laien-)Aktion« ins Leben rief. Er erkannte, dass man in einem faschistischen, die parlamentarische Demokratie unterdrückenden Staat mit einer demokratischen Partei nichts ausrichten werde. Es liegt nahe, dass er nach Hitlers »Machtergreifung« über das deutsche Zentrum ähnlich dachte.

Er selbst hatte gegenüber Mussolini 1929 den säkularen Erfolg der Wiedererrichtung des Kirchenstaates in der Form der Città del Vaticano errungen. Da lag es nicht ganz fern, es in Deutschland mit dem von Papen empfohlenen Reichskonkordat zu versuchen. Das beweist keineswegs, dass sich Pius XI. und Pacelli Illusionen machten. Sie mögen Brünings dringende Warnungen sehr wohl gehört haben, konnten aber für das Zentrum keine Chance mehr sehen. Brüning selbst hätte wohl richtiger gehandelt, wenn er mit einem scharfen Protest gegen Terror und Unterdrückung bald die Auflösung der Partei herausgefordert hätte.

Der Einfluss des Papstes und seines Nuntius Pacelli wären dennoch in Deutschland groß genug gewesen, das Schlimmste zu verhüten. Doch weder sie noch die deutschen Katholiken dachten im Entferntesten an eine solche Lösung. Die dämmerte erst nach dem Krieg. Die katholische Kirche hat die Nazidiktatur, zu der sie anfangs eine innere Nähe empfand, und deren Untergang überlebt. Sie und ihr Oberhaupt in Rom wurden dadurch mehr verändert, als sie sich 1933 vorstellen konnten. Als die Chance, Hitler zu verhindern, vertan war, sah Pius XII. keine andere Wahl, als schweigend zu retten, was zu retten war.

Die Lektion galt aber nicht nur ihm, sondern auch den deutschen Bischöfen, die ihre wenigen Amtsbrüder, die Widerstand zeigten, später zur Rechtfertigung der eigenen, nur ungern eingesehenen Irrtümer wie Feigenblätter vor sich her trugen. Ob sie wenigstens auch das taten, wozu Pius XII. sich im fernen Rom berufen fühlte? Es bleibt fraglich. Der Papst hat, statt vehement zu protestieren, Hitler auf seine tief religiöse Weise bekämpft. Papst Pius XII. trieb mehrmals und leider erfolglos durch Exorzismus Hitler den Teufel aus.

Der Papst

Endlich und ewig
Stellvertreter Christi

Von Eugenio Pacelli bleibt
nur noch der Papst Pius XII.

Mit der Wahl zum Papst vollendete sich in Eugenio Pacelli eine Entwicklung, die sich wie ein roter Faden durch sein bisheriges Leben zog. Die Identifizierung mit dem Amt nahm von Amt zu Amt zu, bis am Ende der Privatmann Pacelli völlig in den Hintergrund getreten war und nur noch der Papst erschien. Die höchste Stufe des Aufgehens war in der Rolle des Stellvertreters Christi auf Erden erreicht.

Domencio Tardini, neben Giovanni Battista Montini sein engster Mitarbeiter im Staatssekretariat, formulierte es mit den Worten: »Das war am eindrucksvollsten zu erleben, wie sich ein Mann langsam von dem löste, was er bisher war.«

Äußerlich schien sich wenig zu ändern. Der Tagesablauf blieb gleich. Pacelli stand um 6.00 Uhr auf. Zur Morgentoilette benutzte er den von Spellman geschenkten elektrischen Rasierapparat, weil er glaubte, damit Zeit zu sparen, die er nützlicher verwenden könnte. Ein vertrauter Arzt wusste es jedoch besser. Pacellis Bart wäre schneller und besser mit einem traditionellen Nassrasierer beseitigt worden. Doch die Begeisterung des Papstes für alles Elektrische und moderne Technik ließ sich durch praktische Erfahrungen nicht beeinträchtigen. Zum unveränderten Tagesablauf gehörte noch immer der einstündige Spaziergang am Nachmittag. Allerdings beschränkte dieser sich jetzt auf die vatikanischen Gärten, wo er beim ersten Auslauf nach der Papstwahl gar einen Arbeiter erschreckte. Die weiße Papstkleidung war noch nicht fertig und Pacelli promenierte in seinem alten schwarzen Mantel. Der Arbeiter wollte nicht glauben, dass er den neuen Papst vor sich hatte.

Der drohende Krieg bestimmte bereits den ersten Arbeitstag nach der Wahl, bevor Pacelli zum Papst gekrönt war. Doch mit der Annahme der Wahl und der Wahl des Namens hatte er bereits alle Befugnisse als Pontifex. In einer Ansprache an die Kardinäle appellierte er an Völker und Nationen zu Verständigung und Entspannung.

Neun Tage nach der Wahl ernannte Pius XII. seinen eigenen Nachfolger als Staatssekretär. Es wurde Kardinal Luigi Maglione, der auf den Tag genau ein Jahr jünger als der Papst war und vor seiner Ernennung die Konzilskongregation geleitet hatte und Nuntius in der Schweiz und Frankreich war. Es sollte der einzige Kardinalstaatssekretär unter Pius XII. bleiben. Als er unerwartet früh 1944 starb, entschloss sich der Papst, keinen Nachfolger zu ernennen. Er selbst fühlte sich als Haupt der Politik des Vatikans. Er erledigte die Arbeit des Kardinalstaatssekretärs von nun an selbst, die er fünf Jahre zuvor erst aufgegeben hatte, und bediente sich dabei seiner beiden damals engsten Mitarbeiter Tardini und Montini, zeitweise spielte er sie geschickt gegeneinander aus.

Deutschland hatte dem Papst nicht zur Wahl gratuliert. Aber schon am 5. März, drei Tage nach dem Konklave, empfing der Papst den deutschen Botschafter Diego von Bergen zu dessen eigener Überraschung. Gleich darauf beauftragte der Papst den apostolischen Nuntius in Berlin, Hitler seine Aufwartung zu machen und ihm zum 50. Geburtstag zu gratulieren.

Die erste Woche nach der Wahl stand auch sonst ganz im Zeichen Deutschlands. Pius spürte das Klima des heraufziehenden Krieges. Noch bevor sie heimreisen konnten, empfing der Papst am 6. März die deutschen Konklaveteilnehmer Bertram, Faulhaber, Schulte und Innitzer. Sie forderten den Papst auf, trotz aller Schwierigkeiten für ein besseres Verhältnis zum Deutschen Reich zu arbeiten. Der Papst sicherte zu, jede Polemik in seiner Zeitung, dem »Osservatore Romano«, zu verhindern. Falls es Deutschland doch zum Krieg kommen lassen wolle, solle die Welt sehen, dass die Kirche alles getan habe, um den Frieden zu retten.

Die Kardinäle stimmten einem Vorschlag des Papstes zu, einen Brief an Hitler zu schreiben, um die Spannungen nicht weiter zu verschärfen und vor allem um klarzumachen, dass die Kirche kein Feind des Staates sei. Gleichzeitig sollte aber auch auf die andauernden Verletzungen des Konkordats durch die Unterdrückung der katholischen Vereinigungen und der Konfessionsschulen hingewiesen werden. Tatsächlich schrieb der Papst einen Brief an den Reichskanzler. Härtere Töne wollte er aber nicht anschlagen, um die letzten Versuche, den Frieden zu bewahren, nicht zu gefährden.

Das alles bestimmte die kurze Zeit zwischen Wahl und Krönung des Papstes am 12. März 1939. Aus den Händen von Kardinal Camillo Caccia Dominioni erhielt Pacelli die dreifache Papstkrone, die dreireifige Tiara, mit der Formel: »Empfange die dreifach gekrönte Tiara und wisse, dass Du der Vater der Fürsten und Könige, der Lenker des Erdkreises und der Vikar Jesu Christi, unseres Erlösers, auf Erden bist.« Ein Vertreter des Deutschen Reiches war auch dieses Mal nicht dabei.

Zuvor war im Petersdom ein Bündel Werg zu Asche verbrannt worden, um dem neuen Papst seine Grenzen zu zeigen: »So vergeht der Glanz der Welt.« Pacelli zeigte keine Rührung, kein Lächeln, keine Regung. Er schien völlig abgehoben in seinen Gewändern aus Goldbrokat. Sein Blick schweifte über die Menge hinweg, die ihm zujubelte. Bei der vorhergehenden Probe in seiner Wohnung hatte er noch über die Last der Verantwortung in diesem Amt geklagt.

Als einen verheißungsvollen Auftakt empfanden es die deutschen Schwestern, die seinen Haushalt führten, voneweg Pascalina, als der Papst später als gewohnt zum Abendessen heimkehrte und sich zuerst seinen Vogelkäfigen zuwandte. Er öffnete die Bauer und ließ den weißen Kanarienvogel Gretchen und den Dompfaff Peter im Zimmer herum fliegen.

Eine schöne Idylle. Der Stellvertreter Christi auf Erden spielt am Abend seines größten Durchbruchs mit seinen Kanarienvögeln. Doch das Bild trügt. Pius XII. ist ganz auf sein Amt konzentriert. Lange Zeit bleibt ihm nicht im Frieden. Seine Befürchtungen über die sich zusammenziehende Katastrophe in Europa bestätigen sich schneller als erwartet. Diesmal jedoch zunächst nicht aus Deutschland, sondern aus dem heimatlichen Italien. Ausgerechnet am Karfreitag 1939, einen Monat nach der Papstwahl, lässt Mussolini in Albanien einmarschieren. König Zog muss fliehen. Die erste Osterbotschaft des neuen Papstes ist tief geprägt von der Sorge um den Frieden. Pius führt die heraufziehende Katastrophe auf die ungerechte Nutzung der natürlichen Ressourcen, das fehlende Vertrauen zwischen den Nationen und den Bruch von Verträgen zurück.

Kurz nach der Papstwahl lässt sich Pius XII. vom nationalistisch orientierten Teil Spaniens bejubeln, nachdem er dem Bürgerkriegssieger Franco am Abend des 1. April 1939 in einem Telegramm gratuliert hatte: »Indem Wir unser Herz zu Gott erheben, sagen Wir zusammen mit Ihrer Exzellenz innigen Dank für den Sieg des katholischen Spanien, den Wir herbeisehnten. Wir wünschen uns, dass dieses uns so teure Land, nachdem der Friede erreicht ist, seinen alten Traditionen, die es so groß gemacht haben, neue Kraft verleihe. Wir erteilen Ihrer Exzellenz und dem gesamten edlen spanischen Volk Unseren apostolischen Segen.«

Franco, der dem konservativen Katholizismus ideologisch sehr nahe stand, die Religion als wichtige Stütze der spanischen Gesellschaft betrachtete und ganz antikommunistisch eingestellt war, kam die ideologische Stütze der Kirche sehr gelegen. Am 19. Mai 1939 wurde der Ausgang des wahrscheinlich gewaltigsten Gemetzels auf spanischem Boden daher auch mit einem feierlichen Te Deum in der Santa-Barbara-Kirche in Madrid besungen. »Herr«, sprach Franco dabei, »nimm wohlwollend die Mühen dieses Volkes an, das immer Dir gehört hat und das, mit mir und in Deinem Namen, mit großem Heldenmut den Feind der Wahrheit in diesem Jahrhundert besiegt hat.«

Der katholischen Kirche wurde unter Franco eine bedeutende Rolle zuerkannt. Der katholische Glaube galt als staatstragend. Franco war tief religiös, was er auch offen demonstrierte. Er konnte vom Klerus dafür jede Unterstützung des franquistischen Regimes erwarten. Mit den Achsenmächten verband Franco seine zutiefst nationalistische und antikommunistische Haltung. Durch seinen strengen Katholizismus unterschied er sich allerdings wieder von Hitler und Mussolini, die beide für Religion wenig übrig hatten. Das katholische Spanien lieferte also keinen Grund mehr für päpstliche Beunruhigung.

Die tiefe Besorgnis kam in Pacellis ersten Äußerungen als Papst ohnehin nur ungenügend zum Ausdruck. Es ist eben sein Stil, diplomatisch lau und in abgehobener Sprache Zutreffendes zu sagen, dessen Wirkung aber bescheiden bleibt. Der Papst scheint überzeugt zu sein, mit der Idee, eine Friedenskonferenz einzuberufen, das Schlimmste verhindern zu können. Am 3. Mai schickt Kardinalstaatssekretär Maglione deshalb vier Telegramme an die Vertreter Frankreichs, Englands, Deutschlands und Polens beim Heiligen Stuhl, um ihnen eine Papstbotschaft zur Einberufung einer Friedenskonferenz anzukündigen und um ihre Reaktion zu sondieren. Pius XII. entwirft ein Arbeitspapier. Dies bleibt jedoch in der Schublade. Die Initiative seines Staatssekretärs findet keine Zustimmung und ein Scheitern erscheint absolut sicher. Lediglich England unterstützt den Papst. Frankreich fordert vom Papst, sich auf grundsätzliche Appelle zu beschränken. Deutschland und Italien ließen verlauten, dass die Zeit für eine Konferenz nicht gekommen sei. Der Papst möge besser auf die Konferenz verzichten.

Am 23. August schließt der deutsche Außenminister Achim von Ribbentrop in Moskau mit seinem sowjetischen Kollegen Molotow in Anwesenheit von Stalin einen Nichtangriffspakt mit der Sowjetunion. Das Schicksal von Polen ist besiegelt.

Bedenken wischt Hitler gleich beiseite. Er deklamiert, notfalls allein gegen England Krieg zu führen. In Wirklichkeit glaubt er bis zuletzt nicht daran, dass die Engländer sich für Polen bewegen würden. Für den 26. August legt Hitler den Angriff auf Polen fest. Nach der Moskauer Unterzeichnung wendet sich Pius XII. um 19.00 Uhr in einer Radiobotschaft an die ganze Welt. Er appelliert an die Führer der Völker, die Politiker und alle Zuhörer, schlimmes Blutvergießen zu verhindern. »Die Gefahr steht unmittelbar bevor, aber es ist noch Zeit. Nichts ist mit dem Frieden verloren, alles kann es mit dem Krieg sein.«

Auf Hitler, der in der Botschaft namentlich ebenso wenig genannt wird wie Stalin, macht der Appell kaum Eindruck. Überrascht wurde er dagegen von seiner Fehleinschätzung der englischen Haltung. In den Tagen nach der Radiobotschaft wird in London ein Vertrag über den gegenseitigen Beistand zwischen England und Polen unterzeichnet. Außerdem lässt Italien den Reichsführer wissen, es sei in nächster Zeit nicht in der Lage, sich militärisch an der Seite von Deutschland zu engagieren. Der für 4:30 Uhr am nächsten Morgen geplante Angriff auf Polen wird abgesagt. Doch es dauert nur einen einzigen Tag, bis Hitler die Invasion für den 1. September 1939 befiehlt. Am 17. September marschiert auch die Sowjetunion in Polen ein.

Die katholische Kirche in Polen wird zwar nicht ausgelöscht, aber auf den Status eines Vereins ohne Rechte reduziert. Deutsche und Polen dürfen nicht in eine Kirche. Die Versuche des Nuntius in Berlin, sich in Polen einzuschalten, werden von der Reichsführung verboten. Das Konkordat gelte nur für das Deutsche Reich und nicht für eroberte Gebiete.

Am 30. September 1939 versichert Pius XII. einigen polnischen Bischöfen unter der Leitung von Kardinalprimas August Hlond seine tiefe Anteilnahme. Christus werde sie für die Tränen eines Tages belohnen. Die menschliche Anteilnahme tröstete zwar die Bischöfe, änderte aber an den Ereignissen nichts. Frankreich wirft dem Papst vor, völlig unzureichend reagiert zu haben. Er hätte die doppelten Angriffe auf Polen ausdrücklich verurteilen müssen. Substitut Giovanni Battista Montini, der spätere Papst Paul VI., verteidigt die Vorsicht seines Chefs. Jedes Wort gegen Deutschland und Russland hätten die unterworfenen Katholiken bitter bezahlen müssen. Die Fakten des Krieges gegen Polen seien schließlich hinlänglich bekannt.

Immerhin, so ist erkennbar, verbirgt sich hinter den Worten eine gewisse Verbitterung über Paris, das Polen nicht militärisch beigestanden hat. Dennoch sieht sich der Papst veranlasst, am 14. Oktober im »Osservatore Romano« einen Beitrag zu veröffentlichen, in dem das Kirchenoberhaupt unterstreicht, die polnische Tragödie sei ihm nicht gleichgültig. Der Diplomat auf dem Stuhl Petri bittet beinahe inständig, man möge zur Kenntnis nehmen, was er in seinen Ansprachen und Stellungnahmen wirklich gesagt habe. Sie sollten ganz gelesen werden. Gleichzeitig beklagt er die bescheidenen Möglichkeiten der Kirche, sich einzumischen. Von den Worten des Heiligen Vaters könne das Schicksal von Millionen von Katholiken in den Krieg führenden Ländern abhängen. Deshalb sei der andere Weg über die Bischöfe in den einzelnen Ländern vorzuziehen.

Der Heilige Stuhl versuchte dennoch einzugreifen. Am 29. November 1939 wird Nuntius Cesare Orsenigo im Reichsaußenministerium vorstellig, um gegen die unmenschliche Grausamkeit der Gestapo und der SS gegen das polnische Volk zu protestieren. Er bezieht sich auf Informationen aus dem Klerus und dem Militär. Der Nuntius stellt die Initiative als private dar, handelt aber in Abstimmung mit dem Staatssekretariat. Der päpstliche Botschafter wird jedoch belehrt, dass er sich um Dinge, die ihn nichts angehen, auch nicht kümmern solle. Nach Rom meldet er, dass ihn die Erfolglosigkeit seines Schrittes nicht überrascht habe. Er habe ihn gegen jede Hoffnung unternommen.

Pius XII. nützte nach dem Brauch der Päpste das erste halbe Jahr seines Pontifikats, um eine Art Regierungserklärung vorzubereiten. Am 20. Oktober 1939 veröffentlichte er seine erste Enzyklika »Summi pontificatus«. Es wurde ein typischer Pius-Text: anspruchsvoll, ausgewogen und mit versteckten Botschaften, die zu entziffern zwar nicht schwer ist, die aber wiederum beweisen, dass es dem Papst daran fehlt, was die Italiener gerne mit dem Spruch beschreiben: Er sagt Wein zu Wein und Brot zu Brot. So eindeutig wird sich Pius XII. nie ausdrücken.

In der Enzyklika beschreibt er zwei Gründe für die spirituelle Krise der Gegenwart, die ein friedliches Zusammenleben der Völker nahezu unmöglich machten. Erstens sei es »die Missachtung des Naturgesetzes, der einzigen und universellen Grundlage des nationalen und internationalen Lebens«. Es habe sein Fundament in Gott, dem allmächtigen Schöpfer und Vater von allen. »Wenn Gott geleugnet wird, wird jede Moral erschüttert.«

Zweitens werde die menschliche Solidarität und Nächstenliebe vergessen. Der Papst unterstrich die Gleichheit aller Menschen trotz aller Unterschiede. »Die berechtigte und richtige Liebe zum eigenen Vaterland darf nicht dazu führen, die Augen vor der Universalität der christlichen Nächstenliebe zu schließen.«

Damit die Menschen auch verstanden, was der Papst damit meinte, bat Pius XII. Pater Giacomo Martegani, den Chefredakteur der Jesuitenzeitschrift »Civilta Cattolica«, in einem Beitrag seines Sprachrohrs der Kurienspitze besonders auf die »in der Enzyklika verurteilten Irrtümer und besonders auf die Einheit der Menschen gegen den Rassismus« hinzuweisen.

Die »Einheit der Menschheit« oder die »Einheit des Menschengeschlechts«, Humani generis unitas, tauchte hier als ein Begriff auf, der damals in diesem Zusammenhang nicht auffiel. Im Nachhinein erwies er sich jedoch als Beweis dafür, dass Pius XII. jenen Entwurf einer Enzyklika gekannt hatte, die sein Vorgänger Pius XI. bestellt hatte. Sie sollte nach einem Entwurf tatsächlich genauso heißen.

Erst 1995 kam der Entwurf dieser Enzyklika »Humani Generis Unitas« an die Öffentlichkeit. Ihr Schicksal weckte den Verdacht, sie sei im Getriebe der Vatikan-Bürokratie versandet, nachdem Pius XI. im Februar 1939 gestorben war. Nachfolger Eugenio Pacelli habe anscheinend wenig vom Plan seines Vorgängers gehalten oder, eine andere Version, ihn nicht gekannt.

Jedenfalls lösten der Benediktinerpater Georges Passelecq und der Historiker Bernard Suchecky, beide Belgier, heftige Auseinandersetzungen aus, als sie Ende 1995 das Ergebnis einer achtjährigen Recherche nach der verschollenen Enzyklika in Frankreich veröffentlichten. Ihr Buch eroberte schnell die Bestsellerlisten.

Der Buchtitel »Die unterschlagene Enzyklika« signalisiert, dass 1938 im Vatikan Kräfte am Werk waren, die eine Konfrontation mit Hitler verhindern wollten – entweder aus Furcht vor Repressalien gegen die Kirche oder aus strategischen Überlegungen, die im Nationalsozialismus ein willkommenes »Bollwerk gegen den Bolschewismus« sahen.

Die Autoren meinen herausgefunden zu haben, wie der von Pius XI. in Auftrag gegebene Entwurf, von drei Geistlichen unter Führung des amerikanischen Jesuitenpaters John LaFarge formuliert, drei Monate lang zurückgehalten wurde. LaFarge habe den Text zuerst seinem Ordensoberen, dem polnischen Jesuitengeneral Wladimir Ledóchowski übergeben. Der sah, wiewohl kein Freund der Nazis, vor allem in der Sowjetunion die große Gefahr und habe die Weitergabe des Entwurfs wohl verzögert. Jedenfalls erhielt Pius XI. den Text erst, als er schon todkrank war.

Eine Veröffentlichung der Enzyklika hätte gewiss zu scharfen Reaktionen in Deutschland, aber auch in Italien geführt, wo Mussolini gerade antijüdische Gesetze erlassen hatte. Auf alle, die die »Rasse« zur obersten Leitidee erhoben hatten, mussten folgende Sätze wie eine Verurteilung wirken:

»… unter dem Vorwand, die Gesellschaft vor einer bestimmten Gruppe zu schützen«, sei der Rassismus »ein Angriff auf die Grundlagen der Gesellschaft selbst, ein Aufruf zu niemals erlöschendem Hass, eine Aufforderung zu allen Formen der Gewalt, der Habsucht und der Unordnung, eine gegen die Religion gerichtete Kriegsmaschinerie«.

»… welch eine Beleidigung wird einer Rasse zugefügt, wie sehr wird die Menschenwürde verletzt, wenn die Heirat zweier Angehöriger verschiedener Rassen systematisch verboten wird …«

»Man fragt sich natürlich«, ob die Absicht der Rassenfanatiker »nicht eher dahin geht, eine raffinierte Parole auszugeben, um die Massen für ganz andere Ziele zu gewinnen.«

Diese Tendenz der Enzyklika dürfte auch bei einigen katholischen Bischöfen im seit 1938 so genannten Großdeutschland auf Missfallen gestoßen sein. Dafür steht die mit »Heil Hitler« unterzeichnete Ergebenheitsadresse von Kardinal Innitzer an den für jeden erkennbaren Judenhasser, als dieser ihre Heimat »heim ins Reich« holte.

Auch Bischof Alois Hudal, Rektor der »Anima«, hatte aus seiner Sympathie für Hitlers Antisemitismus kein Hehl gemacht. In seinem Buch »Die Grundlagen des Nationalsozialismus« (1937) offenbarte er seine Zustimmung zur antijüdischen Politik im Dritten Reich seit 1933: »Unverhältnismäßig hoch war der Prozentsatz der Juden in den Spitälern …, im Rechtsberufe, in den freien künstlerischen Berufen, in der Presse – von der Finanzwelt nicht zu sprechen. Die Folge musste eine Vergiftung der deutschen Seele mit fremden Auffassungen und Lehren sein …« Und: »In jedem Falle konnte diese Vormacht der Juden … in den kulturellen Institutionen des deutschen Volkes nicht länger angehen.«

Durchaus massive Vorbehalte der katholischen Kirche, jedoch ausschließlich religiöser Art, gegen das »Volk der Juden« – das den Erlöser nicht angenommen, sondern ans Kreuz geschlagen habe – enthält auch der Enzyklika-Entwurf. Ihre Position verstanden die Autoren als »Anti-Judaismus«, der vom »Antisemitismus« deutlich zu unterscheiden sei.

Georges Passelecq und Bernard Suchecky entdeckten im Entwurfstext zahlreiche Widersprüche und Brüche. Sie wiesen vor allem darauf hin, dass der Antisemitismus zwar eindeutig verurteilt werde, aber die Motive dieser Verurteilung nicht frei von Selbstbezogenheit seien. Als Beispiel nannten sie das Argument, der Antisemitismus könne als Vorwand dazu dienen, »einen Krieg gegen das Christentum« vom Zaum zu brechen.

Hätte eine Veröffentlichung der Enzyklika das Hitler-Regime von seiner spätestens seit 1941 betriebenen Vernichtungspolitik der europäischen Juden abbringen können? Die beiden belgischen Autoren halten das für ausgeschlossen. Schon 1928 habe sich Rom eindeutig gegen die Diskriminierung und Verfolgung von Juden gewandt – ohne nennenswerte öffentliche Wirkung.

Den Buchautoren ging es um etwas anderes: Wäre die Enzyklika 1939 erschienen, dann hätte sie als Dokument der moralischen Integrität gelten können, als Beweis dafür, dass der Vatikan sich von der NS-Politik der Judenverfolgung, die Jahre später zur »Endlösung« führte, deutlich distanziert hatte. Doch stattdessen hätten Papst und Kirche auch dann noch geschwiegen, als die systematischen Tötungsaktionen in Auschwitz bekannt wurden.

Der deutsche Mitautor der nicht erschienenen Enzyklika Gustav Gundlach SJ lieferte seine eigene Begründung in zwei Briefen an den Kollegen LaFarge. Am 15. März 1939 teilte er ihm mit, die Dokumente seien »Herrn Fischer senior gegeben und in seinem Arbeitszimmer zurück gelassen worden.« Fischer sen. hieß im damaligen Jesuitenjargon Pius XI. Entsprechend war Pius XII. Fischer jun. Ein guter Bekannter, gemeint ist Pater Robert Leiber, und Pius-Vertrauter habe am zweiten Tag nach der Wahl Pius XII. über den Entwurf informiert. Fischer jun. habe aber nichts davon gewusst. Pat, Spitzname für den Jesuitengeneral Ledochowski, habe die Enzyklika als zu delikat beurteilt, um gleich den Anfang des neuen Herrn zu belasten. Es ist allerdings kaum anzunehmen, dass Pius XII., wohl wissend, um was es ging, die Enzyklika einfach vergessen hatte.

Eine nüchterne Begründung für das Versteckspiel von Pacelli und Nachfolgern lieferte der Historiker und angesehene Vatikanist Hansjakob Stehle in der »Zeit«. Er meinte, mancher, der schweigt, habe nicht viel zu sagen – oder auch nicht viel zu verbergen, außer seinem unguten Gewissen. Aber nicht einmal dieses scheint einen guten Grund geliefert zu haben für jene nie ganz ans Licht der Öffentlichkeit gekommene päpstliche Enzyklika, mit der Pius XI. kurz vor seinem Tod und kurz vor Hitlers Vernichtungskrieg – gegen den Antisemitismus auftreten wollte. Sein Nachfolger Pius XII. habe das Projekt kaum wirklich zur Kenntnis genommen. Der unvollendete Textentwurf wurde nicht einmal »unterschlagen«, sondern schlicht in Archiven »versteckt« – cachée. So formulierte richtig der französische Titel dieses Buches.

Hauptverfasser sei ein deutscher Professor gewesen, der bald zu einem der engsten Berater des nächsten Papstes, Pius XII., aufstieg: Gustav Gundlach. Dieser hatte schon 1930 über zweierlei Antisemitismus geschrieben: einen unchristlich-rassistischen und einen »erlaubten«, der den »tatsächlich-schädlichen Einfluss des jüdischen Volkstums« in Wirtschaft, Politik und Kultur »mit sittlichen und rechtlichen Mitteln« bekämpfe. Dabei lokalisierte Gundlach die »Schädlinge« sowohl im Lager der »Weltplutokratie wie des Weltbolschewismus« – nicht ganz im Sinne seines Ordensgenerals, des polnischen Grafen Ledóchowski, der auf die kommunistische Gefahr fixiert war und Gundlachs immerhin kritische Haltung zum Nationalsozialismus für weniger wichtig hielt. Wahrscheinlich hat auch Ledóchowski dann zu Gundlachs »Mißtrost« (wie er schrieb) dafür gesorgt, dass sein Enzyklika-Entwurf 1939 schnell vom Schreibtisch des neuen Papstes verschwand und ad acta gelegt wurde. Und noch 55 Jahre danach durften die Autoren dieses Buches das Papier nur lesen, nicht kopieren, als sie es in der Katholischen Sozialwissenschaftlichen Zentralstelle von Mönchengladbach in Gundlachs Nachlass fanden.

Warum derlei endlose Geheimniskrämerei, fragte Stehle. Vielleicht, weil der zwiespältige Text weniger Erbauliches als Peinliches enthielt: Nach langen, schon damals aktuellen Abhandlungen über die Krankheiten der modernen »mechanistisch-atomistischen«, von Totalitarismen bedrohten Gesellschaft seien nur 26 von 179 Abschnitten des Enzyklika-Entwurfs dem »unheilvollen Rassismus« und Antisemitismus gewidmet. Dabei werde zwar die »gegenwärtige Verfolgung der Juden«, sogar jener, »die tapfer für das Vaterland gekämpft haben«, beklagt: Millionen, »von Land zu Land irrend, sind sie sich selbst und der Menschheit insgesamt eine Last«. Zugleich jedoch wird behauptet, dass »dieses unglückliche Volk sich selbst ins Unglück stürzte«, indem es seinen Erlöser tötete und »durch den Traum von weltlichem Gewinn und materiellem Erfolg verblendet« sei. Dagegen aber sei antisemitische Verfolgung wirkungslos, ja liefere die »Rechtfertigung für Verhaltensweisen, die man eigentlich unterdrücken will«. So fatal verkrampft dieser Text aus heutiger, auch römisch-katholischer Sicht anmutet, so verständlich wird es geradezu durch seine Veröffentlichung, folgerte Stehle, dass kein Papst daraus eine Enzyklika machen wollte. Warum also wurde daraus kein »Alibi«, sondern ein Jahrzehnte langes Versteckspiel gemacht? Weil Pater Gundlach und seine Ordensbrüder eben nicht nur ihre Privatgedanken zu Papier brachten, sondern den – auch damals nicht nur heiligen – (Zeit-)Geist ihrer Kirche sprechen ließen, vermutete Stehle.

Soweit die Erkenntnis, wie sie sich 1995 nach der Buchveröffentlichung darstellte. Da war Pius XII. längst der öffentlich angeklagte Papst des Schweigens. Der Gegenbeweis, er habe ja doch gesprochen, weil damals 1939 beispielsweise das Reichsaußenministerium sich in einer Erklärung von Staatssekretär Ernst Wörmann zur päpstlichen Antrittsenzyklika betroffen erklärt hat, reicht nicht. Wörmann hatte erklärt: »Wir sind der Meinung, dass der Papst mit dieser Enzyklika, die im Wesentlichen den Grundsatz des totalitären Staates verurteilt, vor allem das Dritte Reich gemeint hat.«

Wie die »unterschlagene« Enzyklika aber wirklich entwickelt wurde und wieder verschwand, beschrieb der Professor für christliche Gesellschaftslehre Anton Rauscher (Augsburg/Mönchengladbach) fünf

Jahre nach der Veröffentlichung des Buches der beiden Belgier in einem Buch, das die erschienene und die verheimlichte Enzyklika unter einen Hut brachte: »Wider den Rassismus« (2001 bei Schöningh).

Nach Rauschers Rekonstruktion vor allem anhand der Hinterlassenschaft von Pater Gundlach, gestorben 1963, ergibt sich ein Bild, das wesentlich von zwei Einflüssen geprägt wird: der wachsenden Kriegsgefahr und der Vorsicht des Pacelli-Papstes. Rauscher zieht nur eine einzige Erkenntnis, »… durch eine Enzyklika für den unmittelbaren Gebrauch der Öffentlichkeit und zur unmittelbaren Einwirkung auf den Tageskampf wie bei der Enzyklika ›Mit Brennender Sorge‹ etwas Neues beizutragen, schien nicht möglich und nach der Lage der Dinge wohl auch nicht gewünscht«.

Im Herbst 1939 darf die erste Enzyklika von Pius XII. in Deutschland nicht verbreitet werden. Die Kritik an der Allmacht des totalitären Staates und am extremen Nationalismus wird unterdrückt. Wer die Enzyklika besitzt, vor allem Priester, wird hart bestraft. Bischof Clemens August von Galen von Münster berichtete in einem Bief vom 29. Januar 1940 dem Papst, er habe keinen Drucker gefunden, der das Risiko eingehen wollte oder konnte, die Enzyklika zu drucken.

In Frankreich dagegen wurde sie mit Befriedigung aufgenommen. Die französische Luftwaffe warf Tausende Exemplare über Deutschland ab. Bis zum 24. April 1940 werden auf diese Weise 80.000 Exemplare verteilt, die auf Deutsch in Frankreich gedruckt worden sind. Das Deutsche Nachrichtenbüro (DNB), die staatliche Nachrichtenagentur, nahm das päpstliche Rundschreiben indirekt zur Kenntnis, als sie den Papst anklagte, einseitig für die Polen Partei zu ergreifen und dabei zu vergessen, wie viele Tausend Katholiken von den Polen massakriert worden seien.

Vor Weihnachten 1940 versuchte Pius XII., für das Fest des Friedens eine Waffenruhe zu erreichen. Kardinalstaatssekretär Maglione fühlte bei den Botschaften Deutschlands, Frankreichs und Englands in Rom vor. Die Westmächte lehnten rundweg ab. Deutschland spielte auf Zeit und lehnte dann auch ab.

An der Front vor der eigenen Haustür blieb Pius XII. ebenfalls der Erfolg versagt. Mit allen erdenklichen Mitteln versuchte er, Italien aus dem Krieg an Deutschlands Seite herauszuhalten. Am 7. Dezember 1939 empfing er den neuen italienischen Botschafter beim Heiligen Stuhl, Dino Alfieri. Am 21. Dezember besuchte, zehn Jahre nach der Unterzeichnung der Lateranverträge, zum ersten Mal ein italienischer König, Vittorio Emanuele III., mit Gattin den Papst im Vatikan.

Zum ersten Mal seit 1870, als der alte Kirchenstaat unterging, begab sich wieder ein Papst in seinen einstmaligen Sommerpalast, in dem seit damals der König und heute der italienische Staatspräsident residieren. Am 28. Dezember wird Pius XII. mit allen Ehren im Quirinal empfangen. Dahinter vermutete ein Papstneffe, Giulio Pacelli, den einzigen Zweck, Italien vom Kriegseintritt abzuhalten. Hitler-Partner Mussolini jedoch ließ sich nicht blicken. Lediglich Außenminister Galeazzo Ciano beobachtete den herzlichen Empfang. Der König begleitete den Papst am Ende bis zur Abfahrt. Ein Jahr später verlieh er den Söhnen des Papstbruders Francesco Pacelli den Fürstentitel.

Abgesehen von solchen persönlichen Freuden befriedigten lediglich die USA am Ende dieses Jahres 1939 eine Hoffnung des Papstes. In der Weihnachtsaudienz für die Kardinäle kündigte Pius XII. an, Präsident Roosevelt werde erstmals einen Vertreter der USA beim Heiligen Stuhl im Range eines außerordentlichen Botschafters, eines Gesandten, ernennen.

Der technikbegeisterte Papst entdeckte ein neues Mittel für sein Lehr- und Hirtenamt. Immer häufiger setzte er das Radio für seine Verkündigung ein. Am 19. Januar 1940 beauftragte er handschriftlich seinen Substituten Montini, Radio Vatikan Material über die Lage der Kirche in Polen auszuhändigen, damit dies in Deutschland gehört werde. Von da an berichtete Radio Vatikan regelmäßig in deutscher Sprache über die Gräuel der deutschen Besatzung in Polen, eine gefundene Quelle für die britische BBC.

Die Briten hielten sich in Kriegszeiten jedoch nicht vornehm und zurückhaltend, wie es sonst ihrem Ruf entsprach, an die Fakten. Sie erweiterten die Berichte und kommentierten sie, ohne erkennen zu lassen, was vom Vatikan, was aus eigenen Quellen stammte und was hinein interpretiert wurde. Vielleicht sprachen sie aber auch nur aus, was der Papst dachte und nicht zu sagen wagte. Jedenfalls protestierte das Deutsche Reich und Pius XII. beschloss anhand der Textvergleiche, die Sendungen für kurze Zeit zu unterbrechen. Nach wenigen Tagen sendete Radio Vatikan wieder Polen-Berichte nach Deutschland. Erst im April 1941 wurde die Sendung endgültig eingestellt, nachdem die BBC unter dem Erkennungszeichen des Papstsenders ganz eigene Programme ausgestrahlt hatte, die nichts mehr mit dem römischen Original zu tun hatten.

Ganz geheim förderte Pius XII. zwischen November 1939 und Februar 1940 Umsturzpläne deutscher Generale unter Führung von General Ludwig Beck. Admiral Wilhelm Canaris und Geheimdienstmitarbeiter Hans Oster wollten Hitler stürzen, wenn sie von den Engländern ausreichend Garantien des Westens erhielten, den Umsturz in Deutschland nicht militärisch auszunützen und eine demokratische Nachfolgeregierung zu unterstützen. Als Mittler sollte Papst Pius XII. dienen, eine höchste riskante Rolle, die bei Bekanntwerden alle Bemühungen des Papstes zerstören und Pius XII. selbst mitreißen könnte. Hitlers Rache könnte alles vernichten, was der Papst zu retten versucht hatte, und noch mehr. Die Katastrophe wäre perfekt.

Pius XII. informierte deshalb außer seinem engsten Mitarbeiter, dem als Privatsekretär fungierenden deutschen Jesuiten Robert Leiber, und dem aus Deutschland geflüchteten Prälaten Wilhem Kaas niemanden. Die Kontakte zwischen Widerstand und Papst waren einem bewährten und dem Papst altvertrauten katholischen Rechtsanwalt aus München, Joseph Müller, dem »Ochsensepp« anvertraut, den Kardinal Pacelli im Petersdom getraut hatte.

Über diese Verschwörung wurde viel spekuliert. Sich auf sie einzulassen, überforderte im Grunde weit die persönliche Risikobereitschaft von Eugenio Pacelli. Im Kapitel über die Verteidigung des Papstes gegen die Schweigen-Vorwürfe kommt Joseph Müller selbst zu Wort. Seine Schilderung stammt aus seiner Biographie und aus einem Gespräch, das der Autor wenige Monate vor Müllers Tod mit ihm in München führen konnte.

Der britische Vertreter beim Heiligen Stuhl, Francis d'Arcy Osborne, wird mehrfach vom Papst empfangen, um von dem Komplott und den Vorstellungen der Putschbereiten informiert zu werden. Doch Osborne unterstützte voller Skepsis die deutschen Bemühungen nur halbherzig. In seinen Telegrammen nach London stellte er den Umsturz als unklar und hoffnungslos dar. Außenminister Lord Halifax wollte sich vor einer Antwort mit den Franzosen absprechen. Am Ende überwog Misstrauen. Man könnte auch sagen britische Arroganz, wenn er kabelte: »Wenn sie einen Regierungswechsel wollen, warum machen sie es dann nicht? Und selbst wenn sie die Regierung wechseln, ich sehe nicht, wie Frieden hergestellt werden kann, so lange die deutsche Kriegsmaschine intakt bleibt.«

Halifax fürchtete eine Falle der Nationalsozialisten und wollte nicht erkennen, was die Historiker Owen Chadwick und Harold Deutsch später als eines der erschütterndsten Ereignisse des modernen Papsttums beschrieben: »Der Papst riskierte das Schicksal der Kirche in Deutschland, Österreich und Polen und riskierte vielleicht noch mehr …, um die deutsche Invasion in Holland, Belgien, Frankreich zu verhindern und unendliches Blutvergießen zu vermeiden und schließlich um Europa den Frieden zurückzugeben. Pater Leiber war überzeugt, dass der Papst in diesem Fall viel zu weit gegangen war.«

Neben dem Risiko im Hitlerreich hätte der Papst auch Mussolini einen Vorwand geliefert, den Vatikan auszuhungern. Die päpstliche Unterstützung für einen Umsturz in Deutschland hätte die politische Neutralität des Vatikans verletzt und damit die Lateranverträge. Pius ließ sich dennoch nicht abhalten, wiewohl er selbst zu Osborne von der Chance von eins zu einer Million sprach.

Jede Hoffnung darauf, dass Deutschland sich mit den Eroberungen zufrieden geben würde, zerstörte Außenminister Ribbentrop, der trotz schwerer Vorbehalte des Papstes, aber im Interesse der deutschen Katholiken am 11. März 1940 um 11.00 Uhr in Audienz empfangen wurde. Pius berichtete seinem Mitarbeiter Tardini, der wild gestikulierende Außenminister habe mit erhobener Stimme verkündet, Deutschland werde den Krieg noch 1940 gewinnen. Die Aufzeichnungen über das Gespräch und viele andere heiße Informationen wurden von den engsten Mitarbeitern des Papstes, den deutschen Schwestern, in einem Zwischenboden unter der päpstlichen Wohnung versteckt, wie die Haushälterin Schwester Pascalina berichtete. Die Angst vor deutschen Spionen ging überall im Vatikan um.

Am 24. April 1940 schrieb Pius XII. auf Bitten des amerikanischen Präsidenten, die ihm der Gesandte Myron Taylor übermittelt hatte, zum ersten Mal direkt an Mussolini, um den Kriegseintritt Italiens zu verhindern. Vergeblich appellierte der Papst an Mussolinis Verantwortung, Italien vor diesem großen Übel zu bewahren. Der Duce antwortete herablassend arrogant, auch die Kirche habe noch nie einen Frieden um jeden Preis gepredigt. Wenn Italien Krieg führe, dann weil es ihn im eigenen Interesse unbedingt führen müsse.

Aus deutschen Oppositionskreisen erfuhr der Papst Anfang Mai von der beabsichtigten Invasion in Belgien und Holland, vielleicht sogar der Schweiz. Er ließ König Leopold von Belgien über den Nuntius verständigen. Am 10. Mai begann die Invasion in den Benelux-Ländern. Pius XII. versicherte den drei Ländern seine väterliche Zuneigung und sein Gebet. Zu einer konkreten Verurteilung fand Pius sich nicht bereit, obwohl Staatssekretär Maglione ihm bereits die Vorlage formuliert hatte. Dennoch hetzten die italienischen Faschisten die Bevölkerung gegen den Papst auf. Wer mit einem »Osservatore Romano«, in dem die Botschaft veröffentlicht wurde, angetroffen wurde, musste mit Beleidigungen und Übergriffen rechnen. Zwei Passanten mit dem Papstblatt wurden in Rom in den Trevibrunnen geworfen.

Der Papst war in seiner Stadt nicht mehr so sicher, wie gemeinhin angenommen wurde. Bei einer Fahrt durch Rom wurde sein Auto von Faschisten mit dem Plakat angehalten: »Nieder mit dem Papst! Tod dem Papst!« Wie weit sie von der Partei aufgehetzt oder aus eigenem Trieb den Papst bedrängten, blieb ungeklärt. Fanatiker gab es in Italien genügend, Unbelehrbare bis heute, auch wenn davon wenig Aufhebens gemacht wird. Außerdem vergisst die Außenwelt oft, dass Italien nur nominell ein katholisches Land ist. Die Anzahl bekennender und praktizierender Katholiken ist prozentual vermutlich nicht größer als in Deutschland.

Wie riskant das Taktieren von Pius XII. gegenüber dem faschistischen Regime wirklich war, zeigte sich beim schnellen Abschied des Botschafters Alfieri, der nach wenigen Monaten beim Heiligen Stuhl als Mussolinis Mann nach Berlin versetzt wurde. Am 13. Mai 1940 empfing ihn Pius in einer Audienz voller Spannung. Alfieri hielt dem Papst vor, er riskiere mit seiner Einmischung in die Politik durch das Solidaritätstelegramm an die von den Deutschen besetzten Gebiete sehr viel. Sein Verhalten gefalle dem Duce überhaupt nicht.

Pacelli erwiderte, er könne hier nicht schweigen, und demonstrierte Standfestigkeit. Er erinnerte an die Pistole, die ihm in München auf die Brust gesetzt worden war. Damals habe er keine Angst gehabt. Jetzt habe er auch keine Angst, wenn man ihn in ein Konzentrationslager deportieren würde. Wenn der Papst nicht das Böse anprangere, erfülle er seine Pflicht nicht. »Wir müssen flammende Worte gegen solche Dinge richten. Wir halten uns nur zurück, wenn wir überzeugt sind, dass sie die Bedingungen jener Unglücklichen noch verschlimmern, wenn wir sprechen.« Das ist der Schlüsselsatz für jedes weitere Verhalten von Pius XII. gegenüber dem Nationalsozialismus und Hitler.

Die Würfel waren gefallen. Italien trat am 10. Juni 1940 an Hitlers Seite in den Krieg ein. Frankreich kapitulierte wenige Tage später. Im Vatikan wird ein letzter Gedanke an einen Friedensappell als hoffnungslos verworfen. Die diplomatischen Bemühungen des Heiligen Stuhls waren erschöpft. Jetzt dachte Pius XII. nur noch daran, die unmittelbare Bedrohung abzuwenden. Er wollte Rom vor Bombardierungen schützen. In Telegrammen wandte sich Kardinalstaatssekretär Maglione an die Engländer und Franzosen. Die französische Botschaft ließ wissen, dass Frankreich Rom nicht bombardieren werde. Die Engländer versicherten, nur den Vatikan auszusparen. Ob Rom Ziel von Luftangriffen werde, das hänge weitgehend davon ab, ob Italien das Kriegsrecht beachte.

Der Präfekt für die Ostkirchen, der streitbare französische Kurienkardinal Eugene Tisserant, kritisierte die päpstliche Bitte um Schutz in einem Brief an den Pariser Erzbischof Suhard: »Ich fürchte, dass die Geschichte dem Heiligen Stuhl vorzuwerfen hat, nur eine für sich allein vorteilhafte Politik geführt zu haben und nicht viel mehr. Es ist sehr traurig, vor allem wenn man unter Pius XI. gelebt hat. Alle vertrauen der Tatsache, dass niemand von der Kurie irgendetwas zu befürchten hat, nachdem Rom zur offenen Stadt erklärt wurde. Das ist eine Schmach.«

Zweite Kriegsweihnachten 1940: Am 24. Dezember rief Pius XII. vor dem Kardinalskollegium und der römischen Kurie alle Welt auf, die Stimme der Kirche zu hören. Der Sieg des Misstrauens laste auf dem internationalen Recht. Die Macht des Stärkeren gefährde jede internationale Beziehung. Die Menschheit müsse zu einer tiefen Moralität zurückkehren. Schließlich wünschte der Papst, dass allen Menschen ein ausreichender Lebensstandard gesichert werde. Alles schöne Grundsatzerklärungen, die von einem Kirchenoberhaupt erwartet werden. Nichts Neues. Nichts Ergreifendes. Nichts, was mitten im Krieg Hoffnung verbreitet hätte.

Dasselbe Weihnachten 1941. Der Papst forderte eine internationale Ordnung, die allen Völkern einen gerechten und dauerhaften Frieden sichere. Grundlage müsse das von Gott gegebene Naturrecht sein. In fünf Punkten erläuterte Pius XII. seine Vorstellungen von einer künftigen Ordnung, die ihn inzwischen nach allem Scheitern mehr beschäftigt als die Gegenwart:

1. Freiheit, Integrität und Sicherheit einer Nation und ihre Verteidigungsfähigkeit dürfen nicht durch andere Nationen beeinträchtigt werden.
2. Minderheiten müssen geschützt werden.
3. Keine Nation darf aus egoistischen Gründen von gemeinsamen wirtschaftlichen und materiellen Ressourcen ausgeschlossen werden.
4. In einer neuen Friedensordnung darf kein Raum für Rüstung sein.
5. Religion und Kirche dürfen nicht verfolgt werden.

Die internationale Presse berichtete nur in kurzen Nachrichten über die Grundsatzüberlegungen des Heiligen Vaters. Die englische Presse erkannte in der Botschaft wieder einen Angriff auf Hitler, zumal sie diametral der nationalsozialistischen Weltanschauung entgegengesetzt sei.

Die Botschaft wurde auch in der Kurie als eine Verurteilung aller Totalitarismen verstanden, ohne Unterschied zwischen dem Nationalsozialismus und dem Kommunismus. Pius XII. jedenfalls unterstrich diese Absicht in einer Äußerung zu seinem »Außenminister« Tardini, der in diesem Herbst vom neuen italienischen Botschafter und vom deutschen Botschafter aufgefordert worden war, der Papst möge den Kreuzzug der Deutschen gegen die Sowjetunion absegnen, nachdem am 22. Juni in der »Operation Barbarossa« Hitler die UdSSR angegriffen hatte.

Tardini kommentierte trocken, ein Teufel jage den anderen, um so besser, wenn der andere noch schlimmer sei. Der Angriff auf das kommunistische Imperium brachte den Heiligen Stuhl wiederum in einen ganz anderen Konflikt. Wie weit sollte ein Bündnis der USA mit der UdSSR von der Kirche unterstützt werden, um Deutschland zurückzuschlagen? Die meisten Katholiken in den USA hielten ein Bündnis mit der kirchenfeindlichen Moskauer Diktatur als nicht mir ihrem Gewissen vereinbar. Präsident Roosevelt wollte darauf aber realpolitisch nicht verzichten.

Er schickte seinen Sonderbotschafter Taylor erneut zum Papst. Russland habe schließlich die Religionsfreiheit anerkannt und die Kirchen seien geöffnet, schwadronierten die Amerikaner. Der Vatikan wusste nur zu genau, wie es mit dem religiösen Leben in der Sowjetunion aussah. Die Christenverfolgung hatte Pacelli in seinen Berliner Bemühungen um ein Konkordat aus der Nähe erfahren. Da überzeugte ihn eher das Argument, dass die deutsche Gefahr im Moment größer sei als die kommunistische.

Tardini informierte die amerikanischen Bischöfe durch ein Schreiben an den Apostolischen Delegaten in den USA, Amleto Cicognani, der Heilige Stuhl werde sich nicht öffentlich äußern. Die Linie sei aber klar, dass sich an der Verurteilung beider Totalitarismen, wie sie Pius XI. in seiner Enzyklika Divini Redemptoris ausgesprochen habe,

nichts ändere. Im Augenblick beurteile der Papst den Eroberungs-
drang der Nazis als gefährlicher als den Bolschewismus. Der Grego-
riana-Rektor und spätere Jesuitenkardinal Paolo Dezza bestätigte,
dass Pius ihm versicherte: »Die kommunistische Gefahr besteht, im
Augenblick ist aber die Gefahr durch die Nazis ernster.« Eine Unterstützung der Nazis gegen die Russen sei auf jeden Fall auszuschließen.
Pius sei sich bewusst gewesen, dass die Nazis nach einem siegreichen
Krieg »die Kirche zerstören und zermalen wollen wie eine Kröte. Für
den Papst wird im neuen Europa kein Platz sein. Man sagt, dass ich
nach Amerika gehen würde. Ich habe keine Angst und ich werde hier
bleiben.«

Die Auseinandersetzung um den Kriegseintritt der USA wurde auf
ganz andere Weise beendet. Am 7. Dezember 1941 griffen die Japaner
die USA in Pearl Harbour an und die Vereinigten Staaten wurden in
den Krieg gegen die Achsenmächte Deutschland-Italien-Japan gezwungen. Sie wollten und mussten nun den Krieg führen, bis der
Totalitarismus besiegt sei, wie Myron Taylor dem Papst versicherte.

Im Herbst 1942 wendete sich der Kriegsverlauf. Die angloamerika-
nischen Truppen landeten in Afrika und die Briten schlugen die deutschen Truppen unter »Wüstenfuchs« General Rommel in El Alamein
am 2. November. An der Ostfront zeichnete sich die Katastrophe der
Wehrmacht ab. Wie würde Papst Pius XII. darauf reagieren? Ein kräf-
tiges Wort mit klarer Sprache und endlich die Verurteilung der Gräuel des Holocaust, von dem er bereits wusste, zumal dem Papst am
9. Dezember ein detaillierter Bericht der Nuntiatur in Berlin über
die Judenvernichtung vorgelegt wurde? Am 8. August 1942 hatte zudem der deutsch-jüdische Rechtsanwalt Gerhard Riegner aus dem
Schweizer Exil in einem Telegramm führende Persönlichkeiten über
die Absicht der Nazis zur Endlösung der Judenfrage informiert. Hatte das die sonst sehr gut informierte päpstliche Kurie nicht erhalten?
Schwer vorstellbar, zumal Riegner mit dem apostolischen Nuntius in
Bern, Filippo Bernardini, Kontakt hielt und am 8. März 1942 in ei-

nem Memorandum über die unmenschliche Lage in den Konzentrationslagern in allen Einzelheiten unterrichtet hatte.

Eine Szene im Apostolischen Palast: Der sonst kein Gefühl zeigende Pius XII. weinte »wie ein kleines Kind«. Erschüttert hörte er einem italienischen Feldgeistlichen, Pirro Scavizzi, Mitglied des Malteserordens, zu, der gerade von der Betreuung von italienischen Kriegsverletzten in Polen nach Rom zurückgekehrt war. Es war der 17. Oktober 1942. Spätestens seit dieser Audienz für den Malteserkaplan hatte Papst Pacelli eine Vorstellung vom ungefähren Ausmaß der Judenvernichtung durch die Nazis im besetzten Polen.

Seine Tränen galten nicht nur den Millionen Ermordeter und den Opfern der Gräuel überall dort, wo die Nazitruppen die Blutspur ihres Vernichtungskrieges durch Europa gezogen hatten. Tief erschüttert, wie ihn vor Scavizzi noch niemand gesehen hatte, beklagte der sonst so beherrschte Pontifex seine Ohnmacht. Scavizzi hatte mehrmals einen Lazarett-Zug des Ordens in die besetzten Gebiete Polens und der Sowjetunion begleitet. Andererseits hieß es, Don Pirro sei nur nach außen hin den Transporten für italienische Kriegsverletzte zugeteilt worden, tatsächlich habe er in geheimer Mission eine Hilfsaktion im Auftrag des Papstes geleitet und Informationen gesammelt. Auf der Fahrt in den Osten sei er bei Zwischenaufenthalten in Wien und Krakau von den dortigen Erzbischöfen Theodor Innitzer und Adam Stefan Sapieha informiert worden.

Der Fürst-Erzbischof von Krakau hatte bereits einen auf den 28. Februar 1942 datierten Brief an Pius XII. verfasst, in dem er den ganzen Schrecken der nationalsozialistischen Besatzung Polens beschrieb und um ein deutliches Wort des Papstes bat. Diesen Brief übergab Sapieha Kaplan Pirro Scavizzi, der ihn als Geheimkurier an den Papst weiterleiten sollte. Dann aber überkam Sapieha die Angst, der Brief könnte den Deutschen in die Hände fallen. Er schickte einen Boten zu Scavizzi, um ihn aufzufordern, den gefährlichen Brief zu verbrennen. Scavizzi erfüllte die Bitte, schrieb den Brief aber zuerst ab.

Nach der Rückkehr aus dem Osten übergab Scavizzi in der Audienz am 17. Oktober 1942 seine Abschrift dem Papst. Er fügte einen mündlichen Kommentar hinzu und berichtete über die NS-Verbrechen in Deutschland, Österreich, Polen und der Ukraine: Die Ausrottung der Juden durch Massentötung sei fast total. Selbst auf Kinder werde keine Rücksicht genommen, nicht einmal auf Säuglinge. Man spreche davon, dass etwa zwei Millionen Juden getötet worden seien.

Erst 1964, kurz vor seinem Tod, enthüllte Scavizzi Einzelheiten dieser Begegnung: »Der Papst stand neben mir und hörte mir bewegt und erschüttert zu; er hob seine Hände zum Himmel und sprach zu mir: ›Sagen Sie allen, denen Sie es sagen können, dass der Papst für sie und mit ihnen ringt. Sagen Sie, dass ich mehrmals daran gedacht hatte, den Nationalsozialismus mit dem Bannstrahl zu belegen, vor der zivilen Welt die Bestialität der Massenvernichtung der Juden öffentlich zu denunzieren. Wir haben von den schlimmsten Folterdrohungen gehört, nicht hinsichtlich Unserer Person, sondern hinsichtlich jener armen Söhne, die sich unter dem Naziregime befinden. Man hat uns über die verschiedensten Mittelsleute die Bitte zukommen lassen, der Heilige Stuhl soll nur keine drastische Haltung einnehmen.

Nachdem ich viele Tränen vergossen und viel gebetet habe, hielt ich dafür, dass ein Protest meinerseits nicht nur keinem geholfen hätte, sondern vielmehr rasenden Zorn gegen die Juden heraufbeschworen und die Gräueltaten nur noch um ein Vielfaches gemehrt hätte, da diese wehrlos ausgeliefert waren. Vielleicht hätte ich mir durch meinen Protest ein Lob der zivilisierten Welt eingehandelt, aber den armen Juden hätte es nur eine noch unerbittlichere Verfolgung gebracht als jene, die sie sowieso schon zu erdulden haben.‹«

Wiederholt versuchte Pius seine Zurückhaltung zu erklären, nicht erst nach dem Krieg, sondern gerade in der Zeit, in der er nach Meinung der Nachkriegs-Kritiker hätte aufschreien sollen: In einer Audienz vom 13. Mai 1940 für den italienischen Vatikan-Gesandten Dino Alfieri hatte Pius bereits über »schreckliche Dinge, die sich in Polen ereignen«, gesprochen. Aber das waren noch nicht die organisierten Massenmorde, wie sie nach der Wannseekonferenz einsetzten. Im Februar 1942 informierte ihn der polnische Primas Erzbischof Hlond aus dem Exil von den Vorgängen in den Konzentrationslagern. Zuvor hatte er bereits in einem Schreiben aus dem französischen Marienwallfahrtsort Lourdes an Kardinalstaatssekretär Maglione gemahnt, der Papst müsse sprechen. »Die Wahrheit muss siegen dadurch, dass sie klar und deutlich gesagt wird. Schweigen und Zweideutigkeiten dürften verhängnisvolle Folgen haben.« Maglione wies in der Antwort auf die wiederholten Stellungnahmen des Heiligen Vaters hin.

Adam Sapieha aus Krakau hatte schon vor der Vermittlung durch Scavazzi von Rom verlangt: »Eine klare Stimme und Verurteilung durch den Heiligen Stuhl wäre unverzichtbar.« Der Kardinalstaatssekretär antwortete mit einem Begleitbrief des Papstes, in dem dieser den polnischen Bischöfen seine Unterstützung zusagte. Der Brief wurde aber von der Gestapo abgefangen und als Beweis für die polenfreundliche Haltung von Papst und Staatssekretär verwendet.

Am 28. Februar 1942 folgte dann der Brief via Scavazzi. Der Malteserfeldgeistliche überbrachte aber auch vier lange Berichte, in denen bereits von einer Million getöteter Juden die Rede war. Nach dem Befehl: »Ohne Gnade umbringen.«

Domenico Tardini, der zusammen mit den engsten Mitarbeitern von Pius XII. informiert wurde, hielt die Überlegung einer öffentlichen Verurteilung für sich fest. Was würde sie einbringen? »Angesichts der heutigen Lage würde die deutsche Regierung, als schuldige angeprangert, zweierlei tun. Die Verfolgung der Katholiken in Polen noch verschärfen und mit allen Mitteln verhindern, dass der Heilige Stuhl Kontakte zum polnischen Episkopat halten und humanitäre Hilfe leisten kann. Eine öffentliche Verurteilung würde durch sich selbst das Gegenteil erreichen.« Eine diplomatische Note, »zurückhaltend in der Form, schrecklich im Inhalt«, sollte übergeben werden, auch wenn, da machte sich der Kuriendiplomat keine Illusionen, »das die Deutschen nicht aufhalten wird«.

Pius XII. schrieb einige Briefe an polnische Bischöfe und an Sapieha. Der Kurienmonsignore Quirino Paganuzzi sollte zum Erzbischof von Krakau reisen. Nach seiner Mission verfasste er eine Zusammenfassung, die mit einem Schreckenserlebnis nach der Ankunft in Krakau begann: »Es war niederschmetternd zu sehen, dass die Residenz des Erzbischofs direkt gegenüber dem SS-Kommando lag. Nur sechs Meter Straße trennten die beiden Portale.« Er fand unter den Deutschen, ohne weitere Einzelheiten zu nennen, einen Helfer, den Militärpfarrer Josef Kaul. Am 14. August brachten Kaul und Paganuzzi mit einem Militärlastwagen die »heiße Ware« zum Bischofspalast. Es handelte sich auf den ersten Blick um Spaghetti und zahlreiche Flaschen Chianti.

Kaul sprang schwungvoll aus dem Lkw, wie es Art der deutschen Militäroberen war, notierte der Monsignore, und läutete am Palasttor. Die SS beäugte misstrauisch die Chianti-Flaschen, wer weiß mit welchen Hintergedanken. Endlich öffnete der Erzbischof, um bald den in der Sendung versteckten Brief des Papstes zu lesen. Er dankte ihnen und dem Heiligen Vater. Dann fiel der entscheidende Satz: »Wir dürfen aber nicht öffentlich die Liebe und das Interesse des Papstes für unser Elend zeigen. Das würde es nur noch verschlimmern. Ich weiß nicht, was das Bekanntwerden dieser Dinge bewirken würde, wenn man sie hier im Haus finden würde. Alle Köpfe der Polen würden nicht ausreichen, um die Rache der Nazis zu befriedigen. Weg, weg, Monsignore. Besser wir sprechen nicht darüber. Hier würden alle und nicht nur die Juden umgebracht werden. Was nützt es zudem, wenn wir etwas sagen, das alle wissen?«

Sapieha vernichtete den Brief, fand dafür aber wenig Verständnis bei seinen Landsleuten im sicheren Exil. Bischöfe in London und Frankreich insistierten immer wieder auf einer öffentlichen Anklage durch den Papst. Ebenso forderte die polnische Exilregierung eine energische Verurteilung.

Vier Monate vor seinem Tod schrieb Gerhart Riegner an den ZDF-Kirchenjournalisten Werner Kaltefleiter einen Brief: »Ich wusste auch schon im Herbst 1941, dass schreckliche Dinge im Osten vor sich gingen und dass Zehntausende ermordet wurden. Ich schrieb schon im Oktober 1941 an Nahum Goldmann in New York: ›Das, was jetzt vor sich geht, ist vielleicht schon das letzte Stadium der völligen Niederdrückung des europäischen Judentums, und wenn wir auch nicht wissen, was sich von den russischen Juden noch rettet, so wird westlich der Weichsel und des Pruth nicht mehr viel stehen bleiben.‹«

»Die Fakten der Ausrottung kannten wir«, schrieb Riegner, »aber dass dahinter ein Plan der Gesamtausrottung stand, wussten wir erst im Sommer 1942 aus authentischer deutscher Quelle.« Wie nach dem Krieg bekannt wurde, handelte es sich dabei um den Industriellen Schulte.

Amerikaner und Briten wussten schon am 20. März 1942 Bescheid. Unter diesem Datum landete ein heimlich beschaffter Bericht auf dem Schreibtisch von David Bruce, dem Chef des COI (Coordinator of Information, Vorläufer des OSS). Der chilenische Konsul Gonzalo Montt Rivas, der in Prag geblieben war, hatte unter dem Datum des 24. November 1941 in einer Depesche an den britischen Geheimdienst über die Absicht der Deutschen berichtet, die Juden zu beseitigen, indem sie ein entsprechendes Lager einrichteten.

Die ehemalige amerikanische Abgeordnete Elizabeth Holtzman zeigte sich erschüttert und fragte 60 Jahre nach dem Krieg, »wie viel Offizielle in unserer Regierung über den Holocaust wussten und ab wann sie es wussten. Warum hat unsere Regierung – von der britischen ganz zu schweigen – nicht reagiert? Es ist unerträglich zu meinen, dass Pläne, die jüdische Bevölkerung auszurotten, eine Sache von solcher Bedeutungslosigkeit war.«

Am 17. Dezember 1942 veröffentlichten die Alliierten immerhin eine Erklärung, in der sie die systematische Ausrottung allen jüdischen Lebens in den von den Deutschen besetzten Gebieten anprangerten. Vom Vatikan erwarteten sie eine öffentliche Unterstützung dieser Anklage. Die Weihnachtsbotschaft sollte die passende Gelegenheit liefern. Allerdings waren auch die Alliierten nicht bereit, den Kenntnissen irgendwelche Konsequenzen folgen zu lassen. Sie führten gegen Deutschland Krieg und sahen das Schicksal der Juden »nicht unbedingt als vorrangig an«, wie Andrea Tornielli für Pius entschuldigend kommentierte.

Kaum etwas von alledem in der päpstlichen Weihnachtsansprache 1942, die dennoch als historisch bedeutsam in die Geschichte dieses Pontifikates eingehen sollte. Sie blieb zwar weit hinter dem zurück, was Pius, ohne die Lage zu verschärfen, hätte sagen können. Aber zum ersten und einzigen Mal erwähnte er die Judenvernichtung – mit einem einzigen, verklausulierten Satz: Die Bitte um Frieden gelte auch »den Hunderttausenden, die, persönlich schuldlos, bisweilen nur um ihrer Volkszugehörigkeit oder Abstammung willen dem Tode geweiht oder einer fortschreitenden Verelendung preisgegeben sind«. Dies war das Äußerste, das der Stellvertreter Christi während des Krieges zum größten Massenmord der Geschichte verlauten ließ. Der Rest der über 25 Buchseiten dicken Radioansprache war Pacellianisches Lehramt von Gott und der Welt, der gerechten Gesellschaft, der gerechten Ordnung, für die sich die Katholiken einsetzen müssten, des gerechten Lohnes …

Aussenminister Ribbentrop wies Botschafter Diego von Bergen trotzdem an, dem Papst mit Vergeltungsmaßnahmen zu drohen. Der deutsche Sicherheitsdienst brachte die Papstansprache auf den Nenner: »… eine einzige Attacke gegen alles, für das wir einstehen«. Der Papst sagte, so Ribbentrop, »dass Gott alle Völker und Rassen gleichwertig ansieht. Hier spricht er deutlich zugunsten der Juden … Er beschuldigt das deutsche Volk, Ungerechtigkeiten gegenüber den Juden zu begehen, und macht sich zum Sprecher der jüdischen Kriegsverbrecher« (24. Januar 1943).

Der Botschafter berichtete, dass der Papst zunächst schweigend zugehört habe. Dann habe er in aller Ruhe gesagt, ihn bekümmere nicht, was ihm zustoßen werde. Doch käme es zu einem Konflikt zwischen der Kirche und dem deutschen Staat, so würde der Staat den Kürzeren ziehen. »Der Papst«, kommentierte von Bergen, »ist so wenig durch Drohungen zu beeinflussen wie wir selber.« Pius XII. war davon überzeugt, alles zur »Endlösung« gesagt zu haben, was er als Papst zu sagen gehabt hatte.

Niemand war mit der päpstlichen Botschaft wirklich zufrieden. Pius XII. selbst rechtfertigte sich in einem Gespräch mit Roosevelts neuem Vertreter beim Heiligen Stuhl, Harold Tittmann, am 5. Januar 1943. Ihm erläuterte der Papst, »wenn ich von den Grausamkeiten sprach, dann konnte ich nicht direkt die Nazis nennen, ohne auch die Bolschewisten zu erwähnen, und das wiederum hätte den Alliierten nicht gefallen.« Ein verbaler, diplomatischer Eiertanz eines Mannes, der aus der Gefangenschaft in seiner Angst nicht herauskommen konnte.

In einer Audienz übergab der polnische Botschafter Casimir Papée am 21. Januar 1943 dem Papst einen Brief mit der Aufforderung des Exilpräsidenten Wladislas Raczkiewicz, Pius möge doch endlich das Schweigen des Todes brechen, obwohl der Papst überzeugt war, mit seiner Weihnachtsansprache genau dies in ausreichendem Umfang getan zu haben. Voller Schmerzen nahm er nun zur Kenntnis, dass weder die Weihnachtsbotschaft noch der Brief an den polnischen Episkopat verstanden wurden, geschweige denn begrüßt worden wären. Er sagte zu, weiter darüber nachzudenken.

Ad majora mala vitanda, um Schlimmeres zu verhindern, war das Leitmotiv des Papstes, dessen Fragwürdigkeit er sich allerdings auch bewusst war. An seinem Namenstag, der in Italien mehr gefeiert wird als die Geburtstage, am 2. Juni 1943, rechtfertigte er sich wieder einmal vor den Kardinälen, er habe alles getan, um das schwere Los der Betroffenen zu erleichtern, und sich immer gefragt, ob er, wenn er weitergehe, die Lage nicht noch verschlechtere. Leider seien keine sichtbaren Verbesserungen erreicht worden.

Die polnischen Erfahrungen waren nicht die einzigen, die Pius vor öffentlicher Anklage zurückschrecken ließen. Gerade ein Jahr zuvor hatten die Nazis in Holland, zwei Jahre nach der Besetzung, die Deportation und Folterung von Juden, aber auch von Katholiken systematisch verschärft, nachdem zunächst die katholische und die evangelischen Kirchen protestiert hatten, danach aber nur noch die katholischen Bischöfe.

Als 1942 die Deportation der Juden begann, protestierte die Gemeinschaft der Kirchen in den Niederlanden in einem Telegramm an Reichskommissar Arthur Seys-Inquart, nachdem sie »mit Erschütterung die neuen Maßnahmen erfahren haben, dass Männer, Frauen, Kinder, ganze Familien ins Gebiet des Deutschen Reiches deportiert werden«. Für die »Christen jüdischen Ursprungs beten wir noch inständiger, weil sie völlig vom Leben der Kirche getrennt werden«.

Seys-Inquart sagte zu, die jüdischstämmigen Christen zu verschonen, wenn sie vor dem Januar 1941 konvertiert seien, damit die Kirchen nicht neue Schritte zugunsten der Juden unternähmen. Die Kirchenführer wollten jedoch nicht schweigen und bereiteten einen Hirtenbrief für den 26. Juli 1942 vor. Der Reichskommissar erfuhr im voraus davon und forderte die Verantwortlichen auf, darauf zu verzichten. Die Protestanten lenkten ein. Die Katholiken ließen jedoch den Hirtenbrief wie geplant in den Sonntagsmessen verlesen.

Nach dieser eindeutigen und klaren Verurteilung der Judenverfolgung reagierten die Nazis mit einer Verhaftungswelle und deportierten alle bisher verschonten jüdischen Konvertiten, darunter die Karmelitin Edith Stein. Diese wurde am 9. August in Auschwitz ermordet, zusammen mit ihrer ebenfalls zum Katholizismus bekehrten Schwester Rosa. 4000 Opfer sollen es gewesen sein. Die Zahl ist jedoch umstritten. Doch was ändert sich, wenn es weniger waren? Der Protest hatte sich manifestiert. Die blutige Rache ebenfalls.

Pius XII. erfuhr die Nachricht von den Massenverhaftungen aus den Morgenzeitungen. Schwester Pascalina berichtete: »Er wurde kreidebleich, als er die Titel der Zeitungen las.« Gleich darauf kam er in die Küche mit einem Text auf zwei Blättern, den er, wie üblich, selber auf der Schreibmaschine getippt hatte. Es handelte sich um einen Protest gegen die antijüdische Verfolgung. Er sollte am Nachmittag in der nächsten Ausgabe des »Osservatore Romano« erscheinen, wie immer ohne Autorenkennzeichnung, aber kursiv gesetzt und damit eindeutig als offizieller Text »von oben« zu erkennen. Er verzichtete dann aber auf die Veröffentlichung und bat Schwester Pascalina, die Blätter zu verbrennen, denn:

»Wenn der Protest der holländischen Bischöfe den Tod von 40 000 Menschen (n.d.r. nach Angaben des jüdischen Historikers Pinchas Lapide irrte der Papst hier. Es waren insgesamt so viele jüdische Opfer während der ganzen deutschen Besatzungszeit in Holland) gekostet hat, dann würde mein Protest vielleicht 200 000 Menschenleben fordern. Deshalb ist es besser, nicht offiziell zu sprechen und weiter wie bisher zu schweigen und alles zu unternehmen, was menschenmöglich ist, um diesen armen Leuten zu helfen.«

Schwester Pascalina warf ein, wie sie in ihren Lebenserinnerungen nach dem Papsttod aufgeschrieben hat, ob es nicht besser wäre, wenigstens den Text aufzubewahren. Er könnte eines Tages nützlich sein. Doch Pius war nicht umzustimmen, weil er befürchtete, dass »wenn eines Tages die Nazis hier eindringen und diese Blätter finden, was wird dann aus den Katholiken und den Juden in den Händen der Deutschen?« Um sicher zu sein, dass keine Spur von dem Protest übrig blieb, wartete Pius in der Küche ab, bis die beiden Blätter völlig verbrannt waren. Von Schwester Pascalina und Pater Leiber erfuhr die andere Zeugin, Schwester Konrada Grabmair, dass selbst die holländischen Bischöfe inzwischen den Papst gebeten hätten, nicht zu intervenieren.

Zwar schien es, als würde die Haltung des Papstes von der Kurie geteilt. Doch auch dort meldeten sich Gegner des Schweigens zu Wort, wenn auch nur im kleinen Kreis. Der Präfekt für die päpstlichen Zeremonien, Carlo Respighi, erwartete ein feierliches und starkes Wort des Papstes zur Verteidigung der Menschheit. Er befürchtete, schrieb er an Maglione, dass der Papst Angst vor Konflikten mit den Regierenden habe. Deshalb lasse er, ohne zu protestieren, die Menschheit, Städte und Meisterwerke zerstören. Allerdings fand sich auch bei Respighi kein Wort über die Judenvernichtung, zumal viele die ungeheuerlichen Schreckensnachrichten gar nicht glauben wollten, darunter zumindest dem Anschein nach auch der amerikanische Außenminister nicht, der verlauten ließ, es gebe keine Beweise für die Massenvernichtung in Gaskammern. Erst im Frühjahr 1944 konnten zwei junge, dem KZ entflohene Juden das »Protokoll von Auschwitz« über die Realität der Endlösung überzeugend berichten. Aber selbst dieses Zeugnis wurde erst im November 1944 vollständig veröffentlicht.

Der Historiker Richard Breitman recherchierte, dass Roosevelt und Churchill schon sehr früh von dem Massenmord gewusst hatten. Er ist überzeugt, dass die Endlösung erheblich behindert worden wäre, wenn die Welt die Verbrechen der Nazis angeprangert hätte. Bitter klingt da die Entschuldigung, dass die Alliierten nicht hätten verraten wollen, dass sie die verschlüsselten Meldungswechsel der SS entziffert hatten.

Der Römer

Pius und seine römischen Kinder

Die Angst der Juden und Katholiken
unter deutscher Besatzung

Ermanzia Labella und Claudio della Seta kennen sich nicht, obwohl sie nicht weit von einander entfernt in Rom aufgewachsen sind und sie nur wenige Jahre trennen. Beide haben mit Pius XII. zu tun. Beide haben in der schlimmsten Zeit seines Pontifikates als Kinder durch ihn einschneidende Erfahrungen erlebt.

Die extrem katholisch aufgewachsene Ermanzia, Jahrgang 1926, erinnert sich noch wie heute an den Auszug ihrer Familie aus dem Vatikan. Der jüdische Kaufmann Claudio, Jahrgang 1935, und seine Eltern samt zwei Geschwistern mussten von zu Hause fliehen. Sie überlebten die Judenverfolgung, weil sie in katholischen Einrichtungen versteckt worden sind. Urheber von Rettung und Evakuierung war jedes Mal Papst Pius XII. Die beiden bezeugen unabhängig von einander, wie sie als Kinder zur Zeit der deutschen Besatzung in Rom die Sorgen und Ängste im Vatikan und ihre persönliche Betroffenheit gespürt haben.

Ermanzia war eines von acht Kindern des Antikamera-Dekans Tomaso Labella. Sie kam im Vatikan durch Hausgeburt zur Welt und verbrachte die Kindheit weitgehend im Schatten von Sankt Peter. Die Kinder spielten am liebsten Räuber und Gendarm in den weitläufigen vatikanischen Gärten. Kurz bevor der Papst den Park betrat, mussten sie verschwinden oder sich verstecken. Von Pius XII. hat Ermanzia trotz seiner täglichen Spaziergänge in diesen Gärten nur wenige persönliche Eindrücke mitbekommen.

Er war zu distanziert und sie zum Beginn seines Pontifikates kein spielendes Kind mehr, sondern selber gelegentliche Spaziergängerin. Meistens ging sie zur Schule gleich neben dem Petersplatz, aber außerhalb des Vatikans. Die wenigen näheren Sichtkontakte mit dem Heiligen Vater bestätigten nur ein im Vergleich zum Vorgängerpapst hohes Maß an abschreckender Unnahbarkeit. Nur einmal erlebt sie ihn persönlicher und das ist aus verständlichen Gründen unangenehm. Sie wurde zusammen mit anderen Schülern des von Nonnen geführten Gymnasiums in Audienz empfangen. Pius XII. wollte wissen, wie die Tochter des Tomaso Labella, eines seiner höchsten Laienmitarbeiter, im Unterricht vorankam. Leider musste sie eine schlechte Note in Latein bekennen. Pius zeigte sich gnädig. Die kleine Schmach blieb dem Mädchen aber bis ins hohe Alter in Erinnerung.

Von den schlimmsten Zeiten in einer überfüllten Vatikanstadt bekam Ermanzia nur die indirekten Auswirkungen mit. Es begann mitten in einer Nacht des Kriegsjahres 1943. Um 2.00 Uhr weckt Commendatore Tomaso Labella seine Frau im elterlichen Schlafzimmer in einer geräumigen Wohnung im Apostolischen Gerichtspalast, gleich neben dem Petersdom. »Wir müssen packen und in aller Frühe aus dem Vatikan weg.« Für wie lange? Er weiß es nicht. Der Papst sieht die kinderreiche Familie des ranghohen Laien gefährdet.

Nicht nur in Rom gingen viele Gerüchte um. Im Vatikan, wo die Labellas bzw. die Familie der Ehefrau, eine geborene Buonaroti, seit Generationen lebten, bereitete sich Unruhe aus. Man fürchtete, so das zweitälteste Kind, Ermanzia, gerade ein 17jähriger Teenager und bildhübsch, dass die Deutschen trotz der noch intakten Achse Rom-Berlin den Papst entführen könnten. Wer weiß, welche Zwischenfälle es dann rund um den Petersdom geben würde. Besser die im Vatikan lebenden Familien in Sicherheit bringen. Vater Labella und Papst Pius XII. hatten für diese Familien alle Vorkehrungen getroffen. Ein Passierschein mit der Unterschrift von Feldmarschall Kesselring steckte in der Aktentasche des Vaters. Im Morgengrauen stand eine große Limousine mit dem vatikanischem Kennzeichen SCV des Papstes bereit. Vater, Mutter und die Kinder stiegen mit reichlich Gepäck ein. Am Steuer saß ein Fahrer des Kirchenstaates.

Schon nach rund 50 Kilometern Fahrt bei Passo Corese im Norden von Rom blockierten deutsche Soldaten die Via Salaria, eine auf Altrom zurückgehende Verbindungsstraße, die Salzstraße, in den Nordosten Italiens. Ein Offizier las den Kesselring-Brief. Danach durfte der Vatikanwagen nicht nur weiter fahren. Der Offizier bot auch eine Eskorte an. Der Fahrer empfahl Labella jedoch, besser darauf zu verzichten. Nach wenigen Kilometern kämen sie in Partisanengebiet und würden sofort beschossen. Die Untergrundkämpfer müssten vermuten, eine hochgestellte deutsche Persönlichkeit vor sich zu haben: eine Eskorte vor und hinter der riesigen Limousine würde den Schluss nahe legen.

Labella folgte dem Rat und verzichtete. Ohne Zwischenfall kam die ganze Familie nach Vindoli in den Abruzzen, woher sie väterlicherseits stammte und wo sie in dem erdbebengefährdeten Dorf noch ein intaktes Haus besaß. Vier Wochen sollte sich die Evakuation hinziehen. Dann kehrten alle wieder in den Vatikan zurück, mussten aber bald in eine Wohnung außerhalb des Kirchenstaates ziehen, weil hinter den vatikanischen Mauern Diplomaten, einige mit ihren Familien, aus allen Kriegsgegnerländern Italiens und später auch deutsches Botschaftspersonal, untergebracht werden mussten.

Die Erinnerung der inzwischen über 80jährigen Ermanzia Labella trog nicht. 65 Jahre später, im Januar 2005, ging eine Meldung aus Rom durch die Medien, wonach neue Dokumente aus dem vatikanischen Geheimarchiv belegten, dass Hitler den Papst habe entführen wollen. Der Vorgang war allerdings auch so schon längst bekannt. Der Vatikanhistoriker und Jesuitenpater Robert Graham hatte schon Mitte der 70er Jahre die wesentlichen Fakten im römischen Jesuitenorgan »Civiltà Cattolica« enthüllt. Er durfte in den geheimen Akten recherchieren und fand ausreichend Belege für die Ängste der Römer in den Kriegsjahren, lange vor der deutschen Besatzung. Völlig klären konnte er die Details allerdings nicht, weil in Rom nie alle Einzelheiten bekannt werden sollten. Zuviel Geheimniskrämerei, Widerstände und Spekulationen umgaben die Rolle, die Hitler seinem römischen Gegner, Papst Pius XII., zugedacht hatte.

Unklar ist bis heute geblieben, wer und was zu solchen Nachrichten und Gerüchten beitrug. So meldete Botschafter von Mackensen schon am 24. Oktober 1940 nach Berlin, wieder einmal unter Bezug auf eine »streng vertrauliche, aber zuverlässige Quelle«: Pater Leiber, der immer weit voraus denke und handle, habe im engsten Kreis geäußert, dass der Papst in nicht allzu ferner Zeit Rom möglicherweise verlassen werde oder sogar verlassen müsse. Er hoffe aber, mit Gottes Hilfe, bald wieder zurückzukehren. Der Botschafter sprach in seinem Bericht auch von Gerüchten, dass schon seit langer Zeit große Teile des Geheimarchivs durch häufig reisende, offiziell als Kuriere des Vatikans »frisierte« Jesuiten im Flugzeug nach Spanien verbracht worden sein sollen.

Es liefen in jenen verwirrten Zeiten viele Gerüchte um. Alle Seiten streuten sie mit verschiedensten Absichten. Bezeichnend ist eine Nachricht, deren Quelle absolut unklar geblieben ist. Man wusste nur soviel: Sie kam »aus Mailand«, wie Jesuitenpater Peter Gumpel im Rückblick meinte. Es hieß, der Papst werde veranlasst, Rom zu verlassen. Dann werde man ihn erledigen: »auf der Flucht erschossen«.

Darin hatten die Nazis Erfahrung. Aber es war, wie gesagt, nur eines der Gerüchte, wie sie damals umliefen. Es gibt keinen dokumentierten Beleg. Die Nachricht verschwindet im Nebel der Spekulation.

Eine der reizvollsten, von Graham bestätigte Möglichkeit eines Exils für den Papst war ein verträumt anmutendes Schloss auf der schwäbischen Alb: Lichtenstein bei Urach, eine in mittelalterlicher Romantik nachgebaute Felsenburg mit Zugbrücke und weiter Fernsicht, sollte den Papst aufnehmen. Andere Quellen meinen, es hätte sich um das allerdings neutrale Fürstentum Liechtenstein gehandelt oder gar um einen Ort bei Würzburg. Die widersprüchlichen Darstellungen entstammen nicht nur verschiedenen Angaben. Niederschriften nach Hörensagen spielten eine weitere Rolle. Einem Italiener kann ja durchaus ein gewaltiger Fehler unterlaufen, wenn er einen deutschen Ortsnamen ohne genauere Kenntnis aufschreiben soll.

Eines aber wäre sicher gewesen: Die Nazis hätten nie einen Papst Pius XII. gefangen nehmen können. Der Papst hatte einen seiner engsten Mitarbeiter, Domenico Tardini, beauftragt, ein kleines Handgepäck mit dem Notwendigsten bereit zu halten, und ihm vor allem einen Brief anvertraut, in dem er für den Fall der Entführung dem Kardinalskollegium seinen Rücktritt mitteilte. Der Heilige Stuhl wäre vakant gewesen, entweder bis Pius XII. hätte zurückkehren können oder ein Nachfolger gewählt worden wäre. Jedenfalls wollte sich der Papst nur als Kardinal Pacelli gefangen nehmen lassen, wenn es denn soweit gekommen wäre. Aus dem Vatikan fliehen wollte er auf keinen Fall. Das bezeugten später sowohl seine Schwester Elisabetta als auch die deutschen Nonnen seines Haushaltes. Die Köchin Konrada Grabmaier versicherte, sie hätte andere Überlegungen im kleinen Kreis garantiert erfahren. Ermanzia Labella erinnerte sich, dass immer wieder deutsche Soldaten den Vatikan als Pilger besuchten. Einmal zog eine Gruppe an ihrer Wohnung vorbei und sie spielte hörbar auf dem Klavier das Deutschlandlied. Welche Emotionen sie damit geweckt hat, kann sie nicht beschreiben.

Einen Besuch bekam sie aber mit Sicherheit nicht mit. Von ihm wusste kaum jemand überhaupt etwas, weder von der Tatsache selbst noch von der Identität des Deutschen, der von Pius XII. auf Vermittlung des Salvatorianerpaters Pancratius Pfeiffer, einer der wichtigsten Nothelfer in allen Lagen in den 40er Jahren rund um den Vatikan, empfangen wurde.

Pfeiffer arrangierte den denkbar ungewöhnlichen Besuch beim Papst. Ein hoher SS-Offizier wollte den Heiligen Vater sprechen. Dieser SS-Mann eröffnete dem Papst auch, wohin ihn die Nazis als Gefangenen bringen wollten. Vordergründig ging es bei der Audienz um zwei zum Tod verurteilte Italiener, die einen Tag nach dem Treffen tatsächlich freigelassen und zu ihren Familien zurückkehren konnten. Der Mann, der dieses bewirken konnte, muss ein sehr einflussreicher Hierarch der Nazis gewesen sein. Tatsächlich handelte es sich um SS-General Karl Wolff, den Mann, der am besten wusste, was Hitler mit dem Papst geplant hatte. Er sollte das Projekt exekutieren.

Wolff war am 13. September 1943 von Hitler zu sich bestellt worden, um ihm eine »ganz besondere Aufgabe anzuvertrauen«. Er durfte mit niemandem darüber sprechen außer mit Reichsführer SS Heinrich Himmler. »Verstanden?!« Hitler wollte, dass Wolff so schnell wie möglich mit seinen Truppen den Vatikan besetzte, dann sollten alle Wertsachen und Archive in den Norden abtransportiert und zusammen mit der ganzen Kurie »in Sicherheit« gebracht werden.

Wolff erbat sich vier bis sechs Wochen Zeit, was Hitler gar nicht gefiel. Alles sollte sofort und schnell über die Bühne gehen. Am liebsten hätte er gleich den Vatikan im Sturm erobert und geleert. In einem weiteren Treffen trug Wolff weitere Bedenken vor. Den Vatikan anzugreifen könnte extrem negative Auswirkungen provozieren, und zwar bei den deutschen Katholiken, den katholischen Soldaten und in der ganzen Welt. Daraufhin habe Hitler das Projekt fürs Erste abgesagt, aber keineswegs aufgegeben. Am 7. Oktober verkündete aber, aus welchen Quellen auch immer, das faschistische italienische Radio, dass die Deutschen den »Umzug des Papstes« vorbereiteten. Vermutlich wurde in diesem Zusammenhang der schwäbische Ort Lichtenstein erwähnt.

Ermanzia Labella erzählte auch im hohen Alter von über 80 Jahren noch von den aufregenden Tagen des Exils vom Vatikan und wie ihre Familie nach der Rückkehr zwar jederzeit in den Kirchenstaat gehen durfte, aber jetzt außerhalb in einer vatikaneigenen Wohnung lebte. Ihre Familie war nicht mehr gefährdet als jede andere römische Familie. »Wir hatten sogar jetzt etwas mehr Freiheiten als in den Kindheits- und Jugendjahren hinter den vatikanischen Mauern.« Dort wurden schließlich jeden Abend um 23.00 Uhr die Tore geschlossen. Teenager aus den Kurienpalästen hatten dann daheim zu sein.

Um den Vatikan und seine extraterritorialen Gebäude zu sichern, wurden bis 1943 bereits 575 Palatin-Gardisten zusätzlich zu den Schweizergarden angestellt. Bis zu einem gewissen Grad konnten diese Einheiten noch aufgestockt werden mit dem Hinweis auf wachsende Sicherheitsbedürfnisse, zumal es ja nicht nur um den Schutz des Vatikan-Gebiets im engsten Sinn ging. Zum Vatikanstadtstaat gehören bis heute zahlreiche Paläste mit Mietwohnungen und mit kirchlichen Einrichtungen über ganz Rom verteilt. Diese waren ebenfalls extraterritorial und mussten bewacht werden. Die deutsche Besatzung stimmte deshalb zu, als das päpstliche Staatssekretariat weitere 1425 Gardisten rekrutieren wollte. Beinahe alle Neuzugänge waren Juden oder Halbjuden, viele aus dem nicht weit von St. Peter auf der anderen Tiberseite liegenden Judenghetto.

Der Sohn eines dieser Gardisten, Silvio Ascoli, 1945 geboren, berichtete 2007 in Zeitungsgesprächen: »Ich bin nicht gläubig, ich gehe nicht zur Kirche. Wäre ich jedoch vor Pius XII., so würde ich auf die Knie fallen, denn: Wenn es mich und meine Kinder gibt, so verdanken wir dies ihm.« Mit Hilfe eines Onkels, der als Portier bei den vatikanischen Museen arbeitete, hatte der Vater Kontakt zum Papststaat bekommen und landete schließlich in der Palatingarde. Als deren Mitglied konnte er im Vatikan wohnen. Im Dezember 1943 erhielt er den wertvollen Passierschein, der ihn als Mitglied der Ehrengarde des Papstes auswies.

»In den ersten Monaten des Jahres 1944 wies der Heilige Stuhl meinem Vater ein anderes Versteck nahe den Vatikanischen Mauern in einem Holzlager zu. Dies bezeugt, dass es ein organisiertes Hilfsnetz gab. Ich habe es auch meinen Kindern gesagt«, so Silvio Ascoli. »Wenn der Vatikan meinem Vater nicht geholfen hätte, so wäre ich jetzt nicht hier. Ich glaube, dass Papst Pacelli eine gute Wahl getroffen hat: keine öffentlichen Anklagen, die nur Vergeltungsschläge zur Folge gehabt hätten – ich wage nicht, daran zu denken, was geschehen wäre, wenn die SS jenseits des Tiber (das heißt im Vatikan) einmarschiert wäre –, sondern konkrete Hilfe für die Verfolgten.«

Die Überlebensgeschichte des Claudio della Seta, den ich in dem väterlichen Laden in der Via Nomentana, wo ich sechs Jahre lang in einer Seitenstraße gewohnt habe, treffe, spiegelt eine andere Art wider, wie der Papst geholfen hat. Dieses Kleidergeschäft hatte Claudios Vater gegründet und nie geschlossen. Wie ihm das während der deutschen Besatzung und der Judenverfolgung gelungen ist, bleibt auch heute unklar. Jedenfalls weiß der Sohn, der damals keine zehn Jahre alt war, dass italienische Nachbarn geholfen hatten. »Wenn Du den Laden aufgibst, wird er von Fremden beschlagnahmt. Du wirst ihn kaum wiederbekommen oder wer weiß in welchem Zustand«, rieten sie ihm und versorgten das kleine, typisch römische Geschäft, das nur von der Straßenseite aus betreten werden kann und keinerlei Verbindung zum Rest des Hauses hat. So war es damals. So ist es heute, wenn Claudio den Laden öffnet, um Hemden, Krawatten, Unterwäsche und Jacken zu verkaufen.

»Mein Vater war sehr vorsichtig. Im Gegensatz zu vielen anderen Juden, die nicht wahrhaben wollten, was ihnen von der deutschen Besatzung drohte«, erzählt Claudio mit Stolz, aber sonst ohne erkennbare Regung. Er bestätigt damit eine Stimmungslage, die die römischen Juden, die älteste jüdische Gemeinde in Europa, die schon in vorchristlicher Zeit bestanden hat, in Illusionen gewogen hat. Dafür steht der Konflikt zwischen dem Präsidenten dieser Gemeinde Ugo Foà und dem Oberrabbiner Israel Zolli, der aus Brodj in Galizien stammte und durch seine Herkunft noch immer Kontakte zu osteuropäischen Judengemeinden unterhielt. Er wusste, was seine Glaubensbrüder erwartete. Er warnte die Verantwortlichen und schlug vor, die Synagoge zu schließen. Alle Beschäftigten sollten nach Hause gehen. Alle Büros sollten geschlossen werden. Die Löhne für die Angestellten sollten einige Monate im Voraus bezahlt werden. Außerdem sollte soviel Geld abgehoben werden, dass auch die Ärmeren genug hatten, um die Stadt zu verlassen.

Foà lehnte ab. Er fürchtete, dem Papst ähnlich, die Deutschen könnten diese Vorsichtsmaßnahmen erst recht als Vorwand für Repressalien nehmen. An Schlimmeres wollte er in einem seltsam blinden Vertrauen nicht glauben. Zolli dagegen brachte Frau und Tochter in Sicherheit und kam selber bei einer katholischen Familie unter.

Claudio della Setas Vater teilte Zollis böse Ahnungen. Nach einem Treffen mit anderen Juden, in der über das weitere Vorgehen beraten wurde, wagte er es nicht, länger in seiner Wohnung zu bleiben. Er brachte sich sowie Frau und Tochter in katholischen Häusern unter, die sich aus eigener Überzeugung und/oder auf vatikanische Weisung bereit erklärt hatten. Claudio selbst kam in das Internat eines katholischen, marianischen Ordens, wo er bis zum Abzug der Deutschen versteckt wurde und lernen konnte. Ein Foto mit seinen Klassenkameraden ist ihm als Erinnerung an die Zeit des klösterlichen Verstecks geblieben.

Nur einmal hatten die jüdischen Mitbewohner des Internats höllische Angst. Während eines Gottesdienstes, dem der liberal erzogene Jude della Seta beiwohnte, klopfte es an die Pforte. Draußen standen zwei deutsche Soldaten in Uniform. Jetzt hieß es, Nerven zu bewahren. Die Angst war jedoch schnell verflogen. Die beiden waren Ordensbrüder und wollten in Rom zu Mitbrüdern Kontakt aufnehmen.

Gefahr war immer gegeben. Niemand wusste, wie weit sich die deutschen Besatzer daran hielten, was mit dem Heiligen Stuhl abgesprochen war. Stadtkommandant General Rainer Stahel, ein österreichischer Katholik, hatte seine Offiziere angewiesen, sich nicht von Hass gegen die »verräterischen Italiener« leiten zu lassen und vor allem die extraterritorialen vatikanischen Einrichtungen zu respektieren. An allen vatikanischen Gebäuden in ganz Rom, in Castel Gandolfo und rund um den Vatikan selbst, wurden zweisprachige Schilder angebracht, dass es sich um das Gebiet eines souveränen und unabhängigen neutralen Staates handle. Wehrmachtsangehörigen wird strengstens jeder Zugang verboten. Stahel wurde bald an die Ostfront versetzt. Aber auch sein Nachfolger Kurt Mälzer hielt sich an die Anordnung, auch wenn es zu seiner Zeit zu Übergriffen der SS kam, darunter eine Gruppe unter der Führung des Südtiroler Faschisten Peter Koch.

Papst Pius XII. hat mit Sicherheit die Anweisung, Verfolgte aufzunehmen, gegeben, auch wenn es keine schriftlichen Belege gibt. Solch eine Anordnung schriftlich festzuhalten, wäre ihm viel zu gefährlich gewesen. Aber ohne päpstliches Wort wäre kaum vorstellbar, dass überall in kirchlichen Einrichtungen, auch gegen die Überzeugung der einzelnen Hausleitungen, Juden aufgenommen wurden. Auch in der Sommerresidenz Castel Gandolfo in den Albaner Bergen wurden zahlreiche Juden und politisch Verfolgte untergebracht. Die genaue Zahl wurde nie ermittelt. Sicher ist nur, dass 36 Kinder in dieser Zeit dort geboren wurden. Als Kreißsaal hatte Pius XII. sein eigenes Schlafzimmer zur Verfügung gestellt. Am 1. März 1944 wurden dort

Zwillinge geboren, deren Eltern als Kommunisten galten. Zum Dank ließen sie die beiden Buben Eugenio Pio und Pio Eugenio Zevini taufen. Insgesamt nahmen jedenfalls 100 Frauenklöster und 45 Männerklöster sowie zahlreiche Pfarrgemeinden in Rom und Provinz 4447 Juden auf.

Zum Zeichen seiner Verbundenheit mit der Not leidenden Bevölkerung untersagte der Papst übrigens das Heizen im Vatikan. Er wollte nicht besser leben als seine römischen Landsleute. Ebenso bekämpfte er durchaus den im Vatikan auftretenden Antisemitismus. Als ein Monsignore starb, der vier Juden in seiner Wohnung versteckt hatte, wollte ein Kurienkardinal die Räume für sich nutzen und die Juden des Hauses verweisen. Pius erfuhr von der Absicht und ordnete die Rücknahme an.

Die Angst führte auch einige Ordensobere dazu, nicht alles zum Schutz der jüdischen Obdachsuchendem zu tun. Nach SS-Übergriffen ordneten Äbte und Priore an, dass in ihren Häusern nur Kleriker Soutanen tragen dürften, obwohl sie wussten, dass diese »Verkleidung« Verfolgte retten konnte. Auch wollten einige die Nichtkleriker schnellstmöglich wegschicken. Das blieben einzelne Fälle, aber es gab sie eben auch.

Am 26. September 1943 befahl SS-Kommandant Herbert Kappler die Führung der römischen Juden zu sich und forderte innerhalb von 36 Stunden die Übergabe von 50 Kilogramm Gold, weil sonst 200 Juden deportiert werden würden. In wenigen Stunden kamen 35 Kilo zusammen. Zolli ließ über einen befreundeten Anwalt den Papst von der Notlage wissen. Der Vatikan sagte darauf zu, dass er 15 Kilogramm Gold »ohne Zinsen« zur Verfügung stellen werde. Die Anleihe wurde nicht benötigt. Die römischen Katholiken waren großzügiger. Sie spendeten in kurzer Zeit die fehlenden 15 Kilo. Vor der Synagoge am Tiber lieferten sie Medaillen, Schmuck und Ringe ab. Es nützte nichts. In der Nacht zum 16. Oktober verhaftete die SS unter Führung des Judenhassers Theodor Dannecker, der gerade erst von den Vernichtungslagern in Osteuropa nach Rom gekommen war, 1259 Personen, darunter 896 Frauen und Kinder, verschleppte sie in eine Kaserne und anschließend in Güterwagen der Bahn. Ihre Namen hatten die SS-Schergen in den jüdischen Gemeindebüros gefunden.

Die Schreie und Kommandos blieben in den frühen Morgenstunden nicht ungehört. Fürstin Enza Pignatelli-Aragona Cortés wurde von einem Freund telefonisch verständigt. Sie wiederum rief einen Beamten der deutschen Botschaft beim Heiligen Stuhl, Karl Gustav Wollenweber, an, dass er sie abhole und im Auto zum Vatikan bringe. Kurz nach der Frühmesse traf die Fürstin bei Pius XII. ein. Der war offensichtlich ahnungslos, weil auch er geglaubt hatte, die Juden hätten sich mit dem Gold wenigstens vorerst freigekauft. Pius XII. bat Staatssekretär Maglione, bei Botschafter Ernst von Weizsäcker zu protestieren und zu verlangen, dass die Barbarei sofort beendet werde.

Der Botschafter wusste bereits Bescheid. Maglione bat ihn zu sich und hielt ihm vor: »Exzellenz, die Sie doch ein gutes und weiches Herz haben, sehen Sie zu, wie so viele Unschuldige gerettet werden können.« Weizsäcker wollte wissen, was der Heilige Stuhl unternehmen würde, wenn es weiterginge. Maglione versicherte, der Heilige Stuhl würde nicht gern in die Lage versetzt werden, seine Missbilligung offen zu äußern. Weizsäcker erinnerte daran, welch gefährliche Folgen ein Wort des Papstes nach sich ziehen könne. Er verabschiedete sich mit der Bitte, über das Treffen nicht berichten zu müssen. Nicht »faire etat«, wie er diplomatisch formulierte.

Weizsäcker glaubte selbst, dass er mit Glätten und Beruhigen mehr erreichen könne als mit einer spektakulären Aktion. Ihm war wohl auch bewusst, dass es so gut wie unmöglich war, den Verbrechern der SS die Beute aus den Fängen zu reißen. Wie konnte unter diesen

Bedingungen die Deportation beendet werden? Der Botschafter ließ jedenfalls Berlin wissen, dass der Papst nichts unternehmen werde.

Der Anima-Rektor, Bischof Aloys Hudal, wurde an diesem Tag jedenfalls vom Papst-Neffen Carlo Pacelli aufgesucht und um Hilfe gebeten. Der für seine Nazisympathien bekannte Hudal wandte sich an General Stahel und an von Weizsäcker und spielte dabei auf eine hochrangige Quelle im Vatikan an, wonach der Papst doch nicht schweigen werde.

Um 14.00 Uhr erhielt Stahel eine dringende Botschaft direkt von Himmler, »angesichts der besonderen Lage in Rom die Aktion sofort zu beenden«. Doch damit hatten weder Maglione noch von Weizsäcker noch Hudal etwas zu tun. Es gab einen dritten Versuch, die Verhaftungswelle zu beenden. Dieser ging vom Generaloberen der Salvatorianer, Pancratius Pfeiffer, aus. Der wurde ebenfalls bei Stahel vorstellig. Beide überlegten Argumente, die Himmler überzeugen könnten. Humanitäre Überlegungen fruchteten bei dem SS-Verbrecher nichts. Aber die militärische Lage könnte genutzt werden.

Stahel erinnerte an die Luftüberlegenheit der Alliierten und die zunehmenden Angriffe von Partisanen auf die Verbindungslinien der deutschen Wehrmacht. Razzien gegen die Juden in Rom könnten nicht nur eine Erhebung provozieren, sondern würden auch militärische Kräfte binden, die an der Front nach der Invasion der Angloamerikaner in Süditalien dringend gebraucht würden. Die Front könne mit den verfügbaren Kräften nicht gehalten werden. Himmler sah dieses Argument ein und sagte die Verhaftungen ab. Von den gefangenen 1259 Personen wurden 252 freigelassen, darunter etliche Nichtjuden und Halbjuden. Alle anderen wurden am 18. Oktober nach Auschwitz und Birkenau verfrachtet. Nur 14 Männer und eine Frau überlebten die Massenvernichtung.

Pius XII. wollte nicht schweigen. Er sprach jedoch wiederum auf seine Weise, die nach seiner Überzeugung von allen verstanden würde. Eine Ermahnung erschien im »Osservatore Romano« vom 25./26. Oktober 1943. Unter der Überschrift »Die Liebe des Heiligen Vaters« verwies der anonym bleibende Autor, eben Pius selbst, auf die zahlreichen Berichte über das ständig wachsende Unglück. Umso dringlicher werde die christliche Nächstenliebe und die Hilfe des Papstes, »die nicht vor Grenzen und nicht vor Nationalitäten, nicht vor Religionen und nicht vor Herkunft Halt macht«.

Offener wollte der Papst auch jetzt nicht den Schutz der Juden in katholischen Häusern anordnen, weil dies als Vorwand für die SS zu Hausdurchsuchungen und Verhaftungen hätte genommen werden können oder zu Repressalien gegenüber dem Klerus. Er wurde dennoch verstanden, so dass einige Orden sogar ihre Klausurbereiche für die Verfolgten öffneten. Der Vatikan organisierte zudem Lebensmittelhilfe, die auf Lastwagen mit dem Papstwappen durch Rom geschafft wurden. Dabei soll Schwester Pascalina gelegentlich auch mal selbst einen Lieferwagen gesteuert haben, damit niemand hungern müsse. Pinchas Lapide würdigte diesen Akt als »klares Signal für Tausende von Römern«.

Der Krieg kam nicht nur in deutschen Uniformen nach Rom. Er kam auch aus der Luft. Zwar hatte der Heilige Stuhl schon bei Kriegseintritt Italiens die Alliierten gebeten, die Ewige Stadt nicht zu bombardieren. Dennoch warfen am 18. Juli 1943 zunächst westliche Flugzeuge Flugblätter ab, mit denen die Italiener aufgefordert wurden, das faschistische Regime zu stürzen und zu kapitulieren. Einen Tag später wurden auf gleichem Wege Bomben gegen militärische Ziele in Rom angekündigt. Über Mittag warfen 1123 Bomber »Liberators« 956 Tonnen Bomben auf den Stadtteil rund um den Bahnhof Tiburtina ab. Von einem »chirurgischen Abwurf mit präzisen Zielen« konnte nicht mehr die Rede sein. Schwere Schäden meldeten nicht nur der Bahnhof, sondern auch der Universitätsbezirk, das Poliklinikum und die Gegend um den Hauptfriedhof Verano.

Der Papst beobachtete an seinem Fenster im Apostolischen Palast die Abwürfe, hob die Hände und segnete die wenige Kilometer Luftlinie entfernten Opfer. Er orderte umgehend ein Auto, wurde aber falsch verstanden. So fuhr sein Fahrer mit einer alten Limousine vor in der Annahme, der Papst wolle nur in den vatikanischen Gärten spazieren fahren. Stattdessen ging es in den Osten der Stadt, um die Bevölkerung zu trösten und für die 1492 Toten zu beten. Zurück musste Pius XII. in einem Kleinwagen des Grafen Galeazzi fahren, da das altersschwache Papamobil nicht mehr anspringen wollte. Am Abend segnete er von seinem Arbeitszimmer aus mit Tränen in den Augen seine Stadt. Am nächsten Tag schrieb er Präsident Roosevelt die Bitte, künftig Rom zu verschonen. Die Alliierten antworteten zunächst mit einer »Präzision«, wonach nur militärische Ziele um San Lorenzo getroffen worden seien, und ließen dann am 13. August wieder in den Mittagsstunden dieselbe Gegend erneut bombardieren.

Pius fuhr wiederum sofort zum Ort des Geschehens und wurde mit Blut befleckt, als er einen Schwerverletzten trösten wollte. Bei dieser Gelegenheit verteilte der Papst zudem ziemlich wahllos Geldscheine als erste Nothilfe. Die meisten Fotos der päpstlichen Besuche in dem von Bomben getroffenen Viertel stammen übrigens von diesem zweiten Besuch, zu dem sich eine große Menschenmenge versammelt hatte.

Am 5. November fielen gegen 20.10 Uhr Bomben auch auf den Vatikan. Vier Sprengkörper trafen die vatikanischen Gärten. Es waren vermutlich amerikanische Bomber, obwohl in Rom auch die Deutschen und einige italienische Faschisten verdächtigt wurden.

Obwohl das Städtchen Castel Gandolfo als Sitz der päpstlichen Sommerresidenz bekannt war und auch von den Alliierten geschützt werden sollte, wurde es im Februar 1944 bombardiert. Immerhin hatten in dem Ort 12.000 Menschen Zuflucht gefunden. Beim ersten Angriff starb eine Person, beim zweiten, acht Tage später, etwa 500 Menschen. Die Amerikaner sagten in einer Erklärung, Castel Gandolfo sei voller Deutscher gewesen, obwohl kein deutscher Soldat die päpstliche Villa je betreten hatte, wie der Vatikan versicherte.

Die ersten Bomben auf Rom erschütterten nachhaltig das faschistische Regime. Der Großrat setzte mit 19 von 26 Stimmen Mussolini ab und verbannte ihn nach Campo Imperatore im Gran Sasso-Massiv. Neuer Regierungschef wurde Marschall Pietro Badoglio. Er proklamierte dennoch die Fortsetzung des Krieges.

1939 lebten nach Schätzungen 50.000 Juden in Italien. 1946 waren es noch 46.000, davon 30.000 Italiener und 16.000 Flüchtlinge aus Deutschland. 8.000 wurden von SS und Gestapo umgebracht. Das von Pius XII. schon 1939 gegründete Informationsbüro führte insgesamt über zwei Millionen Karteikarten, um Menschen, die in den Kriegswirren ihre Angehörigen verloren hatten, Auskunft zu geben und eventuell Kontakte wieder herzustellen. Dieses »Archiv der Nächstenliebe« wurde vor allem mit Hilfe der päpstlichen Vertretungen betrieben und beschränkte sich nicht auf Juden, wiewohl die meisten Nachfragen sie betrafen. Darüber mokierten sich im Übrigen beispielsweise einige rumänische Bischöfe.

Die neunmonatigen Leiden unter der deutschen Besatzung in Rom endeten im Sommer 1944. Am 4. Juni zogen sich die deutschen Truppen aus der Ewigen Stadt ohne weiteres Blutvergießen zurück. Ungläubig blickte am nächsten Morgen der Papst auf das entmilitarisierte Rom. Einen Tag später zogen die Alliierten durch die Stadt. Die Römer dankten Pius XII. auf dem Petersplatz. Der französische Historiker und Professor an der päpstlichen Lateranuniversität Philippe Chenaux hielt fest: »Vielleicht nie zuvor und nie danach war das Ansehen und die moralische Autorität eines Pontifex so groß«, nachdem alle anderen italienischen Institutionen versagt hatten, vorneweg König Vittorio Emanuele III. Der hatte Rom verlassen.

Die päpstlichen Hilfen für die Not leidende Bevölkerung werden häufig erwähnt. Selten fragen diejenigen, die so gerne Pius XII. preisen, nach den Hintergründen. Schwester Pascalina wird gerne als Beispiel zitiert, wie sie tatkräftig Nahrungsmittel verteilte. Woher aber stammten diese Lebensmittel? Der Vatikan verfügte über ein eigenes Warenhaus, das bis in die 80er Jahre des zwanzigsten Jahrhunderts wegen des steuerfreien Einkaufs eine begehrte Einkaufsadresse war, leider nur für wenige Auserwählte, die als Kurienangehörige oder Vatikanbedienstete sich und ihre Familien dort versorgen durften. In der Anona konnten damals einem gewöhnlichen Italiener die Augen übergehen, weil Waren angeboten wurden, die es in Rom oder anderswo in Italien nicht gab. Die vatikanische Apotheke konnte Medikamente besorgen, die in ganz Italien noch nicht zur Verfügung standen. Und das steuerfreie Benzin ist bis heute ein Privileg für wenige.

Der Vatikanstadtstaat wurde mit Güterzügen beliefert, die in dem kleinen Bahnhof links hinter dem Petersdom eintrafen. Ein Teil der Waren wurde direkt von den Häfen an den Heiligen Stuhl verfrachtet. Dazu unterhielt der Vatikan sogar eine kleine Flotte. Diese wurde in den 50er Jahren an eine französische Reederei verkauft. Pius XII. war jedoch keineswegs neben Staats- und Kirchenoberhaupt auch noch Reeder. Diese Rolle hatte die von ihm 1942 gegründete vatikanische Bank, das Istituto per le opere di religione, das Institut für die Werke der Religion (IOR), übernommen.

Schon am 11. Februar 1887 hatte Papst Leo XIII. eine »Kommission für wohltätige Werke« gegründet, um die Kirchengelder zu verwalten und mit Anlagegeschäften die vatikanischen Finanzen aufzubessern. Heute würde sie als päpstlicher Finanzdienstleister firmieren. Eine Bank war sie nicht. Sie genoss dennoch hohes Ansehen, weil sie geschickt Geld beschaffte und später besonders jene Gelder investierte, die der Heilige Stuhl 1929 als Entschädigung für den Verlust des alten Kirchenstaates 1870 erhalten hatte. Ihre höchst diskreten Geldfachleute arbeiteten erfolgreich und orientierten sich nicht an ethischen Grundsätzen. Ihr kapitalistisches Gewinnstreben führte dazu, dass sich 1968 nach der Veröffentlichung der Pillenenzyklika von Papst Paul VI. in seinem Depot auch Aktien eines italienischen Pillenproduzenten fanden. Die Firma wurde auch noch von einem Pacelli-Neffen geleitet.

Jedenfalls wertete Pius XII. die Umwandlung der Kommission am 27. Juni 1942 in die Bank »Istituto per le Opere di Religione« mit allen Bankbefugnissen auf. Starker Mann hinter den vatikanischen Geldgeschäften und bis zu seinem Tod 1958 der wirkliche Herr der päpstlichen Geldanlagen war schon zu Zeiten von Pius XI. der ehemalige Banker der italienischen Banca Commerciale, Bernardino Nogara. Er hatte sich von Pius XI. zusichern lassen, dass er die Geschäfte völlig frei und ohne jegliche religiöse oder doktrinale Rücksichtnahme führen und das vatikanische Geld überall auf der Welt anlegen dürfe.

Am Ende schrieb der Pacelli nahestehende, erzkonservative Erzbischof von New York, Francis Spellman: »Nach Christus ist Bernardino Nogara das Größte, das der katholischen Kirche geschehen ist.« Nogara trat selbst nie öffentlich in Erscheinung. Er investierte aber so geschickt, dass der Vatikan bald Einfluss auf die italienischen Banken Banco di Roma, Banco di Santo Spirito und die Cassa di Risparmio di Roma nahm. In den Führungsgremien fanden sich die Namen der Fürsten Carlo, Marcantonio e Giulio Pacelli, alles Neffen von Eugenio Pacelli, dem späteren Pius XII., die mit diesen Funktionen den Nepotismus-Ruf ihres päpstlichen Onkels begründeten. Zu Nogaras Geschäftspartnern zählten Credit Suisse, Hambros Bank, Morgan Guarantee Trust, The Bankers Trust New York (über die Nogara an der Wall Street handelte), Chase Manhattan, Continental Illinois

National Bank. Die päpstlichen Aktien ließen keine Branche aus: Eisen, Stahl, Energie, Lebensmittel, Chemie, Versicherungen, Baukonzerne und Immobilien.

Ob der mit Geld unerfahrene Pius XII. das IOR aus ganz anderen Motiven gründete, wurde bisher nicht geklärt. Das Bankgeheimnis, der Amtseid der Vatikanbediensteten zur Verschwiegenheit, aber auch Nogaras eigensinnige Geschäftsführung, der sich Einblicke verbat, verhinderten jede Aufklärung. Selbst die zahllosen Veröffentlichungen nach den Skandalen um die angeblichen Mafia-Geschäfte des aus den USA stammenden Bankchefs Erzbischof Paul Marcinkus in den 70er Jahren enthüllten keine Hintergründe aus den Zeiten von Pius XII. Akten aus den Kriegs- und Nachkriegsjahren sollen für immer verschwunden sein.

Hier können deshalb nur die unbewiesenen Vorwürfe mit allen Vorbehalten erwähnt werden. Sie zu unterschlagen hieße, einen Teil des Pontifikats von Pius XII. zu verdrängen. Das IOR soll als Bank, die keiner Bankenaufsicht unterstand und dennoch internationale Geschäfte betreiben konnte, deutsche Gelder aus jüdischem Vermögen und aus Kriegsbeute verwahrt haben. Bei Kriegsende sollen Fluchtgelder aus Italien und Deutschland, aber auch vom Ustascha-Regime in Kroatien über das IOR in Sicherheit gebracht und reibungslos in Drittländer verschoben worden sein.

Pius XII. soll mit Hilfe der Vatikanbank antikommunistische Aktionen finanziert haben, wobei sogar Geld an die Mafia geflossen sein soll. Mafia-Verbindungen hätten dann also nicht nur zum Sündenregister des Sündenbocks Paul Marcinkus gehört, der als einfacher Pfarrer 2006 vergessen in seiner amerikanischen Heimat 84jährig starb. Bisher zugängliche Quellen deuten solche Verbindungen aber nur an. Sie sollen den Kampf von Pius XII. gegen den Kommunismus mit allen Mitteln belegen, bleiben jedoch Beweise schuldig.

Nach dem Krieg
‾‾‾‾‾‾

Demokratie ist doch nicht so schlecht

Eine kleine Bekehrung des absolutistischen Kirchen-Monarchen mit gewaltigen Vorbehalten

Pius XII. stellte rhetorisch eine längst fällige Frage: »Wenn die Bürger der verschiedenen Staaten ihre Regierungen hätten korrigieren können, wäre die Welt nicht in den Konflikt hineingezogen worden. Man muss sich vielleicht wundern, wenn die Tendenz zur Demokratie die Völker erfasst und weite Zustimmung findet und die Zustimmung derer, die wirksamer zusammenarbeiten wollen für die Bestimmung der Einzelnen und der Gesellschaft.« Diese geschraubte Erkenntnis stand leider erst am Ende des Zweiten Weltkrieges und nicht nach dem ersten. Dennoch gilt sie, vorgetragen in der Weihnachtsbotschaft 1944, als die Taufe der Demokratie durch den doch so autoritären Papst, zumindest soweit es die Gesellschaft betrifft. Die Kirche wird wohlgemerkt ausgenommen. Der Papst entdeckt auch gleich eine große Gefahr für die Demokratie mit ihrem Ideal von Freiheit und Gleichheit. Es sind die Massen, die davon missbräuchlich Gebrauch machen könnten.

Die demokratische Bekehrung hat also ihre Grenzen. In den Massen sieht der Papst ein unwägbares Risiko, weil diese leicht zu verführen und zu manipulieren seien. Vorbeugen heißt jetzt die Devise, damit die zarten Pflänzchen der Demokratie nicht schnell durch einen neuen Totalitarismus entwurzelt würden. Noch ist vom Kalten Krieg nicht die Rede, als in Italien nach einem Machtvakuum, das durch eine unpolitische Regierung und ungeschicktes Taktieren des Königshauses entstanden ist, ein Neuanfang gesucht wird. Er startet mit

195

einer Allparteienregierung aus den antifaschistischen Parteien unter der Führung des Sozialreformisten Ivanoe Bonomi und des christdemokratischen Trientiner Politikers Alcide de Gasperi, der im Oktober 1942 in Mailand die Democrazia Cristiana als Nachfolgerin der katholischen Volkspartei gegründet hatte. Vom 10. Dezember 1945 bis 1. Juli 1946 leitet de Gasperi als Ministerpräsident und zugleich Außenminister eine Allparteienregierung. Die politische Landschaft des Nachkriegsitalien profiliert sich erst langsam.

Da wollten der Papst und die Kurie, die fast nur aus Italienern bestand, nicht untätig abwarten. Wenn schon Demokratie, dann sollte die Kirche ein gewichtiges Wort mitreden können, um in ihrem Sinn nicht nur die kirchlichen Interessen zu wahren, sondern auch katholische Vorstellungen in der Gesetzgebung durchzusetzen. In den Hochzeiten der christdemokratischen Herrschaft bis in die 70er Jahre des 20. Jahrhunderts hinein gehörten deshalb diskrete Rückfragen der Regierung »oltre Tevere«, jenseits des Tiber, also im Vatikan, zum Regierungsgeschäft. Der Heilige Stuhl konnte Gesetze verhindern oder freigeben. Einer der engsten Verbindungsleute war der mehrfache Ministerpräsident und zigfache Minister, der wohl schillerndste und katholischste aller italienischen Nachkriegspolitiker, Giulio Andreotti.

Doch diese Machtfülle war in keiner Weise absehbar, als in Italien die Demokratie zu laufen begann. Der Vatikan suchte noch nach Orientierung. Wie sollte die Kirche ihren Einfluss geltend machen? Sollte sie sich auf Grundsatzerklärungen beschränken, die für alle Parteien gelten und im Grunde nur die freie Religionsausübung sichern sollten? Oder müsste er sich nicht doch lieber einen politischen Arm zulegen, der exekutierte, was der Papst wünschte, und das noch mit der Zustimmung des Stimmvolkes? Dieses war aber schwer einzuschätzen, zumal nach dem Krieg erstmals die Frauen wählen durften.

In der Kurie stritten sich mehrere Flügel. Eine »römische Partei« mit dem Glaubenswächter Alfredo Ottaviani vom Heiligen Offizium, der heutigen Glaubenskongregation, an der Spitze. Er bezeichnete sich selbst als »Carabiniere Gottes«. Dieser Kreis, zu dem sich auch die Jesuiten der Zeitschrift »Civiltà Cattolica« zählten, plädierte für mehrere Parteien, in denen die Katholiken mitarbeiten sollten, um möglichst viele Wähler zu erreichen. Gemeinsam sollten sie einen antikommunistischen Block bilden, das wichtigste Ziel von Papst Pius XII., dem die Parteienlandschaft reichlich gleichgültig war. Entscheidend war für ihn, dass keine kommunistische Mehrheit zustande kam.

Die Alternative repräsentierte Alcide de Gasperi mit seinen Christdemokraten und dem vatikanischen Schutzpatron Giovanni Battista Montini, Substitut im Staatssekretariat und neben Domenico Tardini der wichtigste offizielle hierarchische Mitarbeiter des Papstes, seitdem 1944 Kardinalstaatssekretär Maglione gestorben war und Pius keinen Nachfolger mehr bestellt hatte. Die beiden sollten seinen Willen ausführen. Dazu brauchte es keinen »Premierminister«. Montini, der spätere Papst Paul VI., dachte weitaus politischer als sein Chef, der Papst. Ihm schwebte eine eigenständige politische Partei vor, die weite Kreise ansprechen und politisch autonom vom Vatikan handeln konnte.

Die christliche Partei konnte mit breiter Zustimmung rechnen, zumal der große Bruder Pius XII. zu dieser Zeit so populär war wie kein anderer Italiener der Nachkriegszeit. Auf der anderen Seite wollte die Linke jetzt für ihre Opposition gegen den Faschismus und ihre Partisanenkämpfe gegen die deutschen Besatzer den Lohn einfahren. Die stalinistische Schreckensherrschaft wurde ignoriert, weil sich die italienischen Kommunisten von Moskau finanzieren ließen und der bolschewistischen Mutterkirche gehorsam folgten.

Die rote Gefahr war greifbar nahe. Der Papst und vor allem die Amerikaner suchten nach Mitteln, die Bolschewisierung Italiens durch

Wahlen zu verhindern. Die amerikanische Regierung forderte den Vatikan auf, wirksam gegen die Roten zu kämpfen: »Nur die Kirche kann Italien vor dem Kommunismus bewahren. Die Alliierten können das nicht«, hieß es in einer US-Botschaft an das Staatssekretariat. Die Kurie fürchtete, dass durch eine falsche politische Entscheidung sich der spätere Eiserne Vorhang auch um den Vatikan legen könnte, wenn Italien kommunistisch würde.

Es galt also, alle Katholiken zur Wahl von katholischen Kandidaten zu mobilisieren. Montini sah nur die Förderung der einen Partei als erfolgversprechend an. Sein Kollege Tardini schätzte die Chancen größer ein, wenn eine klare Wahlempfehlung für die richtigen Kandidaten gegeben werde, die aber in verschiedenen Parteien stehen könnten. Wie waren mehr Stimmen zu sammeln? Pius XII. entschied sich für die Democrazia Cristiana, auch wenn sich deren Chef de Gasperi noch als eigenwilliger, keineswegs dem Papst höriger Staatsmann erweisen sollte.

Das entscheidende Wahljahr 1946 rückte näher. Die Italiener wurden von entgegengesetzten Seiten umworben. Die Kommunisten und Sozialisten führten einen klassischen Wahlkampf mit Plakaten und Kundgebungen. Die katholische Seite mobilisierte zusätzlich die kirchlichen Laienorganisationen. Die Amerikaner wiederum halfen mit Lebensmitteln und Kohle und ließen erkennen, dass ein rotes Italien damit nicht mehr rechnen könne.

Zu den ersten Urnengängen wurde im März und April 1946 bei den Kommunalwahlen aufgerufen. Zuerst sah es nach einem Sieg der Linken aus und der Papst klagte bereits beleidigt über die Undankbarkeit des Sozialisten Pietro Nenni, der doch vom Heiligen Stuhl im Lateranpalast vor der Verfolgung versteckt worden war. Am Ende ging die DC zusammen mit bürgerlichen Parteien als Sieger aus der Wahl hervor.

Für den 2. Juni, den Namenstag des Papstes (Eugenio Pacelli), fieberte Italien der Wahl der verfassunggebenden Versammlung entgegen. KPI-Chef Palmiro Togliatti verkündete auf dem Parteitag im Januar, seine Partei werde die Gewissensfreiheit, die Freiheit des Kultus und der Religion anerkennen und die Lateranverträge nicht in Frage stellen. Die Christdemokraten erinnerten an die christlichen Fundamente Italiens, die auch die neue Verfassung prägen sollten. Pius XII. mahnte wiederholt in Audienzen an die heilige Wahlpflicht und warnte vor falschen Versprechungen. Die Form des Staates, um die es schließlich auch ging, also Monarchie oder Republik, beurteilte die Kurie eher indifferent. Entscheidend war für sie die Zusammensetzung der Versammlung.

Schließlich stimmten von den 24.888.035 Wählern (88 Prozent) 12.717.923 gegen 10.719.284 bei eineinhalb Millionen ungültigen Stimmen für die Republik. In der Versammlung bekamen die Christdemokraten 207, die Sozialisten 115, die Kommunisten 104 Sitze. Alcide de Gasperi konnte mit vier kleineren Parteien, darunter die Republikaner, die in allen Regierungen bis zum Ende der christdemokratisch beherrschten Nachkriegszeit 1992 beteiligt blieben, die erste Regierung der Republik bilden. Gegen Mitternacht des 7. Juni empfing Pius XII. den abgewählten König in aller Stille zur Abschiedsaudienz. Der Papst lieh ihm eine »beachtliche Summe« zum Neustart im Exil. Diese sei bis 1951 vollständig zurückgezahlt worden.

Das Leben im Vatikan musste in den ersten Nachkriegsjahren ebenfalls neuen Anforderungen angepasst werden. Maglione war gestorben. In den Kriegsjahren hatte der Papst keine neuen Kardinäle kreiert. Jetzt war es höchste Zeit, nicht nur um Anwärtern auf den Purpur von Amts wegen ihren Karrierewunsch zu erfüllen, sondern auch um die Kurie zu internationalisieren. Pius, so verlautete aus seinem privaten Umfeld, tat sich unwahrscheinlich schwer, diese Personalentscheidungen zu treffen. Er wollte die seit 1586 geltende Höchstzahl

von 70 Kardinälen nicht überschreiten, um den Rang der Kardinalswürde nicht zu entwerten, wie sein Privatsekretär, Jesuitenpater Wilhelm Hentrich, schrieb. Andererseits sollten Bischöfe aus den Missi-
onsländern den Purpur erhalten und schließlich sollte es nicht mehr
automatisch für Nuntien an »kardinalen« Plätzen die höchste Würde
neben dem Papst geben. So kreierte Pius XII. im Frühjahr 1946 mit
38 ungewöhnlich viele neue Kardinäle, darunter auch die beiden deutschen Nazigegner Preysing (Berlin) und von Galen (Münster), der
einen Monat später starb, aber auch Sapieha von Krakau, Bischöfe aus
Australien, Kanada, Chile, China, Kuba, Mozambik, Peru und Ungarn.
Nicht dabei waren die zwei engen Mitarbeiter Montini und Tardini.

Pius spürte die Veränderungen in der Nachkriegsgesellschaft. Ein
Konzil lag sozusagen in der Luft des Apostolischen Palastes, nachdem
das Erste Vatikanum 1870 unvollendet abgebrochen worden war. In
der Politik hatte er es nicht mehr mit den alten Antiklerikalen, den
Freimaurern und den Liberalen, zu tun. Jetzt ging es gegen den Sozialismus in jeder Form, aber vor allem gegen den Kommunismus,
der in Osteuropa seine Tyrannei errichtet hatte. Der Krieg hatte nahezu alle Gesellschaften in Westeuropa verändert. Der Kommunismus gefährdete das Überleben der Kirche auf der einen Seite. Auf
der anderen erschien Pius XII. die Kirche dringend reformbedürftig.
Ihm war jedoch bewusst, dass er die Zeit dazu nicht mehr hatte. Mit
Tardini sprach er von einem Konzil, dessen Vorbereitung gut zwanzig Jahre beanspruchen könne. Jetzt könne es auf keinen Fall einberufen werden, da die Bischöfe in der Not der Nachkriegszeit in ihren
Diözesen gebraucht würden. Dabei blieb es.

Zwei Jahre nach der verfassunggebenden Versammlung mit der ersten Regierung de Gasperi als Folge standen die ersten Wahlen zum
neuen Parlament 1948 im Mittelpunkt der päpstlichen Sorgen. Das
gute Abschneiden der DC 1946 schien ihm nicht auf Dauer sicher
zu sein. Die Lateranverträge untersagten dem Papst ein direktes politisches Eingreifen. Also predigte er, wo es nur ging, den Italienern

ins Gewissen. Das fing mit der Weihnachtsbotschaft 1947 an. Ihr Kernsatz: »Es geht nur um eine Frage: mit oder gegen Christus zu sein.« Die christliche Lehre sei mit materialistischen Zielen nicht vereinbar. Wer ihnen anhänge, verlasse die Kirche und höre auf, katholisch zu sein, hämmerte er in einer Audienz den römischen Straßenbahnfahrern ein. Wer nicht wähle, begehe eine Todsünde. Jeder aufrichtige Katholik müsse seine Stimme Kandidaten geben, »die garantieren, die Rechte Gottes in den Seelen zu hüten für das Wohl der Einzelnen, der Familien und der Gesellschaft nach dem Gesetz Gottes und der christlichen Morallehre.« Als praktische Hilfestellung für die Wählbarkeit empfahl der Papst, zu beobachten, wer die Sonntagsmesse besuche.

Am konsequentesten hörte der Mailänder Erzbischof Kardinal Ildefonso Schuster auf die päpstlichen Ermahnungen. Er empfahl seinen Priestern, allen, die kommunistisch wählten, bei der Beichte die Absolution zu verweigern. Wahlkampf mit dem Bußsakrament.

Begierig griff Pius XII. den Artikel eines liberalen Abgeordneten auf, der in seiner Parteizeitschrift eine Einheitsliste gegen die Kommunisten vorschlug unter der Führung der Christdemokraten, der größten Fraktion. In diese Front sollten sogar die Neofaschisten des MSI, der Mussolini-Nachfolgepartei, und die Monarchisten aufgenommen werden. Der politisch unbedarfte Papst stimmte ihm zu, weil ihm alles, was gegen die Kommunisten ging, förderswert erschien. De Gasperi lehnte dieses Ansinnen ab, vor allem aus politischen Überlegungen. Eine derartige Öffnung nach rechts hätte die Koalitionspartner Republikaner und Sozialdemokraten in die Arme der Linken getrieben. Das Gegenteil der Absicht, die Kommunisten zu verhindern, wäre eingetreten. Der Autor des Vorschlags, Lucifero Falcone, zog seine Idee als Privatmeinung und überholt zurück. Pius XII. nahm de Gasperi aber seinen Widerstand bis zum Ende übel. An der DC vorbei mobilisierte der Papst so genannte Bürgerkomitees zur Unterstützung der katholischen Kandidaten.

Der Wahlkampf wurde heftig geführt, einschließlich Beleidigungen des Papstes. Die kommunistische Abgeordnete Laura Diaz ging in seine Geschichte ein, weil sie bei einer Kundgebung dem Papst vorgeworfen hatte, an seinen Fingern klebe Blut. Er habe damals nicht den Weltkrieg verhindert oder begrenzt und jetzt rühre er auch keinen Finger, um den Palästina-Konflikt zu beenden. Die Aufregung schlug hohe Wellen und der beleidigte Papst stimmte einer parlamentarischen Untersuchung zu, an deren Ende die Immunität der Kommunistin aufgehoben und sie zu acht Monaten Gefängnis verurteilt wurde. Später wurde sie amnestiert.

Pius XII. las sehr aufmerksam die Zeitungen und hörte Radio. Vieles gefiel ihm an den freimütigen Diskussionen nicht. Vieles hielt er für schädlich. Von der DC erwartete er, dass sie etwas zur Verteidigung der gesunden Moral der Nation unternehme. Die Regierung sollte nach seinen Vorstellungen die Pressefreiheit einschränken. Die Regierung blieb jedoch untätig. Der Papst beklagte sich in einem Gespräch mit seinem Neffen Carlo Pacelli bitter.

Selbst Giulio Andreotti verärgerte den kritikempfindlichen Pius XII. bei einer Audienz ganz besonders. Pius klagte wieder über die Schlechtigkeit der Presse. Als Beispiel zog er eine Zeitschrift hervor mit einem geschmacklosen Titelbild. Andreotti blickte darauf und fragte, wer daran denn schuldig sei, die Regierung oder der Besitzer des Blattes. Pius antwortete: natürlich der Besitzer. Das war, wie der schlitzohrige Andreotti trocken entgegenhielt, der Heilige Stuhl.

Die Kampagne von Papst und Klerus zahlte sich schließlich aus. Die DC siegte 1948. 48,5 Prozent der Stimmen verschafften ihr die absolute Mehrheit von 307 der 574 Sitze im Abgeordnetenhaus und von 131 gegen 72 Mandate im Senat, der zweiten Kammer. Der spätere sozialdemokratische Staatspräsident Giuseppe Saragat kommentierte das Ergebnis mit einem Spruch, der zum geflügelten Wort wurde: »Pius XII. hat den Kommunismus in Italien zum Stehen gebracht.«

Das bedeutete allerdings nicht, dass sich der Vatikan zufrieden zurücklehnen würde. Am 1. Juli 1949 belegte das Heilige Offizium mit einem Dekret alle, die sich zum Kommunismus bekennen und ihn verbreiten, mit der Exkommunizierung. Die Bevölkerung war sich nicht ganz sicher, ob damit auch die Wähler gemeint waren. Die »Civiltà Cattolica« ging auf diese Verwirrung umgehend ein und verwies auf die Gefahr durch die Lektüre kommunistischer Veröffentlichungen, die zur Propaganda dienten. Nur wer echte Gründe habe, sie zu lesen, bekomme eine Genehmigung von dem zuständigen kirchlichen Amt. »Wer Mitglied einer kommunistischen Organisation bleiben will, den Kommunismus durch die Lektüre der Presse begünstigt, gefährdet seinen Glauben. Er unterstützt diese Presse und kann deshalb nicht zu den Sakramenten zugelassen werden.« Der »Osservatore« beruhigte die Wähler. Sie würden nicht exkommuniziert. Die Auseinandersetzung blieb akademisch. Jahrelang hielten sich die Katholiken an die Drohung und wählten DC.

Eine Ausnahme machte der Papst mit allen, die gezwungenermaßen unter kommunistischer Herrschaft lebten. Im Gegensatz zu seinem Verhalten gegenüber der Nazidiktatur reagierte Pius XII. gegen kommunistische Übergriffe sofort und entschieden. Nach den Verurteilungen der Erzbischöfe Joszef Mindszenty in Ungarn, Josef Beran in Prag und Alojzije Stepinac in Zagreb exkommunizierte der Papst alle, die die Eminenzen vor Gericht gezerrt hatten und sie an ihrer bischöflichen Amtsausübung hinderten.

Pius XII. misstraute weiterhin seinen Landsleuten und besonders dem DC-Parteichef de Gasperi. 1952 bot sich die nächste Gelegenheit, die politischen Strippen im Vatikan kräftig zu ziehen: Kommunalwahlen. In Rom drohte eine linke Koalition den Oberbürgermeister zu stellen, fürchteten jedenfalls die Kurie und der Papst. De Gasperi wurde bedeutet, er möge doch mit den Neofaschisten zusammenarbeiten, wenn auf diese Weise die »Stadt des Papstes« vor einem roten Stadtoberhaupt bewahrt werden könne. De Gasperi lehnte wieder den Rechtsruck ab und zog sich den Bann des Papstes zu, der ihn fortan weder als Privatmann, ein überzeugter Katholik, noch als Ministerpräsident einer christdemokratisch geführten Regierung in Audienz empfing. De Gasperi empfand die Weigerung zeitlebens als Demütigung.

Solche persönlichen Befindlichkeiten kümmerten Pius nicht. Blind ließ er Bündnisse schmieden, die bei klarem politischem Verstand keine Aussicht auf Erfolg haben konnten. So wurde der aus dem Exil nach Italien zurückgekehrte Priester Don Luigi Sturzo, Gründer der katholischen Vorkriegs-Volkspartei im Papstauftrag zu einer Kandidatur für den OB-Sessel überredet. Er bereitete einen Aufruf an alle Freunde in allen Parteien vor. Jedoch auch Sturzo wollte die Neofaschisten nicht an der Macht teilhaben lassen. Nachdem der Papst dennoch darauf drängte, erklärte Sturzo seinen Verzicht. Auch ohne MSI eroberten die Kommunisten das römische Rathaus nicht.

Der politische Dissens zwischen dem autokratischen Papst und dem auf politische Autonomie bedachten de Gasperi mit seinem wichtigsten Gesprächspartner in der Kurie, Substitut Montini, dividierte die Kurienspitze auseinander. Pius stellte Montini unduldsam und rachsüchtig kalt. Über seinen Neffen Carlo Pacelli ließ er Gesprächspartner in politischen Fragen wissen, sie sollten sich an die Monsignori Tardini oder Dell'Acqua wenden. Montini und die Christdemokraten schienen mehr »den Interessen einer Partei als der Kirche zu dienen«. Schwester Pascalina bestätigte dem italienischen Pater Leppich, dem »Mikrofon Gottes«, Riccardo Lombardi, Montini sei wohl nicht mehr der treue Interpret des Papstes.

Pius hatte sich nicht geändert. Das Verständnis für die Demokratie endete dort, wo diese nicht dem Wohl der Kirche diente, wie er es sah. Pius XII. wiederholte den Fehler, den der Nuntius Eugenio Pacelli bereits in Deutschland gemacht hatte. Das Zentrum taugte nichts mehr, als es mit der Linken hätte zusammenarbeiten sollen und wollen.

In Rom bezahlte Giovanni Battista Montini für die pastorale Erkenntnis, dass es Katholiken auch außerhalb der kirchlichen Organisationen und der kurialen Einflusssphäre gibt, mit einem zunächst bitte-
ren Preis, der sich allerdings später für ihn als Segen erwies. Beim
Konsistorium von 1953 kreierte der Papst 24 neue Kardinäle, darunter auch den Patriarchen von Venedig, den Ex-Nuntius Angelo Roncalli, später sein Nachfolger als Papst Johannes XXIII. Seine beiden
engsten Mitarbeiter Domenico Tardini und Montini erhofften sich
ebenfalls den Kardinalspurpur, zumal es keinen Kardinalstaatssekretär gab, der gewöhnlich als Chef des päpstlichen Regierungsamtes
allein Kardinal war. Angeblich hatte Pius beide gefragt, ob sie die
Würde annehmen würden. Sie hätten jedoch, Demut spielend, abgelehnt. Der Papst tat so, als sei er darüber bekümmert. In Wirklichkeit,
so lässt sich aus allen Zeugnissen ableiten, hatte Pius so gefragt, dass
die beiden bescheiden ablehnen mussten. Stattdessen ernannte der
Papst sie zu gleichrangigen Pro-Staatssekretären. Das bedeutete, sie
arbeiteten wie Staatssssekretäre, bekamen aber nicht deren Titel und
Würde. Montini hatte sogar so sicher mit der Beförderung gerechnet,
dass er sich nach Aussagen aus seinem privaten Umkreis bereits eine
Kardinalsmitra beschafft hatte.

Bald entfernte ihn Pius XII. auch aus der Kurie. Am 1. November
1954 starb der Mailänder Erzbischof Schuster und Montini wurde
als Nachfolger in die lombardische Metropole versetzt. Da Pius XII.
kein weiteres Konsistorium mehr einberief, wurde ausgerechnet Mailand als das bedeutendste italienische Erzbistum neben Rom bei der
nächsten Papstwahl 1958 nach dem Tod von Pius XII. nicht im Konklave vertreten. Wichtiger erschien allerdings, dass Pius seine eigene
Nachfolge offen gelassen hatte. Einen Kronprinzen, wie er es selbst
einmal war, wollte er nicht aufkommen lassen. Montini sollte es offensichtlich wegen politischer Unzuverlässigkeit nicht werden. Jegliche Öffnung der Kirche nach links wurde von Pius bekämpft. So
gab er in einem vertraulichen Gespräch mit einem Jesuitenpater Ende
1955 zu, er hätte sich von der Democrazia Cristiana demonstrativ

distanziert, wenn sie eine Koalition mit den marxistischen Sozialisten eingegangen wäre.

Zum Handlanger der Westmächte ließ er sich in ihrem »Kreuzzug gegen den Kommunismus« aber auch nicht machen. Er beklagte die Verfolgung der Christen im Sowjetblock, lehnte aber einen Vorschlag der USA ab, sich von ihnen zum spirituellen Führer der Freiheit stilisieren zu lassen.

Wie Nebenschauplätze erschienen damals zwei andere politische Entwicklungen trotz ihrer direkten Auswirkungen auf die Kirche: die Palästina-Frage und die chinesische Revolution. Für Jerusalem und die Heiligen Stätten schlug Pius XII. einen internationalen Status vor, der freie Religionsausübung und ungehinderten Zugang sichern sollte.

Für China beendete Pius XII. einen Jahrhunderte alten Streit bereits als frisch gewählter Papst 1939. Er hob das Verbot der Ahnenverehrung für die chinesischen Katholiken auf. Das Verbot der Ahnenverehrung, ein wichtiger Teil chinesischer Identität und Kultur, hatte der katholischen Mission so schwer geschadet, dass daran die Kirche für Jahrhunderte scheiterte. Die Jesuiten hatten sie im 17. Jahrhundert als kompatibel mit dem Christentum akzeptiert, so ähnlich wie die Totenverehrung im Abendland. Eifersüchteleien und Intrigen anderer Orden, die die Vormacht der Jesuiten im Reich der Mitte beenden wollten, bewegten den Papst zum Urteil, es handle sich um Götzendienst. Die katholische Mission brach deshalb zusammen und erholte sich erst wieder im 19. Jahrhundert.

Der blinde Antikommunismus verleitete Pius XII. 1957 zu einer Enzyklika »Ad Apostolorum Principi«, mit der er die von Chinas Kommunisten zur besseren Kontrolle der Kirche gegründete katholische Nationalkirche, die Patriotische Vereinigung, verurteilte und die noch übrig gebliebenen Katholiken und ihre Priester entweder exkommunizierte, wenn sie der Vereinigung angehörten, oder sie in den Untergrund mit Jahrzehnte langer Verfolgung trieb. Erst Benedikt XVI. erkannte den Fehler und suchte mit einem Brief an die chinesischen Katholiken im Frühjahr 2007 eine Wiederannäherung. Pius XII. glaubte wohl ebenso wie viele vertriebene China-Missionare und ihre Bischöfe, dass Härte das kommunistische Regime in die Knie zwingen würde, wo es um Arrangements zur Sicherung eines Mindestmaßes an Religionspraxis gegangen wäre.

Vor dem Krieg hatten vor allem in Italien die meisten Katholiken noch von der Restauration des katholischen Staates geträumt. Der römische Kirchenhistoriker und Präsident der Erneuerungsgemeinschaft von Sant'Egidio, Andrea Riccardi, räumte in seiner 1997 erschienenen Analyse der »Politiken der Kirche« ein, dass viele mit dieser Hoffnung den Faschismus, wenigstens in Italien, akzeptiert hätten. In einer nicht politischen, dafür umso mehr moralischen Sicht hätten sie sich mit den Faschisten identifizieren können: Familie, Moral und Anti-Kommunismus. Riccardi sah »ein positives Vorurteil«, das – so ist zu ergänzen – in den Grundzügen auch dem Denken von Pius XII. entsprach.

Nach dem Zusammenbruch am Ende des Weltkrieges zerflossen die Träume vom katholischen Staat und der Papst förderte nun die kirchlichen Organisationen von Laien, die sich von der Kirche leiten ließen. Sie sollten in der Politik und in der Gesellschaft wirken, ohne dass der Heilige Stuhl seine Neutralität aufgeben musste. Die hohen Ziele wurden in der Wirklichkeit weitgehend vergessen, aber nicht völlig, als es darum ging, den Kommunismus in Italien aufzuhalten, allerdings nicht um jeden Preis. Riccardi entdeckte, dass Pius XII. anfänglich bereit war, eine Finnlandisierung Italiens in Kauf zu nehmen.

Die Vorstellung von Neutralität, die Pius XII. bereits gegenüber Deutschland strapaziert und wegen der er geschwiegen hatte, wurde von der Wirklichkeit überholt, ohne dass sich der Papst dessen bewusst wurde. Er selbst hatte von einer Weltorganisation zur Sicherung des Friedens geträumt. Er predigte die Zusammenarbeit der Völker. Jetzt hielt sich der Heilige Stuhl fern von solchen weltweiten Initiativen. Der Vatikan bzw. Heilige Stuhl war weder bei der Gründung der Vereinten Nationen 1945 dabei, weil die Sowjetunion dazu gehörte, noch beim Ökumenischen Rat der Kirchen 1948 oder bei der Arabischen Liga (1945). Obwohl er als Völkerrechtssubjekt hätte aktiv einwirken können, stand er abseits. Das nordatlantische Bündnis Nato stieß in der Kurie zunächst auf große Skepsis. Pius XII. setzte mit dem Heiligen Jahr 1950 lieber sein eigenes Zeichen der Universalität. Es blieb ein Signal nur für das katholische Milieu. Die politische Bedeutung des Pontifex und seiner Kirche hatte ihren Zenit überschritten.

Alles, was Pius XII. linksverdächtig erschien, löste bei ihm einen Abwehrreflex aus, der kaum zu bremsen war, erst recht, wenn die Betroffenen nicht ins hierarchische Schema passen wollten. Trotz Sozialenzykliken, die allerdings erst sehr spät die Arbeiterfragen aufgriffen und deshalb der Kirche den Vorwurf einbrachten, sie habe im 19. Jahrhundert die Arbeiterschaft verloren, untersagte Pius XII. nach anfänglicher Offenheit einen aussichtsreichen Versuch, sich den Arbeitern wieder anzunähern. Die waren überwiegend in sozialistischen und kommunistischen Parteien und Gewerkschaften erfasst. Von der Kirche, die den Herrschenden, vor allem dem Bürgertum näher stand als ihnen, fühlten sie sich weder verstanden noch vertreten. In Belgien und Frankreich wollten Priester, die selbst aus dem Milieu der Proletarier stammten, die totale Entfremdung der Arbeiter von der Kirche nicht hinnehmen. Der belgische Priester Joseph Cardijn gründete etwa 1924 die Bewegung der christlichen Arbeiterjugend CAJ. Diese breitete sich schnell in seiner Heimat und im benachbarten Frankreich aus. Die meisten hochwürdigen Herren Pfarrer lehnten sie jedoch als Störenfriede des bürgerlichen Milieus ab, dem sie selbst zugehörten. Eine katholische Evangelisierung der Arbeiterjugend wollten sie nicht erkennen.

Aus der CAJ heraus gründeten die Dominikaner Jacques Loew und Louis Lebret 1941 das französische Studienzentrum Économie et humanisme (Wirtschaft und Humanismus). Loew zog noch im selben Jahr ins Hafenviertel von Marseille, um in der Praxis die Lebens- und Arbeitsbedingungen der Arbeiter kennenzulernen. Er wurde Hafenarbeiter und so zum ersten Arbeiterpriester Frankreichs.

Zwei CAJ-Kapläne, Henri Godin und Yvan Daniel, beschrieben 1943 in ihrem Buch »La France, Pays de Mission?«, wie durch Pfarreien für Arbeiter die Kirche und die Arbeiterschaft wieder angenähert werden könnten. Der Kardinal-Erzbischof von Paris, Emmanuel Suhard, bildete daraufhin mit zunächst 15 Mitgliedern, darunter zwei Frauen, in Pariser Arbeitervierteln die Mission de Paris. Als Suhard 1949 starb, waren in den französischen Fabriken bereits hundert Arbeiterpriester tätig. Viele traten der kommunistischen Gewerkschaft bei, da sie in den christlichen Gewerkschaften keine Repräsentanz der Arbeiter sahen. Sie engagierten sich auch bei Demonstrationen und Streiks, was Aufsehen erregte, als 1952 zwei Priester bei einer Demonstration verhaftet wurden. Bei Pius XII. schrillten die Alarmglocken. Kommunistische Gedanken und ein solches Bild von Priestern konnte der Papst nicht mit seiner Vorstellung vom Kleriker vereinbaren.

Die Kurie setzte die verunsicherten französischen Bischöfe nach Suhards Tod und trotz der Unterstützung durch prominente Theologen wie Marie Dominique Chenu und Yves Congar unter Druck, die Seelsorger zu isolieren, die nicht ins Traditionsbild vom Priester passten. Trickreich verbot Rom im November 1953 zuerst die Handarbeit für alle Priesteramtskandidaten sowohl der Orden als auch des Weltklerus. Ein Gespräch der drei französischen Kardinäle Feltin, Gerlier und Liénart mit dem Papst, der Kongregation für die Seminarien und dem Heiligen Offizium in Rom endete mit einem verkappten Verbot. Es legte fest:

»Nach zehnjährigem Bestehen kann das Experiment der Arbeiterpriester [...] in seiner gegenwärtigen Form nicht aufrecht erhalten
werden. Aber in der Sorge, den Kontakt zu behalten, der zwischen
Kirche und Arbeiterwelt durch diese Pioniere geschaffen worden ist,
sieht es die Kirche gerne, wenn Priester, die Proben ausreichender
Qualifizierung abgelegt haben, ein Priesterapostolat mitten im Ar-
beitermilieu aufrechterhalten. Doch sie verlangt:
dass sie ausdrücklich durch ihren Bischof ausgewählt werden;
dass sie eine besonders solide Ausbildung sowohl hinsichtlich der
Doktrin wie hinsichtlich der geistlichen Leitung erhalten;
dass sie manuelle Arbeit nur für eine begrenzte Zeit übernehmen,
damit ihnen die Möglichkeit gewahrt bleibt, alle Anforderungen ihres priesterlichen Standes zu erfüllen;
dass sie keine weltlichen Posten übernehmen, die dazu führen könnten, ihnen gewerkschaftliche oder andere Verantwortungen zu schaffen, die sie den Laien überlassen sollen;
dass sie nicht isoliert leben, sondern einer Priestergemeinschaft oder
einer Pfarre angeschlossen sind und einen gewissen Beitrag zum
Pfarrleben liefern.«

Die Jesuiten zogen noch vor Ende 1953 ihre damals sieben Arbeiterpriester zurück. Der Dominikanerorden folgte wenig später. Anfang
1954 warfen die französischen Bischöfe den Arbeiterpriestern vor,
die priesterliche Lebensform sei mit der eines Arbeiters nicht zu vereinbaren. Jedem einzelnen Arbeiterpriester teilten die Bischöfe brieflich ein strenges Reglement mit. Sie sollten bis zum 1. März von allen
weltlichen Ämtern zurücktreten. Die tägliche nicht direkt priesterliche Arbeitszeit wurde auf drei Stunden beschränkt. Die Mitgliedschaft in Gewerkschaften, Betriebsräten und anderen Arbeiterorga-
nisationen mussten sie aufgeben. Bei Zuwiderhandeln drohten
kirchenrechtliche Konsequenzen. Besonders die Begrenzung der täglichen Arbeit auf drei Stunden bedeutete de facto das Ende der Be-
triebsarbeit, da es in den Fabriken nur Vollzeit-Arbeiter gab. Der
päpstliche Nuntius dekretierte den Bischöfen und Ordensoberen,

dass alle Arbeiterpriester ihre Posten zu verlassen hätten. Das Ultimatum lief am 1. März 1954 aus. Die scheinheilige theologische Begründung wurde erst unter Johannes XXIII. 1959 nachgeliefert, wonach der Priester nicht durch Arbeit, sondern durch Verkündung des Evangeliums und die Spendung der Sakramente wirken soll.

Gegen die beiden Dominikaner inszenierte Rom Disziplinarverfahren und belegte sie mit Kirchenstrafen. Congar, der bei einem Besuch beim Papst 1946 Pius XII. durchaus als menschlich und ungekünstelt empfand, beobachtete in den späteren Jahren bei ihm eine alles lähmende Furcht, der Kommunismus könne in Italien das Ruder der Politik an sich reißen. Die päpstliche und kuriale Psychose überlebte Pius XII. nicht lange. Sieben Jahre nach seinem Tod und am Ende des Zweiten Vatikanischen Konzils 1965 kehrten 15 Arbeiterpriester wieder in die Fabriken zurück.

Der Marianer

——

Von fast allen geglaubt: Das letzte und einzige Dogma

Die Verehrung der Muttergottes
gehörte ein Leben lang
zu Pacelli.

Die Szene ist heute kaum noch vorstellbar. Für einen der beiden Hauptakteure, der sie sich ausgemalt hat, hätte es aber durchaus sein können. Der kritische Theologe Hans Küng und Papst Benedikt, früher Joseph Ratzinger, wären einer Meinung gewesen, wären sie sich 1950 als Studenten in Rom begegnet und hätten das einzige Dogma diskutiert, das Papst Pius XII. feierlich verkündet hat. Die leibliche

Aufnahme Marias in den Himmel wurde damals von beiden bejaht.

Hans Küng erinnert sich im zweiten Band seiner Memoiren an sein damaliges Denken. Er sei überzeugter Anhänger des Dogmas gewesen. Dagegen hätte Ratzinger bei seinen Kollegen in München kein Verständnis für seine Bejahung des Dogmas gefunden. Dort waren die Studenten von dem Würzburger Patrologen Berthold Altnaer beeinflusst, der die Behauptung, schon die Urkirche habe an Marias leibliche Aufnahme in den Himmel geglaubt, nachhaltig widerlegt hatte. Vor dem fünften Jahrhundert sei sie unbekannt gewesen, könne also nicht der apostolischen Überlieferung zugerechnet werden, argumentierte der Fachmann für die Urkirche der Väter.

Das wiederum hatte Pius XII. stets unterstellt und in einer beispiellosen Kampagne von 1940 an zugunsten des Dogmas eingesetzt. »Von Rom aus wurde mit allen Mitteln der Propaganda und der Kirchenpolitik« das Dogma vorangetrieben, resümierte Küng. Das habe ihn, der damals an der Gregoriana studierte und im Priesterkolleg Germanicum lebte, bestimmt. Er folgte damals noch der Lehre, wonach unter dem Einfluss des Heiligen Geistes langsam, quasi organisch aus einem Keim im Laufe der Jahrhunderte sich die Überzeugung von der leiblichen Aufnahme in den Himmel entwickelt habe. Implizit sei Marias Himmelfahrt schon im Lukasevangelium im Gruß an »Maria, voll der Gnade« enthalten.

»So hätte es auch Ratzinger sagen können«, schrieb Küng und fügte hinzu: »Joseph Ratzinger bleibt bei diesem Standpunkt bis heute in seiner Verteidigung von Dogmen.« Noch entschiedener stand Pius XII. dafür, zumal er von tiefer Marienfrömmigkeit beseelt war, aber als Kirchenjurist dogmatisch eher engstirnig dachte. Küng verknüpfte mit dieser Entwicklung die weitaus grundsätzlichere Frage, ob man als Katholik »jedem von der Kirche verkündeten Dogma zustimmen muss – unter Umständen sogar gegen besseres Wissen«? Dies bejaht

Ratzinger bis heute. Küng teilt solchen Gehorsam nicht. Pius XII. hat ihn aber als logische Fortsetzung des Unfehlbarkeitsdogmas von 1870 gar nicht in Zweifel gezogen.

In Privatgesprächen gingen die Kurienprälaten allerdings mit den unfehlbaren Ansprüchen lässiger um. In solch einem Treffen wies ein evangelischer deutscher Landesbischof einen Vertreter des Staatssekretariats auf den für den Protestantismus schwer zu ertragenden Marienkult hin und fragte mehr rhetorisch: »Wie können Sie, Herr Prälat, an das Dogma der leibhaftigen Himmelfahrt Mariens glauben?« Dieser antwortete leicht höhnisch: »Wenn der Papst jeden Tag ein Dogma verkünden würde – ich glaub's!«

Küng, Ratzinger und Pius XII. gehörten zum Mainstream der katholischen Kirche Anfang der 50er Jahre. Der Papst hatte das unfehlbare Marien-Dogma gut abgesichert verkündet. Von 1187 befragten Bischöfen, also dem gesamten damaligen Weltepiskopat, meldeten nur sechs Vorbehalte an. Die meisten waren der Muttergottes in tiefem Glauben verbunden, wie es Eugenio Pacelli schon von Kindheit an bekannte. Muttergottesbezüge markierten wichtige Lebensstationen. Am 13. Mai 1917, dem ersten Tag der Marienerscheinung von Fatima, wurde Pacelli von Papst Benedikt XV. in der Sixtinischen Kapelle zum Erzbischof geweiht, damit er anschließend als Nuntius nach München gehen konnte.

Das Mariendogma wollte eigentlich schon Pius IX. erlassen. Sein Nachfolger Leo XII. ließ die Eingaben aus dem Episkopat sammeln und dem Heiligen Offizium übergeben. Während des Zweiten Weltkrieges ruhten die Arbeiten weitgehend. 1946 forderte Pius XII. in einer erst fünf Jahre später veröffentlichen Enzyklika »Deiparae Virginis Mariae« die Bischöfe auf, ihre Meinung zur Frage zu äußern, ob er »die leibliche Aufnahme der seligen Jungfrau als Glaubensdogma vorschlagen und definieren kann und ob Ihr Klerus und Ihr Volk dies wünschen«. Nach der überwältigenden Zustimmung votierten schließlich die Kardinäle in einem Konsistorium am 30. Oktober 1950, einen Tag vor der feierlichen Verkündung, für das Dogma. Pius konnte sich darauf berufen, dass es in der Kirche so gut wie keine Gegenstimme gab.

Pacelli bewahrte seine Marienverehrung aus der Kindheit in seinem Leben bis in die höchsten Ämter der Kirche. Er besuchte Marienstätten, wenn es schwierige Aufgaben zu bewältigen gab. So auf der Reise als Nuntius nach München, wo er nach Lugano in der Benediktinerabtei und dem Marienwallfahrtsort Einsiedeln in der Schweiz eine Pause zum Beten einlegte. Während seiner vielen Urlaube in der Schweiz war er hier häufiger zu Besuch. Nun galt amtlich als zum Glauben vorgeschrieben dieses Dogma:

»Wir verkünden, erklären und definieren es als ein von Gott geoffenbartes Dogma, dass die unbefleckte, allzeit jungfräuliche Gottesmutter Maria nach Ablauf ihres irdischen Lebens mit Leib und Seele in die himmlische Herrlichkeit aufgenommen wurde.«

Von den großen Marienfesten der Kirche – Mariä Verkündigung (25. März), Mariä Himmelfahrt (15. August), Mariä Geburt (8. September) und Mariä Unbefleckte Empfängnis (8. Dezember) – wurde das Fest des kostbaren Todes und der glorreichen Aufnahme der Gottesmutter Maria in den Himmel, womit ihre Krönung als Himmelskönigin verbunden ist, schnell das bedeutendste.

Nach dem Ende des Pacelli-Pontifikats und dem Zweiten Vatikanischen Konzil (1965) lösten sich die alten katholischen Milieus auf und die Bindung an kirchliche Glaubenssätze wurde hinterfragt. Kritische Stimmen kamen schon immer von Protestanten, die in der Marienverehrung eine Art unchristliche Abwendung von Jesus vermuteten, obwohl seit Pius XII. alle Päpste betonten, dass Maria stets zu Jesus hinführe.

Den ausgeprägt marienfrommen Johannes Paul II. setzten katholische Traditionalisten, die in ihm irrigerweise den Herold ihrer Anliegen sahen, mit Eingaben unter Druck, endlich Maria quasi zur vierten Gottheit neben Vater, Sohn und Heiligem Geist zu erklären. Auch Papst Wojtyla verweigerte das definitiv.

Dennoch sah sich Ende Juli 2007 der »Osservatore Romano« veranlasst, in einem Artikel mit dem Titel »Verliebt sein in die Muttergottes« des italienischen Redemptoristenpaters und Mariologen Giovanni Velocci das Buch »Die Herrlichkeiten Mariens« (1750) des italienischen Bischofs und Kirchenlehrers sowie Gründers des Redemptoristenordens, Alphons von Liguori (gestorben 1787), zu rezensieren. Er verteidigte die zwei besonderen Privilegien der Gottesmutter: ihre göttliche Mutterschaft und ihre universale Mittlerschaft aller Gnaden. »Maria war dadurch die erwählte Muttergottes, dass sie Coredemptrix (Miterlöserin) und Mediatrix (Mittlerin aller Gnaden) war« – fasste der Pater die Mariologie seines Ordensgründers zusammen. Die Sendung der Muttergottes sei mit jener Christi verbunden gewesen: »Gemäß ihres Privilegs als Muttergottes kooperierte Maria mit Jesus in der Erlösung der Menschheit, wurde Miterlöserin und führt jetzt im Himmel die Mission der Mittlerin aus.«

Pater Velocci behauptete erneut, dass sich der Titel der Miterlöserin – Coredemptrix – während einer langen theologischen Entwicklung seit der Zeit der Apostel herauskristallisiert habe. Gleichzeitig gab er aber selbst zu, zum ersten Mal sei dieser Titel um das 15. Jahrhundert in einem Salzburger Hymnus aufgetaucht.

Im Orient kam das Fest Maria Himmelfahrt auch erst nach dem Konzil von Ephesus im Jahre 431 auf. Es wurde vom oströmischen Kaiser Mauritius (582–602) auf den 15. August festgesetzt unter dem Titel »Tag der Gottesgebärerin (Theotokos) Mariae«. In Rom wurde es seit dem 7. Jahrhundert unter dem Namen »Natale Sanctae Mariae« – Geburtsfest (gemeint war ihre himmlische »Geburt« nach ihrem Tod) der heiligen Maria – fast allgemein gefeiert. Anlass für die ursprüngliche Fixierung des 15. August und seine Anerkennung als staatlicher Feiertag durch Kaiser Mauritius soll das schon lange im Orient am gleichen Tag gefeierte Naturfest, das Fest der Weinlese, gewesen sein, das durch die kaiserliche Verfügung nunmehr einen religiösen Charakter erlangte. Ähnliches ist ja auch bei der Festsetzung des Weihnachtsfestes auf den 25. Dezember zu erkennen.

Soweit also die Vorgeschichte der Marientradition, die 1950 als dogmatisch fundiert abgesegnet wurde in einer Feierlichkeit, die mit einem Heiligen Jahr verknüpft wurde. Pius XII. kündigte das doppelte Jubeljahr, das 25. in der Kirchengeschichte, am Vorabend von Weihnachten mit den Worten an, es soll »ein Jahr der großen Umkehr und ein Jahr des großen Verzeihens« werden. Am nächsten Morgen öffnete er mit den drei Hammerschlägen symbolisch die Heilige Pforte. Unter den über zehntausend Gläubigen zählte der Vatikan auch 1150 Deutsche.

Die Verkündigung des Mariendogmas sollte der Höhepunkt dieses Heiligen Jahres der Versöhnung nach den Schrecken des Krieges werden. Pius XII. sah sich darin nicht nur durch die weltweite Zustimmung bestärkt, sondern vom Himmel direkt bestätigt. Er bekam in diesem Jahr die ersten Visionen, die zu glauben er von niemandem verbindlich verlangte.

Am selben Tag, als die Kardinäle dem Dogma zustimmten, am 30. Oktober, richtete Pius XII. beim üblichen Nachmittagsspaziergang durch die vatikanischen Gärten den Blick zum Himmel und sah die hoch stehende Sonne wie einen dunklen Globus umgeben von einem glänzenden Ring. Inmitten der sich leicht hin und her bewegenden Kugel beobachtete der Papst eine starke Bewegung, eine Erscheinung, wie sie ähnlich in Fatima beschrieben wurde.

Am nächsten Tag nahm der Papst seine deutschen Schwestern mit in den Garten, um sie an der Erscheinung teilhaben zu lassen oder sich diese von ihnen bestätigen zu lassen. »Habt ihr es gesehen? Es ist heute wie gestern gewesen.« Die Schwestern hatten nichts gesehen. Zwei weitere Erscheinungen hatte der Papst am Tag der Verkündigung und über ein Jahr später im November 1951. Er bat die päpstliche Sternwarte um Klärung, ob sie irgendein besonderes Phänomen am Himmel beobachtet hätte. Doch nichts war aufgefallen. Pius XII. blieb mit seinen Visionen allein.

Ein weiteres Zeichen himmlischer Zustimmung entdeckte der Papst am 1. November 1950 im Wetter. Am Vortrag zog sich der Himmel über Rom grau zu und alles deutete darauf, dass es am Festtag selbst regnen werde. Schwester Pascalina schaute früh morgens gleich nach dem Aufstehen auf den Petersplatz, der noch im Dunkeln lag. Am Himmel zeigte sich kein Wölkchen. »Es schien ein Tag wie im Mai zu sein.« Voller Freude informierte sie den Papst: »Heiligkeit, interessiert es Sie, wie heute das Wetter ist?« Er antwortete: »Gestern habe ich der Muttergottes gesagt: Jetzt habe ich alles für Deine Verherrlichung getan, mache Du jetzt Deinen Teil. Wo soll ich all die Menschen empfangen, die ich aus der ganzen Welt zu Deiner Ehre zu kommen gebeten habe? Dafür gibt es nur den weiten Platz von St. Peter und der braucht die Sonne, um schön genug zu sein.« Pius ging ans Fenster und fuhr glücklich fort: »Gott sei Dank! Die Heilige Jungfrau hat Wort gehalten.«

Eine halbe Million Menschen wohnte wenige Stunden später, von 8.30 Uhr an, dem feierlichen Akt bei, als der Papst mit klarer und fester Stimme das Dogma verkündete. Am Ende des Heiligen Jahres fand Pius XII. eine weitere Gelegenheit, seine Gottesnähe als Stellvertreter Christi auf Erden zu feiern. In der Weihnachtsbotschaft von 1950 verkündete er, dass die in seinem Auftrag bereits 1939 begonnenen Grabungen unter dem Petersdom eindeutig bewiesen hätten: »Ja, das Grab des Apostelfürsten ist gefunden worden. Die gigantische

Kuppel von St. Peter erhebt sich genau über dem Grab des ersten Bischofs von Rom, des ersten Papstes.«

Solche Lebensdaten wie die Bischofsweihe am Tag, als die Muttergottes den drei Hirtenkindern in Fatima erschien, und die himmlischen Signale in den vatikanischen Gärten überzeugten Pius XII. von der überragenden Rolle, die Maria für die Zukunft der Kirche bedeute. Mit einem apostolischen Brief »Sacro vergente anno – Ad universos Russiae populus« folgte er 1952 der Forderung, die in den drei Geheimnissen von Fatima enthalten war:

»Unsere Liebe Frau zeigte uns ein großes Feuermeer, das in der Tiefe der Erde zu sein schien. Eingetaucht in dieses Feuer sahen wir die Teufel und die Seelen, als seien es durchsichtige schwarze oder braune, glühende Kohlen in menschlicher Gestalt. Sie trieben im Feuer dahin, emporgeworfen von den Flammen, die aus ihnen selber zusammen mit Rauchwolken hervorbrachen. Sie fielen nach allen Richtungen, wie Funken bei gewaltigen Bränden, ohne Schwere und Gleichgewicht, unter Schmerzensgeheul und Verzweiflungsschreien, die einen vor Entsetzen erbeben und erstarren ließen. Die Teufel waren gezeichnet durch eine schreckliche und grauenvolle Gestalt von scheußlichen, unbekannten Tieren, aber auch sie waren durchsichtig und schwarz.

Diese Vision dauerte nur einen Augenblick. Dank sei unserer himmlischen Mutter, die uns vorher versprochen hatte, uns in den Himmel zu führen. Wäre das nicht so gewesen, dann glaube ich, wären wir vor Schrecken und Entsetzen gestorben. Wir erhoben den Blick zu Unserer Lieben Frau, die voll Güte und Traurigkeit sprach:

Ihr habt die Hölle gesehen, wohin die Seelen der armen Sünder kommen. Um sie zu retten, will Gott in der Welt die Andacht zu meinem Unbefleckten Herzen begründen. Wenn man tut, was ich euch sage, werden viele Seelen gerettet werden, und es wird Friede sein. Der Krieg wird ein Ende nehmen. Wenn man aber nicht aufhört, Gott zu beleidigen, wird unter dem Pontifikat von Papst Pius XII. ein anderer, schlimmerer beginnen. Wenn ihr eine Nacht von einem unbekannten Licht erhellt seht, dann wisst, dass dies das große Zeichen ist, das Gott euch gibt, dass er die Welt für ihre Missetaten durch Krieg, Hungersnot, Verfolgungen der Kirche und des Heiligen Vaters bestrafen wird. Um das zu verhüten, werde ich kommen, um die Weihe Russlands an mein unbeflecktes Herz und die Sühnekommunion an den ersten Samstagen des Monats zu verlangen. Wenn man auf meine Wünsche hört, wird Russland sich bekehren, und es wird Friede sein. Wenn nicht, wird es seine Irrlehren über die Welt verbreiten, wird Kriege und Kirchenverfolgungen heraufbeschwören. Die Guten werden gemartert werden, der Heilige Vater wird viel zu leiden haben, verschiedene Nationen werden vernichtet werden, am Ende aber wird mein Unbeflecktes Herz triumphieren. Der Heilige Vater wird mir Russland weihen. das sich bekehren wird, und der Welt wird eine Zeit des Friedens geschenkt werden.«

Pius XII. weihte Russland der Muttergottes und verband mit dem Signal die Hoffnung, dass die Sowjets wenigstens zu einem Dialog mit der römischen Kirche bereit seien. Immerhin wurden die Kardinäle Mindszenty und Wyszynski 1956 aus den Gefängnissen entlassen. Viel für die beiden, wenig für einen Dialog.

Zum hundertsten Jahrestag des Dogmas von der Jungfrauengeburt rief Pius XII. erneut ein Heiliges Jahr aus, dieses Mal als Marianisches Jahr. Es wurde am 8. Dezember 1953 eröffnet. Ein Jahr später, am 31. Oktober 1954, krönte er die Madonnenstatue »Salus Populi Romani« in der wichtigsten römischen Marienkirche, eine der vier Hauptbasiliken, Santa Maria Maggiore. In einer Ansprache verteidigte der Papst die in diesem Jahr besonders verbreiteten Marienwallfahrten. Er wolle mit der Verehrung »seiner Mutter den Glauben an Jesus stärken, die keinen anderen Wunsch hat, als die Menschen zu Christus zu führen und sie ins Herz des Christentums zu führen und das ist die Erlösung«.

»Päpstin« Pascalina
und deutsche Jesuiten

Einfluss und Urteil von Sekretär Leiber
und Beichtvater Bea

Das ist der Stoff, aus dem Intrigen sind. Eine junge Frau begeistert sich für einen Erzbischof. Der wird Kardinal und schließlich Papst. Sie weicht nicht von seiner Seite. Sie erledigt alles, was der verehrte Oberhirte braucht, und hält alles von ihm fern, was ihm schaden könnte.

Das liefert Themen für Klatsch und Tratsch und üble Nachrede pur, erst recht, wenn der derart umsorgte Mann eine Schwester hat, die trotz Familie und einem behinderten Kind ihren ganzen Ehrgeiz in das Ziel steckt, dem Papst anstelle der Ordensschwester den Haushalt zu führen. Beide Frauen hinterlassen Zeugnisse, Aussagen und Worte, die von einer bestimmten Autorenzunft begierig aufgegriffen werden. Sie passen einfach zu schön zum germanophilen Pius XII. und ins Bild vom selbstherrlichen Hofstaat mit deutscher Umgangssprache mitten in Rom. Wer Böses sucht, wird auch etwas finden, das so ausgelegt werden kann. Einer genaueren Prüfung, das sei schon jetzt verraten, hält nichts stand außer ein Bild von unendlicher Loyalität zu Pius XII. – mit gelegentlichen Übertreibungen. Die sind leicht zu erklären. Schwester Pascalina hat ihrem Chef alles abgenommen, was dessen Alltag bestimmte, außer rein kirchlichen Fragen.

Der Reihe nach: Schwester Pascalina, geboren am 29. August 1894 in Obersberg in Oberbayern als Josefine »Finele« Lehnert, hinterließ bleibende Spuren im Vatikan. In Erinnerung an sie musste sich mancher Papstsekretär, dem zuviel Einfluss auf seinen Herrn nachgesagt wurde, den Spitznahmen »Schwester …« anhängen lassen. Der Einfluss der robusten, zupackenden und Pacelli grenzenlos ergebenen bayerischen Ordensschwester wird dennoch überschätzt.

Als 19jährige trat sie in Altötting in die Kongregation der Lehrschwestern vom Heiligen Kreuz ein, die ihr Mutterhaus im Innerschweizer Ort Menzingen haben, und erhielt den Schwesternnamen Pascalina. Im Jahr 1918 bat der neue Nuntius in München, Erzbischof Eugenio Pacelli, auf Empfehlung des Münchner Erzbischof Faulhaber die Lehrschwestern um eine vorübergehende Aushilfe für seinen Haushalt, namentlich Schwester Pascalina.

Die weitere Geschichte ist kurz erzählt. Schwester Pascalina organisierte im Jahr 1925 den Umzug des Nuntius von München nach Berlin. Dort kümmerte sie sich um die Einrichtung der neuen Nuntiatur. Sie besaß Bankvollmachten und weitreichende Befugnisse und erledigte die Korrespondenz: »Sie wird unentbehrlich für Nuntius Pacelli, und vor allem: Sie hat ihn nie enttäuscht.« Nach der Wahl ihres Dienstherrn zum Papst war Schwester Pascalina für dessen Terminkalender verantwortlich: »Sie hatte Macht, Audienzen zuzulassen oder Besuche beim Papst zu verhindern.« Die Schwester kümmerte sich auch um praktische Dinge. Pius war überempfindlich und ängstlich bei jeder Berührung. So desinfizierte sie nach jeder Papstaudienz die rechte Hand von Pius XII. und den häufig geküssten Fischerring mit Alkohol. Als Pius XII. 1954 krank im Bett lag, verweigerte sie sogar der leiblichen Schwester des Papstes den Zutritt zum Krankenzimmer.

Bei der Abreise nach Rom und erst recht in der Ewigen Stadt selbst wuchs Schwester Pascalina weit über die Stellung einer Leiterin des päpstlichen Privathaushaltes hinaus. Die Autorin Marta Schad aus München schrieb über sie: »Sie war längst nicht mehr Haushälterin, sondern Hausdame, Privatsekretärin und Verwalterin.« Vielleicht sei es ihre gesunde Vitalität gewesen, die Pacelli so faszinierte. Da konnten Intrigen nicht ausbleiben. Diese begannen schon in Deutschland im eigenen Orden, wurden aber am schlimmsten in Rom genährt, und zwar von Pacellis Schwester Elisabetta. Als ihr Bruder Papst wurde, gab es für sie trotz ihrer familiären Lage nichts Sehnlicheres, als ihm den Haushalt zu führen. Vermutlich gehen auf sie die von Cornwell aufgegriffenen Gerüchte zurück, Pascalina hätte sich nach Rom aus eigenem Ehrgeiz abgesetzt und sich förmlich dem Kardinalstaatssekretär Pacelli aufgedrängt. Der Briefwechsel, den Pacelli wegen ihrer Versetzung führte, belegt das Gegenteil. Nebenbei bemerkt: Pascalina hasste Journalisten und Fotografen.

Bei ihrer Dickköpfigkeit geriet sie selbst mit Kurienkardinälen in die Haare. Wenn sie Pius XII. unbedingt schonen wollte, konnten auch Kardinäle sich nicht gegen Schwester Pascalina durchsetzen. Im Vatikan wurde sie bisweilen ›La Papessa‹ – die Päpstin – genannt. Nach dem Tod von Pius XII. im Jahr 1958 leitete sie ein Altenheim für alleinstehende Frauen. Zeitlebens hoffte Schwester Pascalina auf eine Seligsprechung von Papst Pius XII. Im Jahr 1982 erschien ihr Buch »Ich durfte ihm dienen: Erinnerungen an Papst Pius XII.« Schwester Pascalina starb 1983 in Wien an einer Gehirnblutung. Sie liegt auf dem Camposanto Teutonico – dem deutschen Friedhof im Vatikan – begraben.

Die wirklichen grauen Eminenzen in der Umgebung des Kardinalstaatssekretärs und später noch mehr des Papstes Pius XII. waren zwar auch Deutsche, aber keine so im Zentrum der Kritik wie Pascalina, die als Frau und Haushälterin im kirchlichen Männerbetrieb die Anspielungen geradezu herausforderte.

Der deutsche Papsthof zählte insgesamt drei deutschsprachige Ordensfrauen, die Pius XII. den Haushalt versorgten. Schwester Maria Konrada, geborene Anna Grabmaier aus Hohenbercha im Kreis Freising, wusste als Köchin genau, was Pacelli, der sowieso wenig zu sich nahm, am liebsten aß. Beliebte Gerichte waren Reis- und Gemüsesuppen. Pacelli hatte eine Schwäche für Spinat und natürlich Spaghetti, am liebsten mit Butter und Parmesan, manchmal Reis auf kreolische Art und als Hauptgang, weil in Italien üblich, wenig Fleisch, etwa eine dünne Scheibe Kalbfleisch oder Huhn mit Salat und danach Obst. Dazu trank Pacelli ein Viertel weißen Frascati und im Sommer auch gern mal ein Bier. Zu den beiden bayerischen Schwestern Pascalina und Maria Konrada kam noch Schwester Ewaldis, die Schneiderin, Maria Pfanner aus Lauterach in Vorarlberg.

Pacelli schätzte Schwester Pascalina so sehr, dass er in praktischen Fragen ganz von ihr abhängig war. Deshalb holte er zweimal für sie in Rom eine Sondergenehmigung ein, damit sie nicht nur vorübergehend in der Nuntiatur in München den Haushalt führte, sondern später auch gegen viele Vorbehalte bei Mitschwestern mit nach Berlin und Rom kommen konnte. Sie sprach damals kein Italienisch und wurde dennoch mit der Einrichtung seiner Wohnung beauftragt. Sie vermittelte das passende Abschiedsgeschenk für den aus Deutschland scheidenden Nuntius. Die deutsche Kirche spendierte ein Arbeitszimmer und Bücher. Pacelli las alle Bücher möglichst in Originalsprache und arbeitete mit ihnen. Immer wieder griff er auf Standardwerke zurück. Dazu gehörte das Große Lexikon für Theologie und Kirche aus dem Freiburger Herder-Verlag.

Wichtiger und mit einem gewissen Einfluss auf den Papst, der sich jedoch nach aller Aussagen ungern beeinflussen ließ, waren drei deutsche Jesuiten. An erster Stelle der aus der Nähe von Überlingen am Bodensee stammende Robert Leiber, den Pacelli seit München kannte, und Wilhelm Hentrich sowie der Beichtvater Augustin Bea.

Leiber und Hentrich arbeiteten Jahrzehnte lang an der Seite von Eugenio Pacelli, obwohl sie nie zu seinen Privatsekretären erklärt wurden. Offiziell hatten sie an der Kurie kein Amt, sondern waren Professoren an der Jesuitenuniversität Gregoriana. Heute würde man sagen, sie bildeten den Stab des Papstes neben dem amtlichen Sekretariat. Beide pflegten eine extreme Diskretion. Leiber lehnte jedes Angebot ab, seine Memoiren zu schreiben. Im »Osservatore Romano« findet sich keine Spur seines Namens. Er lebte zurückgezogen und wohnte in der Gregoriana in einem Zimmer neben Pierre Blet, der später mit der Aufarbeitung der Akten des Heiligen Stuhls unter Pius XII. beauftragt war, um die Rolle des Papstes zu untersuchen. Jeden Morgen, so beobachte Pater Blet, »nahm Leiber den 64er Autobus, um in den Vatikan zu fahren« (die Linie wurde erst vor einigen Jahren geändert). Leiber sei ihm (Blet) bis zum Tod 1967 ein wertvoller Helfer gewesen. Mehr wollte Leiber nicht.

Der später bekannteste Deutsche im engsten Kreis um Pius XII. ist sein letzter Beichtvater, Augustin Bea, der von 1945 bis zum Tod jeden Samstag gegen 17.00 Uhr in einer unauffälligen Vatikanlimousine vom Bibelinstitut zum Apostolischen Palast gefahren wurde, wo er auf Wunsch von Pius XII. den drei Ordensschwestern und ihm die Beichte abnahm.

Der deutsche Kreis war damit aber noch längst nicht geschlossen. Als einziger Nichtdeutscher gehörte der niederländische Jesuit Sebastian Tromp dazu, dessen strenge Lehre von der Identität des mystischen Leibes Christi und der katholischen Kirche sowie die Lehre von der Tradition als Quelle der göttlichen Offenbarung stark das Lehramt von Pius beeinflussten. Tromp soll Hauptautor der Enzyklika »Mystici corpori« sein.

Zu diesem Papstkreis zählten Franz Hürth, Moraltheologe aus Aachen, Heinrich Lennerz, Dogmatiker aus Kempen, und Gustav Gundlach, Sozialwissenschaftler aus Geisenheim in Rheinhessen, der zuerst an der Jesuitenuniversität St. Georgen in Frankfurt lehrte, dann in Rom, und der wesentlicher Inspirator (neben Oswald von Nell-Breuning) der katholischen Soziallehre von der Subsidiarität war, wonach die menschliche Person Ursprung, Träger und Ziel allen gesellschaftlichen Lebens sei und darauf die anderen Institutionen aufbauten. Alle lehrten in Rom an der Jesuiten-Universität Gregoriana und bildeten das, was man heute einen Brain trust, die Denkfabrik von Pius XII. nennen würde.

In Deutschlandfragen konsultierte Pius seinen Freund aus Berliner Zeiten, den Trierer Prälaten Ludwig Kaas. Der Klassenprimus in Trier hatte in seiner Heimat und in Rom Theologie studiert, war nach zweifacher Promotion Professor für Kirchenrecht in Trier, Mitglied der Weimarer Nationalversammlung und von 1920 bis 1933 Vorsitzender der katholischen Zentrumspartei und richtete sie weit nach rechts aus. Nachdem er am 23. März 1933 seine Partei für das Ermächtigungsgesetz stimmen ließ, flüchtete er unrühmlich nach Rom und ließ seine Partei im Stich. Er wurde von Freund Pacelli mit der Leitung der Ausgrabungen unter dem Petersdom beauftragt, die schließlich das Grab des Apostels Petrus identifizierten. 1952 starb Kaas, ohne wieder nach Deutschland zurückgekehrt zu sein.

Als Staatssekretär hatte Pacelli noch einen italienischen Beichtvater. Doch, so berichtete Bea, wechselte er als Papst aus praktischen Gründen. Erstens waren aus der Privatbibliothek und der Privatwohnung des Papstes unter Pius XI. öfter geheime Dokumente verschwunden. Pius XII. wollte unter diesem Vorwand unbedingt weitere undichte Stellen verhindern und verringerte die Zahl der Personen, die zu seinem inneren Kreis Zutritt bekamen, auf das absolut Notwendige.

Ein Priester deutscher Sprache konnte allen im päpstlichen Haushalt die Beichte abnehmen und so ein Schlupfloch für Indiskretionen schließen. Jedenfalls sah Bea in dieser Absicht ein wichtiges Kriterium. Er musste es wissen. Zwar sprach er nie über Dinge, die unter das Beichtgeheimnis fielen, doch ermöglichte ihm die intime Kenntnis seines prominenten Beichtkindes Einsichten und Urteile, wie sie nur wenigen anderen möglich waren. Unter den wenigen, die sich ein ähnliches Urteil erlauben konnten, war Domenico Tardini, Pacellis engster Mitarbeiter im Staatssekretariat zu allen Zeiten, vor und nach der Papstwahl.

Von Leiber und Hentrich sind nur wenige Aussagen überliefert. Charakter und Diskretion der Privatsekretäre, wenn wir schon diesen Titel als treffendsten benützen wollen, hinderte sie daran, über die wirklichen Beziehungen zu Pius XII. zu reden. Über die weniger als solche wahrgenommene Graue Eminenz Augustin Bea wurde dagegen später viel publiziert aus einem einfachen Grund. Der Bibelwissenschaftler aus dem badischen Riedböhringen bei Donaueschingen wurde die Triebfeder für die Ökumene und von Papst Johannes XXIII. als erster Leiter des im Zweiten Vatikanischen Konzil geschaffenen Rates zur Förderung der Einheit der Christen eingesetzt, der heute ein Päpstlicher Rat (Ministerium) ist unter der Leitung des schwäbischen Kurienkardinals Walter Kasper.

Bea, später als »Kardinal der Einheit« geschätzt, obwohl ihm die evangelischen Gesprächspartner zunächst wegen seiner Nähe zu Pius XII. eher kritisch begegneten, starb zehn Jahre nach Pius XII. in Rom. Seine hohe Zeit als Ökumeniker begann aber nicht erst im Zweiten Vatikanischen Konzil, sondern bereits in der Zusammenarbeit mit Pius. Der hatte erste vorsichtige Annäherungen an den ökumenischen Prozess bereits eingeleitet. Er verbot zwar weiter die Mitarbeit von Katholiken in ökumenischen Aktivitäten im Umfeld des ÖRK, aber seine Einschätzung der Ökumene war maßvoller als frühere Verurteilungen der anderen christlichen Konfessionen. In der Instruktion »Ecclesia catholica« von 1949 hieß es: »Der Geist Christi hat es würdig empfunden, sie (die nichtkatholischen Kirchen) als Mittler des Heils zu gebrauchen.« Das klingt moderner als Joseph Ratzingers »Dominus Jesus« und dessen folgende Absagen an die evangelische Kirche.

Wie wichtig Bea als graue Eminenz tatsächlich für Pacelli war, belegte eine Äußerung, die er erst nach dessen Tod veröffentlichen ließ und womit er seine Arbeitsbelastung im Büro unter der Wohnung des Papstes mit direktem Zugang durch eine innere Treppe beschrieb. Die Beratung bei Bischofsernennungen und allem, was Deutschland betraf, sowie die Arbeit als Vermittler zwischen Papst und den verschiedensten Personen ergäbe »eine Korrespondenz, die allein genügen würde, einen Mann zu beschäftigen«. Tatsächlich hatte Pius bereits Erfahrungen mit Bea in der Münchner Nuntiaturzeit gemacht. Bea war damals Provinzial der süddeutschen Jesuitenprovinz. »Seit jener Zeit fragte er mich oft um Rat in Bezug auf die Auslegung dieses oder jenes Textes der Heiligen Schrift. Dasselbe ging dann auch weiter, als er 1929 nach Rom kam und Staatssekretär wurde.« Trotz dieser langen Bekanntschaft wählte Pius den Pater erst 1945 zu seinem, wie er selbst wünschte, »letzten Beichtvater«.

In einem von 130 Briefen, die Beas Sekretär Stjepan Schmidt in einer umfangreichen Würdigung des Kardinals veröffentlichte, die allerdings nicht im Entferntesten etwas aus dem Beichtstuhl ausplauderten, beschrieb Bea die Zusammenarbeit mit Pius nicht gerade als sehr einfach. Vor allem durfte keiner seiner engsten Mitarbeiter ungefragt etwas vortragen: »Wenn Leiber nicht gefragt wird, darf er sich nicht einmischen. Das Gleiche gilt für andere. Von mir weiß ich es persönlich am besten.« Wenn allerdings nach seiner Überzeugung »größeres Interesse für die Kirche« gefährdet schien, überschritt Bea auch diese Grenzen der Distanz, die Pius um sich aufgebaut hatte.

Ablenken ließ sich Pius XII. nur von einer Leidenschaft. Das war seine Bücherliebe. Wenn er in seiner Privatbibliothek verschwand, konnte er die Zeit vergessen. Einmal verzögerte sich die sommerliche Abreise nach Castel Gandolfo, weil der Papst noch nicht alle Bücher für den Aufenthalt ausgewählt hatte. Werke aus dem Herder-Verlag gehörten nicht nur wegen des Theologielexikons häufig zur päpstlichen Lektüre. Der Große Herder diente ihm als Standardnachschlagewerk. Bea informierte Pius über zahlreiche Neuerscheinungen und musste sie gelegentlich auch aus Deutschland beschaffen.

Vermutlich hat Pius mit seinem so vertrauten Beichtvater über die Probleme seines Pontifikats gesprochen. Warum sollen ein deutscher Beichtvater und ein deutschfreundlicher Papst nicht privat über die Judenfrage diskutiert haben? Immerhin hatte Bea während der deutschen Besatzung Roms im Bibelinstitut, dessen Rektor er war, Juden versteckt.

1920 veröffentlichte Bea in der Münchner Jesuitenzeitschrift »Stimmen der Zeit« einen Beitrag über das Judentum, eine Lektüre, die dem Nuntius Pacelli mit Sicherheit nicht entgangen ist, zumal er Bea schon kannte und es sich um eine scharfe Auseinandersetzung mit der rassistischen Judenhetze handelte. Was die Hetzer behaupteten, lasse sich zwar von einzelnen Juden oder bestimmten jüdischen Kreisen sagen, aber gerade nicht vom jüdischen Volk oder von der jüdischen »Rasse«. Dass es im Judentum auch schlechte Vertreter gebe, sei eine Sache, die sich bei jedem Volk und jeder »Rasse« feststellen lasse. Nach der Judenverfolgung hätte Bea diese in den 20er Jahren noch gängigen Formulierungen nicht mehr in den Mund genommen, urteilte jedenfalls sein Ordensbruder Norbert Lohfink ein halbes Jahrhundert später.

Kurz nach dem Tod von Pius XII. hielt Bea fest: »Ich bin meinerseits froh, von diesem nicht beneidenswerten Amt befreit zu sein.« Noch zu Lebzeiten des Pacelli-Papstes dachte er über den möglichen nächsten Papst nach: »Es wird schwer sein, einen Nachfolger zu finden, der das Papsttum in dem Umfang vertreten kann, wie Pius XII. es tut.« Die bald einsetzenden Forderungen, Pius selig und dann heilig zu sprechen, verfolgte Kardinal Bea kommentarlos.

Der deutsche Kreis um Pius XII., wie er in kurialen Zirkeln genannt wurde, war nicht streng definiert und wurde auch nicht mit festen Regeln gepflegt. Pius XII. verfügte über ihn. Das war es. Der Jesuitenpater Gustav Gundlach, der immerhin eine ganze Reihe von Beiträgen für den Papst geschrieben hat und sogar noch mit einem Entwurf der Weihnachtsansprache 1958 beauftragt war, traf nur ein einziges Mal mit seinem Auftraggeber zusammen. »Ich habe den Papst nur einmal gesehen und gesprochen, als ich als Mitglied der 30. Generalkongregation des Ordens, 1957, zusammen mit den anderen empfangen und vorgestellt wurde. Wer für Pius XII. arbeitete, war mit ihm in den objektiven Dienst an der Kirche eingespannt. Die Anerkennung bestand darin, dass man eben weitere Aufträge erhielt.« Zu Weihnachten schickte Pius Geschenke. Gundlach erhielt eine Kiste Zigarren.

Nicht leicht war die Zusammenarbeit nicht nur wegen der persönlichen und räumlichen Distanz. Die Geheimhaltung zwang zu »einsamem Denken«, schrieb Gundlach im Rückblick 1962. Glücklicherweise durften die bestellten Texte in der Muttersprache abgeliefert werden, da Pius XII. sehr gut Deutsch beherrschte. Bis knapp vor den Ansprachen oder der schriftlichen Veröffentlichung redigierte der Papst die normalerweise italienisch, bei internationalen Anlässen französisch geschriebenen Texte, »was alle Beteiligten bis zum Setzer nicht zur Ruhe kommen ließ«.

»Folgenreich für mich« und als eine gewaltige Arbeitsbelastung neben der Professur an der Gregoriana empfand Gundlach die »verantwortungsvolle Erkenntnis des Papstes, die ihn völlig durchdrang, dass die Kathedra Petri die einzige Warte sei, die noch in der Lage war, der armen Menschheit in ihren drängenden Problemen jeder Art ewig gültige Lichter zu entzünden.« Pius habe sich die Aufgabe nie leicht gemacht. Er habe Improvisieren nicht geliebt. »Er konnte es auch nicht.« Er war sich immer bewusst, »als oberster Lehrer der Kirche zu sprechen«.

Gundlach nahm aber nicht jeden Auftrag »von oben« an. Gleich zu Beginn seiner Zeit in Rom 1934 lehnte er eine Bitte seines Ordensgenerals ab, ein Aktionszentrum gegen die Weltgefahr des Kommunismus zu gründen. Nach Gundlachs Überzeugung hätte das wie eine moralische Unterstützung der Achsenmächte wirken müssen.

Die Auslandsdeutschen in Rom enttäuschten den jesuitischen Sozialwissenschaftler gewaltig. »Was vom Auslandsdeutschtum durchschnittlich galt, machte sich auch in Rom bemerkbar: die irrige, national-positive Einstellung zu Hitler und seinen Zielen. Dass zudem ein Theologe über sozialwissenschaftliche Gegenstände sprach, galt auch bei jenen Leuten als ›politischer‹ Katholizismus und war überflüssig, weil man ja sowohl in Berlin als auch in Rom den ›christlichen Staat‹ hatte.« Beobachtungen von 1934, denen bittere Erkenntnisse über die Atmosphäre nicht nur in der Stadt Rom, sondern auch im Vatikan folgten: »Diejenigen, die die Wahrheit wussten und sagten, mussten bescheiden und vorsichtig sein, denn es gab nicht wenige beauftrage Schönfärber und Aushorcher, auch in geistlichen Kreisen, wovor man sich dauernd schützen musste.«

Auffallend am eigentlichen Küchenkabinett von Pius XII. und im weiteren Beraterkreis war schließlich, dass es mit einer einzigen Ausnahme nur aus Deutschen bestand. Diese Ausnahme war der besagte holländische Jesuit Sebastian Tromp, Fundamentaltheologe an der Gregoriana. Mit 71 Jahren wurde er noch zum Sekretär der Theologischen Kommission unter dem Vorsitz von Kardinal Alfredo Ottaviani, dem Präfekten des Heiligen Offiziums, berufen. Zeitzeugen schilderten ihn als einen nüchternen, ungemein fleißigen, sehr klar denkenden und seine Gedanken sehr klar strukturierenden Wissenschaftler. Seine geistige Überlegenheit konnte er autoritär und ruppig demonstrieren. Er zählte zum Konservativsten, was in den 50er Jahren im kirchlichen Rom Rang und Namen hatte. Ein Student der Gregoriana schrieb nach einem Vortrag von Tromp über das von Johannes XXIII. angekündigte Konzil: »Heute hat Pater Tromp einen Vortrag gehalten über das Schema, das er für das Konzil vorbereitet hat. Wenn diese Richtung durchkommt, wird das ganze Konzil ein Schlag ins Wasser!«

Der Lehrmeister

Zu allem und jedem ein Wort des Heiligen Vaters

Über Adel, Arbeitslosigkeit, Banken, Wein und Verhütung

Doctor Angelicus, der engelgleiche Lehrer, ist eigentlich der Ehrentitel, den die kirchliche Tradition dem Kirchenlehrer Thomas von Aquin zugestanden hat. Der Aquinate hat Himmel und Erde, Glauben und Vernunft nach der Überzeugung der Kirche vereint und die ganze Theologie erklärt. Denselben Rang billigten die Pacelli-Anhänger ihrem Papst Pius XII. zu und erhoben ihn damit zur einmaligen Persönlichkeit der Neuzeit.

Sein Lehramt war Pius XII. wichtiger als alles andere. Er wollte sich Gehör verschaffen in der Überzeugung, dass es nicht nur seine Pflicht sei, sondern auch, dass nur er als Stellvertreter Christi auf Erden dazu berufen sei, die Wahrheit zu erkennen und zu verkünden. Der Kampf seines Nachnachfolgers Benedikt XVI. gegen den Relativismus der modernen Gesellschaft erscheint in diesem Zusammenhang wie der Versuch, Pacellis Zeiten wiederzubeleben und seine Lehrautorität in einer völlig anderen Umwelt zu restaurieren. Ratzingers Kampfparolen gegen den Relativismus könnten von Eugenio Pacelli stammen.

Allerdings unterscheidet sich Professor Dr. Joseph Ratzinger von seinem Referenzvorgänger in einer Kernfrage ganz erheblich. Hans Küng stellt in seinen Erinnerungen lakonisch fest, dass Johannes Paul II. (Wojtyla) seine Grenzen nicht kannte und »wieder die inquisitorische Politik von Pius XII. aufnahm, dessen theologische Bildung ebenfalls äußerst schmal war«. Klar, Pacelli war Kirchenrechtler und

231

Diplomat. Dennoch fühlte er sich als Papst nicht nur imstande, sondern berufen, zu allem und jedem Stellung zu nehmen. Pacellis überragende Intelligenz hatte nichts mit theologischem Sachverstand und Kenntnis zu tun, sondern mit dem Vermögen, schnell aufzunehmen und wiederzugeben, ein beinahe mathematisches Hirn ohne schöpferische Kraft. Seine Theologie war die hellenistisch-römische Kirchenlehre mit dem juristischen Anspruch, wir erklären uns für unfehlbar, weil wir unfehlbar sind. Die Kirche setzt Dogmen und Recht. Der Papst spricht sie aus. Deshalb ist ihm unbedingt zu gehorchen.

Diese Rolle wurde damals von den meisten Katholiken akzeptiert. Drei Werke gehörten zur Standardausrüstung im Handarchiv eines guten katholischen Journalisten bis in die 60er Jahre des 20. Jahrhunderts. Die Bibel zum Zitieren, das Lexikon für Theologie und Kirche zur Klärung und die Soziale Summe von Pius XII. zum linientreuen Argumentieren. Zu allem und jedem hatte der Pacelli-Papst etwas gesagt, was sich in Kommentaren zur Entwicklung von Kirche und Gesellschaft heranziehen ließ. Wem nichts mehr einfiel, der griff zu Pius und schmückte sich mit seiner Autorität. Pius XII. war für Katholiken bis zum Niedergang der päpstlichen Autorität in den 60er Jahren so etwas wie Goethe für das deutsche Bildungsbürgertum.

Und er ließ keinen im Stich. In der alltäglichen Arbeit, im Griff zu den mehreren tausend Seiten, wurde seine Wirkung erst richtig deutlich. Die Selbstverständlichkeit, mit der er als Referenz benutzt wurde, bewies, wie tief er das katholische Leben bestimmte und warum heute die Nostalgiker von seiner Kirche aus einem Guss träumen, ohne einsehen zu wollen, dass weder der äußere Druck wünschenswert noch die innere Geschlossenheit zu restaurieren sind.

Der Papst spricht zuviel und über alle möglichen Themen. Dieser Vorwurf war in den 40er und 50er Jahren wenigstens im Vatikan häufig zu hören. Beichtvater Augustin Bea fand darauf eine treffende Erklärung: »Warum hält er die vielen Reden? Einmal, weil sie fast alle gewünscht werden und es schwer ist, dem einen nein zu sagen, wenn man dem anderen ja gesagt hat. Das ist ein äußerer Grund. Der tiefere Grund aber ist der: Er sieht darin ein Apostolat, das nur er leisten kann.« Die Leute, die zur Audienz empfangen werden, wollten etwas zu ihren Problemen, zu ihrer Sache und zu ihren Anliegen hören. »Das ist in der Tat ein einmaliges Apostolat, und Pius XII. erlegt sich dafür ungeheure Opfer an Zeit und Kraft auf.« Wenn der Papst nicht Stellung bezöge, meint Bea, würden die Leute meinen, er sei rückständig und wage es nicht, sich zu zeitgenössischen Fragen zu äußern.

Pacelli-Mitarbeiter Tardini fand in der Vielfalt auch eine Entschuldigung für eine Menge von Ansprachen, die sich in Andeutungen erschöpften. Sie waren nach seiner wohlwollenden Interpretation »eine Startbahn für den Flug in die übernatürlichen Höhen des apostolischen Dienstes«. Der Papst habe beweisen wollen, dass er von allen angefragten Themen genügend verstehe, um »Richtlinien religiöser und sittlicher Art geben zu können«. Darum hätten die Besucher schließlich gebeten. Der Papst ein Opfer seines Amtes.

Niemand bestritt allerdings auch, dass der Papst bei aller Pingeligkeit, Genauigkeit und Sorgfalt, mit denen er die Reden vorbereitete, sich gerne reden hörte. Seine eitle Vorliebe, Ansprachen zu halten und zu predigen, sei nicht zu leugnen. Bei einem der ersten Treffen von Bea mit dem damaligen Nuntius 1929 in Berlin habe der bereits nach Rom berufene Pacelli versichert, es wäre ihm lieber gewesen, zu predigen, zu firmen und eine große Diözese zu leiten.

Für seine Texte ließ er sich aus der Kurie zuarbeiten. Doch die Autoren waren keine Ghostwriter, die für den Papst fertige Redetexte ablieferten. Manche hätten es gern getan, aber Pius blieb bei seinem eigenen Duktus, bei seinen Formulierungen, und eignete sich fremde Texte so an, dass sie wie seine eigenen wirkten und die Herkunft nicht mehr verrieten. Er stand schließlich auch hundertprozentig dahinter.

Dazu passt, was die »Civiltà Cattolica« mit ihm erlebte. Das Jesuitenblatt gilt bis heute zu Recht als Sprachrohr des Staatssekretariates. Es veröffentlicht nur, was von dort freigegeben worden ist. Jeder Beitrag steht also unter strenger Kontrolle. Unter Pius XII. noch etwas verschärft.

Pius XII. überließ die Zensur oder, gelinder ausgedrückt, das Redigieren, das er als Kardinalstaatssekretär ausgeübt hatte, auch als Papst nicht seinen Mitarbeitern. Er kontrollierte alle Artikel und änderte nach eigenen Vorstellungen, ohne auf den Verfasser Rücksicht zu nehmen. Im Gegensatz zu seinen Nachfolgern, die diese Aufgabe wieder delegierten oder für weniger wichtig hielten. Für Pius war alles, was offiziell oder auch nur offiziös verlautet wurde, erstrangig. Seine Nachfolger ließen mehr Freiheit zu, was allerdings für die Beobachter die Interpretation erschwerte. Bei Pius war alles, was im »Osservatore« oder der »Civiltà Cattolica« stand, als Meinung des Papstes anzunehmen, ohne dass dieser selbst zitiert werden konnte.

Erst unter seinem Nachfolger Joseph Ratzinger ist nicht nur in dieser Beziehung die Pacellianische Strenge in die Kurie zurückgekehrt. Staatssekretär Tarcisio Bertone, ein absoluter Vertrauensmann von Benedikt XVI., hält die zweiwöchentlich erscheinende, buchförmige Jesuitenzeitschrift wieder im Griff. Was sie publiziert, ist wieder zumindest offiziöse Auffassung der Kirchenspitze. Vielleicht ist dies eine Folge der ersten Fehler von Benedikt wie etwa die professorale Regensburger Rede mit der Passage über die Bösartigkeit des Islam. Ob sich Benedikt allerdings mehr beraten lässt als Pius, bleibt fraglich. Pius ließ sich alles vortragen, hörte sich vieles an und entschied dann autoritär, was er für richtig hielt. Widerspruch wünschte er nicht.

So können alle seine Veröffentlichungen mit dem gleichen Gewicht als authentische Papst-Stellungnahmen genommen werden, auch wenn er beispielsweise etwas ausklammerte. Über die Juden fand sich in der über 4000 Seiten umfassenden Sammlung seiner »Sozialen

Summe« nur eine kurze Rede – am 29. November 1945 über jüdische Flüchtlinge. Dem Thema wird ein ganzes Kapitel mit dem Titel »Die Kirche und die Judenfrage« gewidmet. Dann folgen ganze zwei Seiten, in denen Pius den Besuch der jüdischen Flüchtlinge als Zeichen ihrer Dankbarkeit für die Hilfe der Kirche deutet. Mehr über die Juden findet sich in dem dickleibigen Werk nicht.

In seinen Aufzeichnungen sorgt sich Bea mehrmals über die Arbeitslast des Papstes. »Was dieser Mann mit seinen 77 Jahren noch arbeitet, grenzt ans Unglaubliche.« Bei Kriegsende wog er noch 57 Kilo bei 1,82 Meter Größe. Auf große Ansprachen wollte er nicht verzichten: »Der Papst lehnte jede Diskussion über dieses Thema ab.« Er schone sich nicht, »weil sein Pflichtgefühl zu stark ist, um es tun zu können«.

Bea weiter: »Hineingestellt mitten in einen unmenschlichen, verhängnisvollen Krieg und in die Zeit des Wiederaufbaus nach dem Kriege, sah er sich auf einzigartige Weise von allen Seiten, von allen Gruppen und Berufen zu einer Weisung oder einem ermutigenden Wort gedrängt. So hat er jene unglaubliche Saat gesät, die in den 22 Bänden seiner Ansprachen und Rundfunkbotschaften enthalten ist … Ja, man kann gewissermaßen sagen, die von Pius XII. so verschwenderisch ausgeteilte Lehre ist zu der geistlichen Luft geworden, die wir ständig atmen, ohne uns dessen bewusst zu sein. In diesem Sinne bleiben Pius XII. und sein Werk grundlegend auch für das Konzil; es bleibt vor allem grundlegend wegen jener Geistesweite, die sich allen Problemen der heutigen Menschheit öffnet und sie im Lichte des Evangeliums, das die Kirche bewahrt und unermüdlich verkündet, zu lösen und so den modernen Menschen für den Glauben, für die Kirche, für Christus, für Gott zurückzugewinnen sucht.« Bea spricht sogar vom Doctor Ecclesiae, dem Kirchenlehrer. »Pius wird also auch in der Zukunft Doctor Ecclesiae bleiben, wenn er auch nicht (oder noch nicht) offiziell als solcher erklärt ist.«

Als Wegbereiter für die Pillen-Enzyklika von Papst Paul VI. (1968), die viele Kirchenkenner bis heute für den größten und für die Kirche schädlichsten Fehler des 20. Jahrhunderts betrachten, formulierte Pius XII. seine Ablehnung jeder Empfängnisverhütung außer der natürlichen durch die Nutzung der empfängnisfreien Tage der Frau, um eine »verantwortliche Elternschaft« zu praktizieren. Künstliche Befruchtung außerhalb einer Ehe verurteilte der Papst »als schlicht und einfach unmoralisch« und »menschliches Leben darf nur Frucht der Ehe sein. Jedes menschliche Leben hat sein Lebensrecht direkt von Gott und nicht von seinen Eltern, einer Gesellschaft oder irgendwelcher menschlicher Autorität.«

Das bedeutendste Instrument seines Lehramtes waren die Rundschreiben, kirchlich Enzykliken. 41 verfasste Pius XII. neben 1400 Ansprachen mit Stellungnahmen zu Zeitfragen. Zu Weihnachten hielt er Radiobotschaften, die er als Marksteine seines Pontifikates verstand. Zumindest in den schwierigen Zeiten während des Weltkrieges waren sie ein Muss für jeden Kircheninteressierten. Aber auch für alle, die auf die Wirkung des Papstes in die Gesellschaft hinein achteten. Als roter Faden ziehen sich das Verständnis der Kirche als mystischer Leib Christi und die Sicherung ihrer Rechte durch alle Botschaften. Gleichzeitig versuchte sich Pius XII. als Modernisierer, der mit der strikten Fortschrittsfeindlichkeit seiner letzten Vorgänger brechen wollte. Er war so etwas wie ein Radiopapst. Sein wachsames Auge auf die Presse, die er am liebsten zensieren wollte, drückte sein Interesse an den Massenmedien aus.

Neben dem Marien-Dogma über die leibliche Aufnahme Marias in den Himmel, dem einzigen des 20. Jahrhunderts und seither auch letzten, wandte sich Pius XII. in 41 Enzykliken an alle Oberhirten und Menschen guten Willens, wie die Formel lautet. Er legte vier Apostolische Konstitutionen vor, drei Motu proprii und 14 Apostolische Schreiben.

Die Enzykliken:

1. Summi pontificatus (20. Oktober 1939) Antrittsenzyklika über die Einheit der menschlichen Gesellschaft und gegen den Krieg
2. Sertum Laetitiae (1. November 1939) über den 150. Jahrestag der Schaffung der kirchlichen Hierarchie in den USA
3. Saeculo Exeunte Octavo (13. Juni 1940) zum 800. Jahrestag der Unabhängigkeit Portugals und der Mission (Missionsenzyklika)
4. Mystici Corporis Christi (29. Juni 1943) über die Kirche
5. Divino Afflante Spiritu (30. September 1943) über die Heilige Schrift
6. Orientalis Ecclesiae (9. April 1944) über den Heiligen Kyrill
7. Communium Interpretes Dolorum (15. April 1945) für Friedensgebete während des Monats Mai
8. Orientales Omnes Ecclesias (23. Dezember 1945) über den 350. Jahrestag der Vereinigung der ruthenischen Kirche mit dem Apostolischen Stuhl
9. Quemadmodum (6. Januar 1946) über die Hilfe für bedürftige Kinder
10. Deiparae virginis mariae (1. Mai 1946) Marianische Enzyklika über die Möglichkeit eines Dogmas der Aufnahme Mariens in den Himmel
11. Fulgens Radiatur (21. März 1947) über den Heiligen Benedikt
12. Mediator Dei (20. November 1947) über die Liturgie. Der Papst warnt darin vor »äußerlichem Formalismus«, der den Ritus der Heiligen Messe zum Theater reduziere. Er bestätigt Latein als Kultsprache, hält aber die Zulassung der Muttersprachen für »nützlich«. Ebenso unterstreicht er den Gregorianischen Gesang als notwendig. Dies schließe aber die Zulassung moderner Musik nicht völlig aus, sofern die Heiligkeit von Ort und Handlung gewahrt werde. Dieselbe Öffnung ließ Pius XII. auch bei bildlichen Darstellungen zu. Bis dahin wurden Marien- und Engeldarstellungen noch verhüllt oder übermalt, wenn Brustwarzen oder gar Geschlechtsteile zu sehen waren.

13. Optatissima Pax (18. Dezember 1947) für öffentliche Gebete für die Versöhnung zwischen den Völkern

14. Auspicia Quaedam (1. Mai 1948) für öffentliche Gebete für den Weltfrieden und die Lösung des Palästina-Problems

15. In Multiplicibus Curis (24. Oktober 1948) für Gebete für den Frieden in Palästina

16. Redemptoris Nostri Cruciatus (15. April 1949) über die Heiligen Stätten in Palästina

17. Anni Sacri (12. März 1950) für eine christliche Erneuerung und die Eintracht zwischen den Völkern

18. Summi Maeroris (19. Juli 1950) erneut für Gebete für den Frieden und die Eintracht zwischen den Völkern

19. Humani Generis (12. August 1950) über neuere theologische Tendenzen mit falschen Ansichten, die die Grundlagen der katholischen Lehre zu untergraben drohen. Er geißelt darin schon damals, was Benedikt XVI. heute als eine der schlimmsten Bedrohungen des Glaubens betrachtet: den Relativismus. Er unterstreicht den eigenen Anspruch, auch in den Enzykliken verbindlich zu lehren: »Man darf ebenfalls nicht annehmen, man brauche den Rundschreiben nicht zuzustimmen, weil die Päpste darin nicht ihr höchstes Lehramt ausüben. Sie sind aber doch Äußerungen des ordentlichen Lehramtes, von dem auch das Wort Christi gilt: ›Wer euch hört, der hört mich.‹ Sehr häufig gehört das, was die Enzykliken lehren und einschärfen, längst zum katholischen Lehrgut. Wenn die Päpste in ihren Akten ein Urteil über eine bislang umstrittene Frage aussprechen, dann ist es für alle klar, dass diese nach der Absicht und dem Willen dieser Päpste nicht mehr der freien Erörterung unterliegen kann.«

Zum Abschluss der Enzyklika zählte er zehn theologische Irrtümer der Gegenwart auf, die als Anklage gegen die Nouvelle Theologie zu bewerten waren, die in Frankreich aufblühte, die allerdings keineswegs so neu war und schon gar nicht eine geschlossene Schule. Vielmehr tauschten sich führende französische Theologen aus, die mit ihrer Diskussion das Erstarren und die Lethargie der Theologie seit den antimodernistischen römischen Verboten aufbrechen wollten. Marie-Dominique Chenu, Yves Congar und die Jesuiten Bouillard, Jean Danielou und Henri de Lubac sowie der etwas gesondert zu betrachtende Pierre Teilhard de Chardin sowie der Schweizer Hans Urs von Balthasar. Sie einte der Versuch, die Theologie historisch differenziert zu interpretieren. Für Pius XII. bedeutete dies, die kirchlichen Dogmen in Frage zu stellen. Er selbst war Namensgeber dieser theologischen Erneuerung, die später maßgeblich das Zweite Vatikanische Konzil beeinflusste. In der Generalkongregation des Jesuitenordens von 1946 sprach er selbst von einer Neuen Theologie, Nouvelle Theologie, die sich nach Auffassung ihrer Anhänger im Gleichklang mit den stets veränderlichen irdischen Dingen selbst ändern müsse.

Der Papst sah »das Gift dieser Neuerungen in alle Teile der Theologie gelangen. So wird in Zweifel gezogen, dass der menschliche Verstand ohne Hilfe der göttlichen Offenbarung und der Gnade mit Beweisen aus der Schöpfung die Existenz eines persönlichen Gottes beweisen könne; geleugnet wird, dass die Welt einen Anfang hat, und gezeigt, dass die Schöpfung notwendig ist, da sie aus der notwendigen Freigebigkeit Gottes hervorgehe; verneint wird ebenfalls das ewige und unfehlbare Vorherwissen Gottes um die freien Handlungen der Menschen: All diese Ansichten stehen im Widerspruch zu den Erklärungen des Vatikanischen Konzils.«

Einige werfen auch die Frage auf, so Pius XII. in der Enzyklika, »ob die Engel persönliche Geschöpfe sind, ob Stoff und Geist sich wesentlich unterscheiden. Andere verwerfen es, dass die übernatürliche Ordnung ein freies Geschenk Gottes sei, mit der Behauptung, Gott könne keine vernunftbegabten Wesen schaffen, ohne sie auf die Anschauung der Seligen hinzuordnen und sie dazu zu berufen. Damit nicht genug: Der Begriff der Erbsünde wird, unter Außerachtlassung der Entscheidungen des Konzils von Trient, ebenso wie dieser der

Sünde im Allgemeinen als Beleidigung Gottes vernichtet, wie auch der Begriff der Genugtuung, die Christus für uns leistete. Es finden sich auch solche, die behaupten, die Lehre von der Wesensverwandlung, die sich auf den veralteten philosophischen Begriff der Substanz stütze, müsse so verändert werden, dass die wirkliche Gegenwart Christi in der heiligsten Eucharistie auf einen gewissen Symbolismus zurückgeführt werde. Demnach sollen die heiligen Gestalten nur wirksame Zeichen sein der geistigen Gegenwart Christi und Seiner innigen Vereinigung mit den gläubigen Gliedern im geheimnisvollen Leibe Christi.

Einige halten sich nicht gebunden an die vor einigen Jahren in einem Rundschreiben erklärte Lehre, die sich auf die Quellen der ›Offenbarung‹ stützt und erklärt, dass der geheimnisvolle Leib Christi und die römische katholische Kirche ein und dasselbe seien. Andere schwächen die Notwendigkeit der Zugehörigkeit zur wahren Kirche, um das ewige Heil zu erlangen, zu einer bloßen Formel ab. Schließlich tun wieder andere dem Charakter der ›Glaubwürdigkeit‹ des christlichen Glaubens, der dem Verstand einsichtig ist, Gewalt an.«

Zusammengefasst ließ Pius XII. verklausuliert die Vorstellung der Evolution des Menschen gelten, schloss aber die menschliche Seele von der Evolution aus. Er predigte die Lehre von der Erbsünde, die Adam und Eva persönlich begangen hätten, und beanspruchte für die katholische Kirche die allein richtige, wahre Interpretation der Heiligen Schrift.

20. Mirabile Illud (6. Dezember 1950) für öffentliche Gebete für den Weltfrieden
21. Evangelii Praecones (2. Juni 1951) über die Förderung der katholischen Missionen
22. Sempiternus Rex Christus (8. September 1951) zum 1500. Jahrestag des Ökumenischen Konzils von Kalkedon

23. Ingruentium Malorum (15. September 1951) über das Rosenkranzgebet, besonders im Monat Oktober
24. Orientales Ecclesias (15. Dezember 1952) über die Orientalischen Kirchen
25. Doctor Mellifluus (24. Mai 1953) zum 800. Todestag des Heiligen Bernhard von Clairvaux
26. Fulgens Corona (8. September 1953) Marianische Enzyklika zum Marianischen Jahr
27. Sacra Virginitas (25. März 1954) über die geweihten Jungfrauen
28. Ecclesiae Fastos (5. Juni 1954) zum 1200. Todestag des Heiligen Bonifatius
29. Ad Sinarum Gentem (7. Oktober 1954) über die Kirche in China
30. Ad caeli reginam (11. Oktober 1954) Marianische Enzyklika über die Muttergottes als Königin
31. Musicae Sacrae (25. Dezember 1955) über die Kirchenmusik
32. Haurietis Aquas (15. Mai 1956) über die Herz Jesu-Verehrung
33. Luctuosissimi Eventus (28. Oktober 1956) für öffentliche Gebete für das ungarische Volk
34. Laetamur Admodum (1. November 1956) für Gebete für den Völkerfrieden
35. Datis Nuperrime (5. November 1956) mit einer Verurteilung der Kämpfe in Ungarn
36. Fidei Donum (21. April 1957) über den Zustand der katholischen Missionen, insbesondere in Afrika
37. Invicti Athletae Christi (16. Mai 1957) über den 300. Jahrestag des Martyriums des Heiligen Andreas Bobola
38. Le Pèlerinage de Lourdes (2. Juli 1957) über den 100. Jahrestag der Erscheinung der Muttergottes in Lourdes
39. Miranda Prorsus (8. September 1957), zweite Medienenzyklika über Film, Funk und Fernsehen. Darin warnte der Papst vor »schrecklichen Gefahren« der modernen Kommunikationsmittel: »Es widerspricht der christlichen Doktrin und dem eigentlichen Ziel der Kommunikationstechnik das Verhalten derjenigen,

die deren Gebrauch allein politischen, propagandistischen und wirtschaftlichen Nutzen vorbehalten und deshalb diese edlen Mittel auf das Geschäftemachen begrenzen.«

40. Ad Apostolorum Principis (29. Juni 1958) über den Kommunismus und die Kirche in China

41. Meminisse Iuvat (14. Juli 1958) für Gebete für die verfolgte Kirche.

Nicht nur in der Liturgie-Enzyklika widmete sich Pius XII. der Reform der Heiligen Messe. Viele Katholiken begrüßten mit großer Dankbarkeit einige Verbesserungen, die heute kaum noch als Fortschritt auffallen. So durfte bereits am Samstagabend eine Messe gefeiert werden, die die obligatorische Sonntagsmesse ersetzte. Das Wochenende eröffnete sich für praktizierende Katholiken mit völlig neuen Möglichkeiten. Eine wesentliche Erleichterung, die dem extrem karg lebenden Pius XII. am schwersten fiel, wie aus seiner Umgebung erzählt wurde, war die Verkürzung des Fastens vor dem Empfang der Kommunion. Bis dahin musste jeder völlig nüchtern zur Kommunion gehen. Jetzt reichten drei Stunden Fasten.

In der jüdischen Welt und bei Kritikern des Papstes Pius XII. wird bis heute Streit um die Reform der Karfreitagsliturgie angezettelt, obwohl die Kritik genauer betrachtet recht künstlich wirkt, weil sie mit Pius XII. wenig zu tun hat. Es geht um eine Formel, die seit Gregor dem Großen im sechsten Jahrhundert benützt worden ist. Die Katholiken beteten Jahrhunderte lang und gutgläubig lateinisch angesichts des Kreuzestodes für die Bekehrung der »perfidi Judei« und des »perfidia Judaica«, die Juden mithin, die nicht an Christus glauben wollten. Bei der Übersetzung in die modernen Sprachen wurde daraus auf Deutsch »treulos«, englisch »perfidious« und französisch »perfide«. Aus einer lapidaren Feststellung in der lateinischen Form wurde in den Übersetzungen eine Verurteilung. Es nützte nichts, dass schon Pius XII. und die Ritenkongregation 1948 darauf hinwiesen, dass die Worte kein moralisches Urteil bedeuteten, sondern nur besagten, dass die Juden nicht an Christus glauben. Papst Johannes XXIII. strich ein Jahrzehnt später endgültig die Formel.

Die Folgen des religiösen Antijudaismus, der sich durch die Geschichte des gesamten Christentums zieht, haben nach dem Holocaust die Sensibilität auch gegenüber zweifelhaften Gebeten geschärft und so wurde ein heute fast vergessenes Ritual ebenfalls damals geändert. Die obige Formel wurde von den Gläubigen stehend gesprochen. Bei allen anderen Fürbitten am Karfreitag beugten sie jedoch die Knie mit der lateinischen Aufforderung »flectamus genua«. Auf jüdischen Protest, der auch jetzt erst aufkam, ließ Pius XII. in der am 27. Oktober 1955 veröffentlichten neuen Messordnung für die Karwoche die Katholiken auch im Gebet für die Juden niederknien.

Die großen Themen des päpstlichen Lehramtes wirkten sich nachhaltig auf das Zweite Vatikanische Konzil aus. Pius XII.wurde der am meisten zitierte Theologe in den Konzilstexten. Die vielen Ansprachen wurden danach bald vergessen. Die Zeit ging über die typisch katholischen Zwänge hinweg, auch wenn die Amtskirche bis heute daran festhält. Etwa wenn der Papst über Sexualmoral dozierte: »Da nun noch vor kurzem einige in offenkundiger Abweichung von der in ununterbrochener Folge von Anfang an überlieferten christlichen Lehre geglaubt haben, amtlich und feierlich über solches Tun anders lehren zu sollen, erhebt die katholische Kirche, von Gott selbst zur Lehrerin und Wächterin der Unversehrtheit und Ehrbarkeit der Sitten bestellt, inmitten dieses Sittenverfalls, zum Zeichen ihrer göttlichen Sendung, um die Reinheit des Ehebundes von solch schimpflicher Makel unversehrt zu bewahren, durch Unseren Mund laut ihre Stimme und verkündet von neuem: Jeder Gebrauch der Ehe, bei dessen Vollzug der Akt durch die Willkür der Menschen seiner natürlichen Kraft zur Weckung neuen Lebens beraubt wird, verstößt gegen das Gesetz Gottes und der Natur, und die solches tun, beflecken ihr Gewissen mit schwerer Schuld.

Es handelt sich bei der ausnahmslosen Verwerflichkeit direkten emp-
fängnisverhütenden Handelns eindeutig um eine vom ordentlichen
Lehramt unfehlbar und irrtumsfrei vorgelegte Sittenlehre.«

Es gab kein Thema, das Pius XII. ausließ, wenn er danach gefragt
wurde. Weinbauern versicherte er, dass sie einen Beruf ausüben, der
eine Beziehung zu den höchsten Geheimnissen habe. Zuvor warnte
er aber vor den »sittlichen Folgen des Alkoholkonsums vor allem in
rückständigen Ländern mit entsetzlichen Verheerungen«. Noch weiter abseits vom höchsten päpstlichen Lehramt war eine Auslassung
über das christliche Leben der Straßenbahner. Oder den sittlich-so-
zialen Dienst der Reiseagenturen.

Über die Zukunft der moralischen und psychologischen Arbeit der
Bankangestellten philosophierte Pius XII. gar nicht so gestrig: »Wer
weiß, ob man, um sie zu ersetzen, eines Tages nicht zu einer solchen
Vervollkommnung der Rechenmaschinen, dieser mechanischen oder
elektrischen Gehirne, gelangt, wo der Kunde nur noch einen Knopf
zu drücken oder zu drehen braucht, um alle Operationen zu bewerk-
stelligen, deretwegen er zur Bank kommt? Doch welche noch so ge-
niale Maschine, welches geschickte System könnte jemals den Ban-
kier selbst ersetzen, den Leiter einer Kreditanstalt, der aufmerksam
den Besucher studiert, um ihm das, was ihn interessieren könnte,
aufzudecken und ins Bewusstsein zu bringen, um, wenn man so sagen darf, seine Mitarbeit in die richtige Bahn zu lenken und ihn in
den Stand zu versetzen, mit Hirn und Herz den Gang des Unterneh-
mens oder des Werkes, das er unterstützt, zu verfolgen?«

Auf eines konnten sich alle verlassen, wenn sich Pius an sie wandte. Er
war blendend vorbereitet, auch wenn es sich um Themen handelte, die
weit vom kirchlichen Auftrag entfernt schienen. Kardinal Giuseppe Siri
(Genua) erzählte, dass er während seiner Kurienzeit den Papst in seinem Arbeitszimmer über einem dicken Band »Microfisica« in engli-
scher Sprache gebeugt fand. Als er den fragenden Blick des Monsigno-

re sah, wies er darauf hin, dass er in einigen Monaten eine Ansprache zu einem Kongress für Mikrophysik halten solle. »Und wenn ich eine Rede halte, gleich zu welchem Thema, lasse ich mir mit Hilfe eines Dienstes die letzten Publikationen besorgen. Ich lese sie, weil es einfach richtig ist, dass ich mich gut vorbereite.« Er verstand dieses intensive Studium auch als seinen Beitrag zum technischen Fortschritt.

Eine Bilanz, wie sie nicht direkter auf den Punkt gebracht werden könnte, lieferte der nachfolgende Papst Johannes XXIII. Nach einer allgemeinen Audienz, in der es auch um das päpstliche Lehramt ging, bekannte er seinem Vertrauten, Kardinal Giuseppe Siri, an: »Fragen der Doktrin interessieren mich nicht. Da hat Pius XII. schon alles erledigt, eigentlich, wie soll ich sagen?« Siri half: »Eine Enzyklopädie.« Papst Roncalli bestätigte: »Genau das ist es, eine Enzyklopädie.«

Der Schweiger
‾‾‾‾‾‾

Anklage, Verteidigung und Urteil

Die Tragik und was von einer beispiellosen Polemik übrig geblieben ist

Bis zum Erscheinen des deutschen Theaterstücks »Der Stellvertreter« von Rolf Hochhuth 1963 galt Pius XII. als einer der bedeutendsten und integersten Päpste überhaupt. Die Seligsprechung schien nur eine Frage der Zeit zu sein. Dann jedoch prasselte die Kritik auf den gerade erst fünf Jahre toten Papst nieder. Am Ende stand sein Name für kirchliche Schuld, als habe er beinahe allein den Tod von Millionen Juden zu verantworten.

1998 griff Hochhuth die inzwischen in Vergessenheit geratene Polemik wieder auf. Es sei eine ungeheure Lüge, wenn jetzt der Vatikan – was er bisher niemals getan habe – behauptet, »Hunderttausende von Juden gerettet« zu haben. Hochhuth: »Meine Frage an den Vatikan: Wo lebten denn im Zugriffsbereich Hitlers und seines Chefspediteurs zu den Gaskammern, Adolf Eichmann, jene ›Hunderttausende‹ europäischer Juden, die der Vatikan vor diesen zweien gerettet haben will? Warum bleibt der Vatikan nicht bei seiner bisherigen (und ehrlichen!) Aussage, einige hundert Juden (aber nicht hunderttausend!), einige Dutzend Judenfamilien in Klöstern versteckt zu haben? Dass der Papst demnächst nach Israel reisen will, kann doch kein Grund sein für eine solche Lüge.«

Zudem habe Pius niemals bei seinem Konkordatspartner Hitler ein Wort für einen der über dreitausend katholischen Priester eingelegt, die von den Nazis ermordet worden sind. Der todesmutige Bischof von Münster, Graf von Galen, trat zwar nicht für die Juden ein, aber doch für die zur Ermordung vorgesehenen Geisteskranken.

Entlarvend sei auch die einzige Verlautbarung über Juden, die Pius XII. »infamerweise während dieser umfassendsten Menschentreibjagd der europäischen Geschichte im Kriege von sich gab und die ich, als ich 1959 meinen vierten Akt zum ›Stellvertreter‹ schrieb, noch nicht gekannt habe, sonst hätte ich sie dem Papst als Zitat in den Mund gelegt.

Während die Juden in halb Europa verfolgt wurden, sagte Pius XII. in einer Ansprache vor der Kurie: ›Jerusalem hat seine Einladung und seine Gnade mit jener starren Verblendung und jenem hartnäckigen Undank beantwortet, die es auf dem Weg der Schuld bis zum Gottesmord geführt hat!‹ Während Hitler jedes Judenkind in Europa vom siebten Lebensjahr an gezwungen hat, den gelben Stern zu tragen bis zu seiner Vergasung – hat das Oberhaupt der Christenheit diese Verfolgten noch als Gottesmörder verteufelt! Die Geschichte der Zivilisation kennt keine niederträchtigere Verleumdung unschuldig zum Tode Verurteilter als diesen Satz des verächtlichsten aller Päpste über die bedauernswertesten aller Menschen.«

Im Jahr 2007, als der 50. Todestag und die Seligsprechung von Pius XII. wieder in Reichweite gerieten, legte Hochhuth nochmals nach und antwortete in einem Interview des »Spiegel« auf die Frage, ob er sein Theaterstück gegen Pius XII. heute noch so geschrieben hätte: »Natürlich! Hätte ich damals gewusst, was für ein genuin schlechter Mensch Pius war, hätte ich eine solche Unfigur auf die Bühne gestellt, dass das Stück unspielbar gewesen wäre.« Der Papst habe noch im Jahr 1942 vom »halsstarrigen Volk der Juden und Gottesmörder« gesprochen. »Ein ungeheuerliches Zitat«, erklärte dazu der »Spiegel«-Interviewer Alexander Smoltczyk und fügte trocken hinzu: »Wenn es stimmen würde.«

Die Anklage

Die von Hochhuth und später von den Buchautoren John Cornwell, Daniel Goldhagen und David Yallop zusammengetragenen Vorwürfe lassen sich in zwölf Anklagepunkten auflisten:

1. Durch sein feiges Schweigen hat Pius XII. moralische Mitschuld am Holocaust auf sich geladen.
2. Pius XII. war Hitlers Papst, weil das autoritäre Regime seiner eigenen Mentalität entsprach und weil er blind deutschfreundlich war.
3. Pius XII. hat die Gräuel der Nazis in Kauf genommen, weil er im Bolschewismus, den sie bekämpften, den schlimmeren Feind sah.
4. Pius XII. hat nur wenig zur Rettung seiner Kirche und der verfolgten Katholiken unternommen. Er habe allenfalls einige hundert Juden, aber keine hunderttausend gerettet.
5. Eugenio Pacelli hat mit dem Reichskonkordat bewusst Hitlers Ansehen gestärkt.

6. Nicht der Papst, sondern mutige Kirchenleute haben aus eigenem Antrieb Verfolgte unter Lebensgefahr versteckt.
7. Pacelli hat sich nur für konvertierte Juden eingesetzt.
8. Pacelli war von Kindheit an Antisemit.
9. Pius XII. hat das faschistische Regime in Rom gestützt.
10. Pius XII. ließ für die Bekehrung der perfiden Juden beten, Beweis seines Antijudaismus.
11. Eugenio Pacelli war ein Feigling.
12. Durch seine moralische Feigheit ist es ihm nicht gelungen, seine Herde zu führen.

Die Verteidigung

Eine ganze Reihe dieser zwölf Anklagepunkte wurde in den vorigen Kapiteln relativiert oder widerlegt. Der wichtigste Verteidiger von Pius XII. soll nun gehört werden. Es ist ein feiner Mann, dieser schmächtige Pater Peter Gumpel. Wenn er im großen Torbogen der Generalkurie des Jesuitenordens im römischen Borgo beim Vatikan steht und nachdenklich den Besucher in die römische Mittagshitze verabschiedet, merkt ihm niemand an, welches Leben ihn geprägt hat. Trotz seines Alters, geboren November 1923, wirkt er mit dem schütteren blonden Haar und der sanften Stimme wie eine in sich ruhende Persönlichkeit. Dennoch kann er sich gewaltig aufregen, weniger wenn es um ihn selbst geht, sondern um sein Alterswerk, die Seligsprechung von Pius XII. Er ist der Pater, der das 3500 Seiten starke vierbändige Dossier als Vorlage für die Kongregation zur Seligsprechung aufbereitet hat.

Pater Gumpel ist Anwalt und Ankläger in einem. Er hat alles Für und Wider untersucht und gewichtet. Am Ende steht für ihn fest, dass Pius XII. tatsächlich ein Heiliger sei. Alle Angriffe gegen ihn blockt er ab. Mal stammten sie aus unglaubwürdigen Quellen, mal sei ihre Propagandaabsicht und Wirkung eindeutig. Mal stünden Interessen dahinter, die allzu durchsichtig seien. Mal hätten die Ankläger keine

Ahnung und sich auch nicht bemüht, Quellen einzusehen, weil sie sie mangels Sprachkenntnisse auch gar nicht nutzen könnten. Wie unseriös die Angriffe geführt würden, zeigten persönliche Beleidigungen, die ihm aus amerikanischen Zeitungen entgegenschlugen. Ihm wurde vorgeworfen, er sei bei der SS gewesen. Gumpel überlegte, ob er nicht Schadensersatzforderungen stellen sollte, einfach nur, um die Verleumdungen definitiv zurückzuweisen. Der Sohn eines reichen Unternehmers mit internationalen Beziehungen schweigt sich über seine Identität aus. Gumpel ist nicht sein ursprünglicher Name, als Jugendlicher flüchtete er vor den Nazis und wurde über die Niederlande und Frankreich in Sicherheit gebracht. Mehr will er nicht verraten. Sein Ordensoberer wisse den Rest.

Jedenfalls scheint er gute Gründe zu haben, hinter den Angriffen gegen ihn und Pius XII. jüdische Interessen zu vermuten. Heute wolle dies aber niemand offen sagen, um nicht in den Verdacht des Antisemitismus zu geraten, besonders in den USA und Deutschland. Aus denselben Gründen müsse jeder, der Pius positiv bewerte, befürchten, als Antisemit verunglimpft zu werden.

Manchmal fand es Gumpel extrem schwierig, nervtötend und dumm, wenn von jüdischer Seite belastendes Material vorgetragen worden sei, das auf den ersten Blick für jeden Kenner unsinnig war. Gumpel nennt ein Beispiel aus dem jüdisch-katholischen Dialog in der Casa Santa Marta im Vatikan Anfang der 2000er Jahre. Die jüdische Seite in dem paritätisch besetzten Gremium behauptete, Pius 1929 neben einer Bücherverbrennung in Berlin gesehen zu haben. Doch zu diesem Zeitpunkt sei Eugenio Pacelli nicht mehr in Deutschland gewesen. Andere bezögen sich auf die zwölf Bände der Akten des Heiligen Stuhls, die sie jedoch nicht gelesen haben, weil sie kein Französisch verstehen. Studenten hätten ihnen Zusammenfassungen schreiben müssen, die keineswegs sachgerecht ausgefallen seien. Als sich der Sachverhalt erhellte und sich die Argumente aus diesen Unterlagen als unzutreffend und zu dürftig herausstellten, habe ein jüdischer

Teilnehmer die Versammlung verlassen, um französische Medien falsch zu informieren. Ein anderes Mal soll Gumpel in drei Stunden 47 Fragen beantworten, ohne dass ihm ausreichend Zeit für fundierte Recherche oder Darstellung gelassen wurde.

Verständlich, dass Pater Gumpel dahinter Machenschaften sieht, die nichts mit der Klärung des tatsächlichen Verhaltens von Pius XII. zu tun haben und ihm eine Neigung zum Antisemitismus unterstellen würden. Er hat dem nicht nachgegeben, zumal ihm bewusst sei, dass es sich um eine jüdische Minderheit handle. Mindestens genauso großes Interesse an einem vernichtenden Urteil über Pius XII. hat die Sowjetunion gehabt.

Sommer 1942: Gerhard Riegner, Büroleiter des Jüdischen Weltkongresses in Bern, informierte sechs Wochen nach der Wannseekonferenz, auf der technische Einzelheiten zur Vernichtung der Juden in Europa beschlossen wurden, den Apostolischen Nuntius in der Schweiz, Filippo Bernadini, über Massaker in den von den Deutschen besetzten Gebieten im Osten. Auf Bitten des päpstlichen Diplomaten fertigte er ein Memorandum an, »in dem Land für Land die antijüdische Aktion beschrieben wurde, die auf die Liquidierung der Gemeinden hinzielte«, so Riegner in seinen Erinnerungen. Der Bericht enthielt Angaben, so wörtlich, »über Experimente, die das Ziel hatten, mit Gas und Injektionen den Tod herbeizuführen«. Bernardini dürfte auch auf seinem Posten in der Schweiz mit den Amerikanern in engem Kontakt gestanden haben, zumal er vorher einige Jahre der Apostolischen Delegation in Washington angehört hatte.

Dem amerikanischen Vizekonsul teilte er mit: »Man hört aus dem Führerhauptquartier von Plänen, dass die Juden in den besetzten und von Deutschland kontrollierten Ländern in der Zahl von dreieinhalb bis vier Millionen nach der Deportation und Konzentration im Osten auf einen Schlag ausgerottet werden sollen, um die Judenfrage in Europa ein für allemal zu lösen. Die Mittel der Exekution werden noch diskutiert, einschließlich der Verwendung von Blausäure.« Allerdings stellte Riegner die Information unter den Vorbehalt, die Genauigkeit könne nicht bestätigt werden, aber der Informant habe Zugang zu höchsten deutschen Stellen und sei im Allgemeinen glaubwürdig. Das hat ihm in der Nachkriegsdiskussion den Vorwurf eingetragen, er habe selbst den Nachrichten aus dem Osten nicht geglaubt.

Es gab auch andere Informationskanäle, die schließlich auch den Vatikan erreichten: über den Schweizer Carl Jacob Burckhardt, Mitglied des Internationalen Komitees vom Roten Kreuz. Er soll von Oktober 1942 an von den geplanten und vollzogenen Massenmorden gewusst und über Mittelsmänner den Berner US-Gesandten informiert haben, nicht allerdings das IRK selbst. Burckhardt wandte sich grundsätzlich gegen öffentliche Appelle, angeblich, um seine eigenen friedensdiplomatischen Aktivitäten nicht zu gefährden. Gleichzeitig informierte die Jewish Agency for Palestine den OSS-Chef in Bern, Allen Dulles, über den Beginn der Vernichtungsaktionen. In einem Brief vom 30. August 1942 ist die Rede von der Verfolgung und Vernichtung der Juden in Polen. Die Körper würden zu Fett verarbeitet, die Knochen zu Bodendünger. Auch von der Liquidierung des Warschauer Gettos wird berichtet.

Diese Information überreicht der amerikanische Sonderbotschafter Taylor am 26. September 1942 bei einem Besuch im Vatikan Kardinalstaatssekretär Luigi Maglione. Dieser nimmt den Bericht mit der Bemerkung entgegen: Ich glaube, wir haben keine Informationen, die diese schwerwiegenden Nachrichten bestätigen. Worauf Giovanni Battista Montini allerdings korrigiert: »Doch, diejenigen von Graf Malvazzi.« Dabei bezog sich der Substitut im Staatssekretariat (der »Innenminister« des Vatikans) auf die Mitteilungen eines italienischen Beamten, der aus dem besetzten Osten dem Vatikan berichtet hatte, die Ermordung der Juden habe abscheuliche und erschreckende Ausmaße und Formen angenommen.

Taylor hatte an diesem Tag seinen dritten Gesprächstermin mit dem Papst und dürfte auch mit ihm darüber gesprochen haben. Vermutlich hat er den Papst schon im Voraus brieflich über Aussagen von nichtjüdischen Zeugen aus Polen informiert sowie über die Auflösung des Gettos von Belzec, Deportationen aus Deutschland und den besetzten Gebieten Westeuropas.

Die Verteidigung von Pius XII. muss als erstes unterscheiden lernen, ob er schuldhaft geschwiegen oder abwägend sich zurückgehalten hat, um Schlimmeres zu verhüten, selbst wenn im Nachhinein gesehen Sprechen besser gewesen wäre. Die Vorwürfe, er habe aus Furcht vor dem Kommunismus, falsch verstandener Deutschfreundlichkeit oder gar geistiger Nähe zum Nationalsozialismus geschwiegen, dementierte Eugenio Pacelli bereits im Jahre 1929. Über Adolf Hitler urteilte er damals:

»Ich müsste mich sehr, sehr täuschen, wenn dies hier ein gutes Ende nehmen sollte. Dieser Mensch ist völlig von sich selbst besessen, alles, was ihm nicht dient, verwirft er, was er sagt und schreibt, trägt den Stempel seiner Selbstsucht, dieser Mensch geht über Leichen und tritt nieder, was ihm im Weg ist – ich kann nur nicht begreifen, dass selbst so viele von den Besten in Deutschland dies nicht sehen, oder wenigstens aus dem, was er schreibt und sagt, eine Lehre ziehen – wer von all diesen hat überhaupt das haarsträubende Buch ›Mein Kampf‹ gelesen?«

Pacelli gilt als wichtigster Mitautor der Enzyklika von Pius XI. »Mit brennender Sorge«, in die er sein Urteil über Hitler einfließen ließ. Die vorsichtigen antinationalsozialistischen Formulierungen aus dem Entwurf der Fuldaer Bischofskonferenz verschärfte er. Ihm wird auch zusammen mit Pius XI. 1938 die Urheberschaft des Begriffs des »Im-geistigen-Sinne-Semit-Seins« der Christen nachgesagt.

Pius XII. lebte in der päpstlichen Tradition, sich stets auf die Äußerungen der Vorgänger zu beziehen. Er sah deshalb keinen Grund,

die klaren Verurteilungen des Nationalsozialismus durch seinen Vorgänger Pius XI. neu zu formulieren. Er widerrief sie nicht, relativier-
te nicht und interpretierte sie nicht neu. Bis heute erheben die kirchlichen Lehrschreiben einen Anspruch, den die Päpste als so bindend
betrachten wie Dogmen. Wenn etwas zurückzunehmen ist, dann in
so langsamen Schritten, dass die Zeitgenossen die neuen Positionen
nicht wahrnehmen.

Der Vorwurf von Fehlurteilen aus Deutschfreundlichkeit ignoriert,
dass Pacelli als Nuntius wie als Papst sehr wohl zwischen Deutschen
allgemein, den deutschen Katholiken und der deutschen Führung
unterschieden hat. Der geistige Hintergrund, der ihn und viele Katholiken damals hoffnungsvoll auf die Nazis blicken ließ, wurde deutlich im Kapitel über das Ende des Zentrums. Pacelli kann nicht aus
dem Zeitgeist der Kirche isoliert gesehen werden.

Jedenfalls ließ er gegen die deutschen Gräuel in Polen über Radio
Vatikan, eines seiner beliebtesten Mittel, 1940 verbreiten: »Die Bedingungen des religiösen, politischen und wirtschaftlichen Lebens
haben das edle polnische Volk, insbesondere in den von den Deutschen besetzten Gebieten, in einen Zustand von Terror, Abstumpfung
und, wir möchten sogar sagen: von Barbarei versetzt (…) Die Deutschen benutzen dieselben Mittel und vielleicht noch schlimmere als
die Sowjets.«

Gegen Cornwells und Goldhagens Behauptungen, dass Antibolsche-
wismus und sogar ein latenter Antisemitismus die leitenden Motive
seiner verbalen Zurückhaltung gewesen sein sollen, sprechen folgende Quellen, die heute bereits in lexikalischen Publikationen als un-
umstritten anerkannt werden:

Am 11. Mai 1940 (einen Tag, nachdem er Sympathietelegramme an
die Monarchen der Beneluxstaaten wegen des deutschen Angriffs auf
ihre Länder geschickt hatte) notierte Pius XII. für seine Mitarbeiter

den Inhalt eines Gespräches, das er mit dem aus Warschau nach Italien zurückgekehrten italienischen Konsul geführt hatte: »Er bestätigte – in voller Übereinstimmung mit seiner Gattin –, dass es unmöglich ist, sich die Grausamkeit und den Sadismus vorzustellen, mit denen die Deutschen oder, besser gesagt, die Gestapo geführt von Himmler, einem wirklichen Verbrecher, und zusammengesetzt aus widerlichen Individuen – das polnische Volk quälen und es zu zerstören versuchen.«

Zwei Tage später verteidigte der Papst gegenüber dem italienischen Botschafter Alfieri seine Sympathietelegramme und ging dann auf die Lage in Polen ein: »Sie kennen genau und vollständig die fürchterlichen Dinge, die in Polen geschehen. Wir müssten flammende Proteste dagegen erheben, und das einzige, was Uns davon abhält, ist das Wissen, dass Unser Sprechen den Zustand dieser Unglücklichen nur noch verschlimmern würde.«

Gegen die durch die Nationalsozialisten betriebene Euthanasie dekretierte das Heilige Offizium in päpstlichem Auftrag 1940, dass die Euthanasie gegen das Tötungsverbot der Zehn Gebote verstoße und mit dem Christentum unvereinbar sei. Er bereitete damit den drei Predigten des Clemens August Graf von Galen 1941 den Boden.

In seinen Weihnachtsansprachen 1941 und 1942 stellte er fest: »… Hunderttausende, die ohne eigenes Verschulden, bisweilen nur aufgrund ihrer Nationalität oder Rasse dem Tod oder fortschreitender Vernichtung preisgegeben sind …«, und sprach damit nach seiner Überzeugung erkennbar die Nationalsozialisten und ihre Opfer, allen voran die Juden, an.

Anhand der Reaktionen in aller Welt, allen voran der »New York Times«, konnte Pius XII. davon ausgehen, dass seine Botschaft angekommen sei. Die Wahrnehmung der westlichen Presse in den Kriegsjahren über Pius XII. war das genaue Gegenteil von dem, was seine

Kritiker ihm ab 1963 vorwarfen: Die »New York Times« berichtete 1940 von einer Audienz des deutschen Außenministers Joachim von Ribbentrop, der dem Papst vorwarf, auf der Seite der Alliierten zu stehen. Pius XII. konterte mit einer Liste von nationalsozialistischen Grausamkeiten. In flammenden Worten habe der Papst die Juden in Deutschland und Polen verteidigt.

Zu seiner Weihnachtsansprache 1941 meinte die »New York Times«: »Die Stimme von Pius XII. ist eine einsame Stimme im Schweigen und in der Dunkelheit, welche Europa an dieser Weihnacht umfangen. Er ist so ziemlich der einzige Regierende auf dem europäischen Kontinent, der es überhaupt wagt, seine Stimme zu erheben. […] Indem er eine ›wirklich neue Ordnung‹ forderte, stellte sich der Papst dem Hitlerismus in die Quere. Er ließ keinen Zweifel daran, dass die Ziele der Nazis mit seiner Auffassung vom Frieden Christi unvereinbar sind.«

Ebenso schrieb die »New York Times« 1942: »In dieser Weihnacht ist er mehr denn je die einsame aufbegehrende Stimme im Schweigen eines Kontinents … Papst Pius drückt sich so leidenschaftlich aus wie jeder Regierende an unserer Seite, indem er ausführt, dass diejenigen, die an einer neuen Weltordnung bauen wollen, für die freie Wahl einer Regierung und der Religion eintreten müssten. Sie müssten sich dagegen wehren, dass der Staat aus Individuen eine Herde mache, über die er dann verfüge wie über leblose Dinge.«

Voll verstanden wurde Pius ausgerechnet von den Nationalsozialisten. Deren Sicherheitsdienst brachte die Papstansprache auf den Nenner: »… eine einzige Attacke gegen alles, für das wir einstehen. Der Papst sagt, dass Gott alle Völker und Rassen gleichwertig ansieht. Hier spricht er deutlich zugunsten der Juden … Er beschuldigt das deutsche Volk, Ungerechtigkeiten gegenüber den Juden zu begehen, und macht sich zum Sprecher der jüdischen Kriegsverbrecher.«

Auch die verfolgten Juden verstanden Pius XII. »Das Volk von Israel wird nie vergessen, was seine Heiligkeit für unsere unglücklichen Brüder und Schwestern in dieser höchst tragischen Stunde unserer Geschichte tut. Das ist ein lebendiges Zeugnis der göttlichen Vorsehung in dieser Welt«, versicherte Yitzhak Halevi Herzog am 28. Februar 1944. »Der Heilige Stuhl bietet seine mächtige Hilfe überall an, wo es ihm möglich ist, das Los meiner verfolgten Religionsgenossen zu lindern«, würdigte Chaim Weizmann 1943 und Golda Meir schrieb zum Tod von Pius XII. 1958: »Die Stimme des Papstes war während der Nazizeit klar, und sie verteidigte die Opfer.« Ex-Außenminister von Ribbentrop bescheinigte Pius XII. während der Nürnberger Kriegsverbrecherprozesse, mit den Eingaben und Protestnoten des Vatikans hätte man »ganze Registraturen füllen können«.

Der päpstliche Nuntius in Berlin, Cesare Orsenigo, wurde im Auftrag des Papstes am 21. Juni 1943 direkt bei Hitler vorstellig. Er berichtete über die Begegnung: »In allerhöchstem Auftrag bin ich vor einigen Tagen nach Berchtesgaden geflogen. Ich wurde vom Führer und Kanzler Hitler empfangen, aber sobald ich das Thema Juden und Judentum ... angeschnitten hatte, drehte sich Hitler ab, ging ans Fenster und trommelte mit den Fingern gegen die Scheibe. Sie können sich vorstellen, wie peinlich es mir war, im Rücken meines Gesprächspartners mein Vorhaben vorzutragen. Ich tat es trotzdem. Dann drehte sich plötzlich Hitler um, ging an einen Tisch, wo er ein Glas Wasser stand, fasste es und schleuderte es wütend auf den Boden. Mit dieser hochdiplomatischen ... Geste durfte ich meine Mission als beendet und gleichzeitig leider als abgelehnt betrachten.«

Hitler selbst bestätigte ein Hauptargument der Verteidiger Pius XII., wonach der Papst allen Grund hatte, anzunehmen, dass eine offene Verurteilung des Nationalsozialismus eine noch stärkere Kirchen- und Judenverfolgung nach sich ziehen und die bedrängten katholischen Priester und Gläubigen einer noch größeren Gefahr aussetzen würde. Hitlers Urteil: »Es scheint im Ausland in gewissen Kreisen die Meinung zu bestehen, dass die besonders laute Bekundung einer Sympathie für Elemente, die in Deutschland mit dem Gesetze in Konflikt geraten sind, eine Erleichterung ihrer Situation mit sich bringen könnte. Vielleicht hat man die Hoffnung, durch gewisse publizistische Methoden auf die deutsche Staatsführung in diesem Sinne einen terroristischen Einfluss ausüben zu können. Die Meinung beruht auf einem kapitalen Irrtum: In der Unterstützung gewisser gegen den Staat gerichteter Unternehmen durch das Ausland ersehen wir die letzte Bestätigung ihres hochverräterischen Charakters! … Diese Unterstützung scheint also nur für jene bestimmt zu sein, die das Deutsche Reich zu zerstören beabsichtigen. Wir werden aus diesem Grund in ihr in jedem einzelnen Fall nur einen zwingenden Anlass zu einer Verschärfung unserer Maßnahmen sehen.«

Nur durch seine Neutralität, argumentiert der Berliner Historiker Michael F. Feldkamp in seinem Buch »Pius XII. und Deutschland«, konnte Pacelli den Weg zur humanitären Hilfe offen halten. Oft sind es die gleichen Quellen, die unterschiedlich kombiniert zu anderen Schlüssen führen. Ein Beispiel von vielen: Als der Berliner Erzbischof von Preysing 1943 in einem Brief zu bedenken gab, ob es nicht angebracht sei, mit der Schließung der Berliner Nuntiatur ein unmissverständliches Warnsignal gegen die Judenverfolgung zu setzen, lehnte Pacelli dies ab. »Weil er erkannte, dass der kurzfristige propagandistische Nutzen in keinem Verhältnis steht zu den vielfältigen Aufgaben, die die Nuntiatur als Nachrichtenzentrale für den Episkopat hatte, und es war ungewiss, ob ein Nachfolger wieder hätte akkreditiert werden können«, schrieb Feldkamp. Er entschuldigt deshalb, dass Pius XII. in einer Ansprache am 2. Juni 1943 lediglich erneut die Einhaltung der Grundrechte forderte, wie er es schon in seiner Weihnachtsansprache 1942 getan hatte. »Dieses Gelöbnis schuldet die Menschheit den Hunderttausenden, die persönlich schuldlos bisweilen nur um ihrer Volkszugehörigkeit oder Abstammung willen dem Tode geweiht oder einer fortschreitenden Verelendung preisgegeben waren.« Pacellis Verteidiger weisen darauf hin, dass man sich von jüdischer Seite für diese Worte bedankte. Pius-Kritiker wie der englische Publizist John Cornwell hingegen zitieren die enttäuschten englischen und französischen Botschafter beim Vatikan, die sich fragten, warum der Papst auch diesmal weder den Begriff Nationalsozialisten noch das Wort Juden verwendete.

Das Verhalten von Pius wurde von zwei Schlüsselerlebnissen geprägt. Das erste war die Bedrohung durch Bolschewisten in seiner Nuntius-Zeit in München. Das zweite bereiteten ihm die Ereignisse in den Niederlanden. Dort hatten die katholischen Bischöfe gegen die bevorstehenden Deportationen protestiert, woraufhin die deutsche Besatzungsmacht Ende 1942 gezielt Juden katholischen Glaubens inhaftierte und deportierte, darunter auch Edith Stein. Reichskommissar Seyss-Inquart bezeichnete die Deportation katholischer Juden in einer Stellungnahme vom 3. August ausdrücklich als »Gegenmaßnahme gegen den Hirtenbrief vom 26. Juli«.

Der Papst zog daraus den Schluss: »Den an Ort und Stelle tätigen Oberhirten überlassen Wir es, abzuwägen, ob und bis zu welchem Grade die Gefahr von Vergeltungsmaßnahmen und Druckmitteln im Falle bischöflicher Kundgebungen sowie andere vielleicht durch die Länge und Psychologie des Krieges verursachten Umstände es ratsam erscheinen lassen, trotz der angeführten Beweggründe, ad maiora mala vitanda (Um Schlimmeres zu verhindern) Zurückhaltung zu üben. Hier liegt einer der Gründe, warum Wir selber Uns in Unseren Kundgebungen Beschränkung auferlegen; die Erfahrung, die Wir im Jahre 1942 mit päpstlichen, von Uns aus für die Weitergabe an die Gläubigen freigestellten Schriftstücken gemacht haben, rechtfertigt, soweit Wir sehen, Unsere Haltung.«

Den Bischöfen in Deutschland riet er im selben Sinn, für die Menschlichkeit einzustehen und sich nicht durch den Gedanken an einen »Vaterlandsverrat« abhalten zu lassen. Er wies sie sogar in einzelnen Fragen an, ihre Stimme zu erheben. »Man wende nicht ein, dass bi-

schöfliche Kundgebungen, die mutvoll der eigenen Regierung gegenüber für die Rechte der Religion, der Kirche, der menschlichen Persönlichkeit, für Schutzlose, von der öffentlichen Macht Vergewaltigte
eintreten, gleichviel ob die Betroffenen Kinder der Kirche oder Au-
ßenstehende sind – dass solche Kundgebungen eurem Vaterland in
der Weltöffentlichkeit schaden. Jenes mutvolle Eintreten für Recht
und Menschlichkeit stellt euer Vaterland nicht bloß, wird euch und
ihm vielmehr in der Weltöffentlichkeit Achtung schaffen und kann
sich in Zukunft sehr zu seinem Besten auswirken. (…)«

Pater Robert Graham, einer der vier Herausgeber der bisher veröffentlichten amtlichen vatikanischen Akten über Pius XII., beschrieb
das Gefühl von Papst Pius XII. zu den Judenvernichtungen in Polen:
»Es war nicht Mangel an Mitgefühl oder an Wissen, sondern die
Gegenwart der Gewalt, rücksichtsloser Gewalt, die seinen Mund ver-
schloss. Die Wahrscheinlichkeit, dass eine formelle Verurteilung der
Nazi-Gräueltaten durch den Papst die Lage der Opfer erleichtert hät-
te, war sehr gering; dagegen war es möglich, dass ein so gezeigtes
Interesse des Papstes noch größere Grausamkeiten verursacht hätte.
Dafür hätte man dann den Papst verantwortlich gemacht…« Wie
Pius XII. den römischen Juden geholfen hat, wird im Kapitel über
Pius als Römer beschrieben. Es soll hier nicht wiederholt werden.

David G. Dalin, Professor für Geschichte und Politikwissenschaften
an der »Ave Maria University« im US-Bundesstaat Florida, vertritt
die Auffassung, dass Pius XII. den jüdischen Ehrentitel »Gerechter
unter den Völkern« erhalten sollte, weil er Hunderttausende von Juden vor dem Tod im Konzentrationslager gerettet habe. Das erklärt
er in seinem Buch »The Myth of Hitler's Pope« (Der Mythos vom
Hitler-Papst), das im August 2005 im amerikanischen Verlag »Reg-
nery« veröffentlicht wurde.

Der jüdische Theologe und Historiker Pinchas Lapide (1922–1997)
schätzte, dass die katholische Kirche mindestens 700.000, wahr-

scheinlich aber sogar 860.000 Juden vor dem sicheren Tod rettete. In Anbetracht von etwa einer Million jüdischer Holocaustüberlebenden erscheinen diese Zahlen sehr hoch, da viele Juden bereits vor dem Zweiten Weltkrieg aus Deutschland fliehen konnten und auch in anderer Form als durch kirchliche Hilfe überlebten.

In der Januar-Ausgabe 2007 des neokonservativen US-Magazins »National Review« veröffentlichte Ioan Mihai Pacepa, ehemaliger rumänischer Securitate-General und der höchstrangige jemals in die USA übergelaufene Geheimdienstmitarbeiter des früheren Ostblocks, unter dem Titel »Moskaus Anschlag auf den Vatikan« eine »Geschichte, die nie zuvor erzählt wurde«.

Von 1960 bis 1962 habe er als rumänischer Verbindungsmann in einer KGB-Operation namens »Seat 12« gedient, schreibt Pacepa. Deren Ziel sei es gewesen, die moralische Autorität des Vatikans in Westeuropa zu untergraben. Nach dem Motto »Tote können sich nicht verteidigen« sollte Pius XII. als »kalter Nazisympathisant« porträtiert werden. Dafür sollten Akten aus dem Vatikan »leicht verändert« und »ins rechte Licht gerückt« geeigneten Personen im Westen in die Hände gespielt werden. Unter einem Vorwand habe man daher um Zugang zu den Vatikanischen Archiven ersucht und bis 1962 Hunderte Fotografien von Dokumenten hinausgeschleust, freilich nichts wirklich Belastendes gefunden. 1963 dann habe der damalige Chef der KGB-Propagandaabteilung, Ivan Agayants, ihm berichtet, dass die Operation »Seat 12« sich erfolgreich in einem Theaterstück namens Der Stellvertreter niedergeschlagen habe. Tatsächlich hat dann das Bühnenstück im jährlichen Pflichtprogramm jeder Bühne im Ostblock gestanden.

Hochhuths Urteil stimmt mit dem des KGB überein. Das will noch nicht viel besagen. Gehen wir also einmal davon aus, er habe nichts davon gewusst und sei ungewollt einem Propaganda-Material aufgesessen. Dann könnte auch ohne sein Verschulden seine Anklage zu den Akten gelegt werden, denn als Hauptziel wurde vom KGB Papst Pius XII. ausgesucht, weil er bereits 1958 starb und dem KGB als Inkarnation des Bösen dienen konnte.

Eine öffentliche Auseinandersetzung mit Hochhuth hat trotz der Pacepa-Enthüllungen in den deutschen Medien nicht stattgefunden. »Es steht zu hoffen, dass die jüngsten Enthüllungen eine Debatte nach sich ziehen werden«, erwartete die »Neue Züricher Zeitung« am 24. Februar 2007. Doch eine solche fand nicht statt. Die Wiener Tageszeitung »Die Presse« wunderte sich am 21. Februar über das Schweigen der deutschen Presse. »Das deutsche Feuilleton, sonst so debattenfreudig, griff die Frage nicht auf.« Die Zeitung fragte sich, ob es das Schweigen der Scham sei. »Weil hier an eine Kampagne erinnert wird, die mit der Wirklichkeit des Zweiten Weltkriegs wenig, mit der damaligen Gegenwart umso mehr zu tun hatte? Alle maßgeblichen Medien stimmten in die plötzliche Erkenntnis der Ungeheuerlichkeit des päpstlichen ›Schweigens zu Auschwitz‹ ein, unbeirrt von den Protesten protestantischer Bischöfe oder des jüdischen Gelehrten Pinchas Lapide.«

Kirchenhistoriker Michael F. Feldkamp bewertete Pacepa als glaubwürdig. »Nicht erst seit dem Fall der Berliner Mauer ist die umfassende Infiltration westdeutscher Journalisten und ihrer Belieferung mit Aktenfälschungen durch KGB und die Staatssicherheit der DDR offenbar geworden. Der Bericht von Pacepa passt wie ein fehlendes Puzzleteil in die unsägliche Geschichte der Diskreditierung der katholischen Kirche und ihres Oberhauptes durch kommunistische Propaganda und Desinformation und muss als glaubhaft eingestuft werden.«

Die »Neue Züricher Zeitung« urteilte: »Hochhuths ›Stellvertreter‹ ist nicht seriöser als seine weiteren Stücke, sei es der Text über Churchill, der die obskure These vertritt, dieser habe ein Attentat auf seinen polnischen Verbündeten Sikorski angeordnet, oder die grotesken politischen Tiraden in ›Wessis in Weimar‹. Nur: Die Thesen über den Vatikan wollte man immer schon gerne glauben.«

Das Urteil

Freispruch wegen Unhaltbarkeit und fatalistischer Tragik. Begründung: Die Anklage, die Rolf Hochhuth auf die Spitze getrieben hat, zerplatzt im Licht der Fakten und des historischen Zusammenhangs. Ob Pius anders hätte handeln können oder müssen, lässt sich diskutieren. Ob er damit mehr erreicht hätte, bleibt Spekulation. Alle verfügbaren Aussagen sprechen dagegen.

Persönliche Angriffe belegen Unkenntnis über den Papst und haben mit der eigentlichen Frage nach der Schuld nichts zu tun. Über diese sollte geurteilt werden, wenn es um die Katastrophe des Holocaust geht. Da bleiben nur zwei Möglichkeiten: Was wäre geschehen, wenn Pius nicht »geschwiegen« hätte – und warum hat er sich so verhalten, wie wir ihn kennen? Eine endgültige Antwort oder ein definitives Urteil wird es nicht geben, weil Pius XII. eben nicht nur zu bewerten ist nach seinen persönlichen Motiven, seinem Charakter und der schwierigsten Aufgabe, die vermutlich je einem Papst seit der Reformation gestellt war. Eine entscheidende Rolle spielten der kirchengeschichtliche Hintergrund, in dem Eugenio Pacelli aufgewachsen und von dem er geprägt worden ist sowie dessen Option für Kirchenrecht und Diplomatie. Alles andere tritt dagegen in den Hintergrund. Pius XII. lebte nun mal nicht außerhalb von Zeit und Raum.

Der große Vatikankenner *Hansjakob Stehle* warf den Kritikern vor, sich gründliche Forschungsarbeit erspart zu haben, da sich auf einer so einzigartig alten Bühne wie der römisch-päpstlichen sowohl Tragödien wie Komödien, wirkliche und scheinbare, leicht inszenieren ließen – zumal wenn es um »Hitlers Papst« ging. Erst der Historiker Peter Godman, der in Rom lehrt, habe »hinter die Kulissen dieser nach außen scheinbar abgeschotteten Welt blicken können«. Godman, Jahrgang 1955, hatte Zugang zu Geheimdokumenten, schon bevor die vatikanischen Archive im Frühjahr 2003 der Wissenschaft geöffnet wurden: für die Jahre bis zum Tod von Pius XI. (1939). Pacellis Berichte als Nuntius in Deutschland hatten weder Furcht noch Sympathie für den Nationalsozialismus gezeigt, und als sein Nachfolger Cesare Orsenigo aus Berlin im Mai 1933 den neuen Reichskanzler Hitler mit antisemitischen Anbiederungen an die Kirche zitierte, antwortete Pacelli auf päpstliche Anweisung: Da Frieden und Nächstenliebe allen Menschen jeder Religion und jeder *condizione sociale* gebühre, möge der Nuntius doch prüfen, »ob und wie es möglich wäre«, sich in diesem Sinne einzusetzen.

Ob und wie? Nur sehr begrenzte Möglichkeiten bot das im Herbst 1933 unterzeichnete Konkordat Hitler-Deutschlands mit dem Vatikan. Gleichzeitig jedoch begann dessen Heiliges Offizium streng geheim die nationalistische und rassistische Nazi-Ideologie ins Visier zu nehmen: Drei Professoren aus dem Jesuitenorden wurden beauftragt, über die verwerflichen Eigenschaften des Nationalsozialismus lange Listen zu verfassen, die so brisant waren, dass sie 1940 – als Hitlers Sieg zu befürchten war – zeitweilig in den USA versteckt wurden.

Im Mai 1935 wurden in 47 Thesen diese Übel entlarvt: der götzendienerische *(idololatrious)* Nationalismus und Totalitarismus, der kriminell-religiöse Rassenkult und dabei ausdrücklich auch die politisch begründete »direkte Tötung einzelner oder vieler Menschen, ihre Verwundung, Verprügelung, Einkerkerung, Diffamierung, Verleumdung und dergleichen«. Im Oktober 1936 verurteilten 9 Thesen den atheistischen Kommunismus und 19 den totalitär-rassistischen Nationalismus, seinen Kriegskult und seine Menschenrechtsverletzungen durch Rassismus und antichristliche Aktionen.

Godmans Forschungsergebnisse zeigten, wie Pius XI. und Pacelli diese Urteile des Heiligen Offiziums »radikal überarbeiteten« und dabei, »geteilt zwischen Realismus und Wunschdenken«, stets die

»Opportunität« hinterfragten. Das Ergebnis war die päpstliche Enzyklika vom März 1937, die das NS-Regime tadelte, aber nicht verurteilte, und die nach fünf Tagen durch eine viel schärfere, auch in Berlin willkommene Enzyklika gegen den Kommunismus gleichsam ausgeglichen wurde. Ob der Bolschewismus »ein Werk der Juden« sei, wisse er nicht, »aber den deutschen Juden ist bestimmt, aus dieser Nation zu verschwinden«, schrieb der Berliner Nuntius schon 1935 nach Rom.

Stehle sieht in Godmans Arbeit das bislang objektivste Buch. Es komme zu dem Schluss, »dass Pius XI. und Pius XII., wenn sie schwiegen, nicht feige waren, sondern glaubten, weise zu handeln«. Er erkennt darin allerdings nur eine halbe Wahrheit.

Sie reicht aber aus für den Freispruch, vor allem, wenn dazu noch die Begründung eines Mannes herangezogen wird, der bereits 1965 das Schweigen des Papstes untersucht hat, der ehemalige italienische Priester und spätere Publizist Carlo Falconi. Er antwortete auf die Frage, ob Pius XII. aus Angst und letztlich Mangel an religiöser Wärme geschwiegen habe: »Wer auch nur hypothetisch ein solches Urteil fällte, hätte nichts von der Persönlichkeit Pius XII. verstanden oder gar einen Menschen aus ihm gemacht, der die anderen auf abstoßende Art getäuscht hätte.«

Feigheit, urteilte Falconi, »stand schon sozusagen von seiner Konstitution her zu der Natur und dem Charakter des Papstes Pacelli im Gegensatz. Sein ganzes Leben hat er ja in einer gewissen erregten Anspannung zugebracht, fast einer Überschwänglichkeit, die, zumal in den letzten zehn Jahren, bisweilen beunruhigende Ausmaße annahm; es war eine Form von Erregung, deren Grund nicht im Äußeren, sondern in seinem eigenen Inneren lag. Daher auch seine Isolierung und Einsamkeit, die ihren Ursprung zum Teil in seinem scheuen Wesen hatte: scheue Naturen neigen ja dazu, ihren Mangel an Kommunikation durch einen gewissen Selbstkult zu kompensieren. Daher auch seine asketische Strenge, die man ohne jede Übertreibung mehr seiner Natur als einem rein religiösen Antrieb zuschreiben kann – was natürlich nicht bedeutet, er sei als Kirchenmann nicht von religiösen Motiven durchdrungen gewesen. Daher schließlich auch die ganz besondere Aktivität seiner Art, die Kirche zu regieren: allen Unternehmungen zwang er, was Dauer, Intensität und methodische Durchdringung anlangt, einen äußerst heftigen Rhythmus auf.« Die Schmach einer Niederlage, noch dazu aus Feigheit, sei bei einer Persönlichkeit von so übermenschlichem Format wie Eugenio Pacelli psychologisch überhaupt nicht denkbar.

Warum hat er also geschwiegen? Falconi zählte eine Reihe von Gründen auf. Ausschlaggebend sei das pessimistische Urteil gewesen, das der Papst sich über die Lage, in der er wirken musste, gebildet hatte. Psychologisch seien die deutschen Katholiken völlig unvorbereitet gewesen. Dann die Überzeugung, dass von einer Schwächung des Nazismus die Kommunisten profitieren würden. Pius dachte nach Falconis Befund an das blinde, von ihm in keiner Weise geteilte Vertrauen der Alliierten in die kommunistische Führung. Besonders aber galt seine Sorge der Zukunft der Kirche. Er wollte ihr überall die besten Möglichkeiten sichern, zu überleben, und zwar so stark, dass sie nach dem Ende des Krieges als gestalterische Kraft für den Wiederaufbau Europas wirken konnte.

Der Philogermanismus hat nach Falconis Überzeugung natürlich eine Rolle gespielt, aber noch mehr die Prägung als Berufsdiplomat mit seiner fast nur in Deutschland erworbenen Erfahrung. Es habe schon etwas Erschütterndes an sich, wie Pius XII. der diplomatischen Kunst vertraut habe. Das ist jedoch nicht juristisch noch moralisch justitiabel. Die Kirche hat er jedenfalls heil und für einige Jahre noch stark über die schlimmsten Jahre gebracht.

Am Ende dieses Kapitels stellt sich noch eine deutsche Frage. Die Nazis hätten sich mit Sicherheit um päpstliche Appelle nicht mehr gekümmert. Die Endlösung hätte auch Pius XII. nicht mehr verhindert. Was wäre aber geschehen, wenn die Führung des deutschen Katholizismus geschlossen gegen Hitler gestanden und die Katholiken insgesamt zum Widerstand aufgerufen hätten? Der frühere Kölner Oberbürgermeister und erste Bundeskanzler Konrad Adenauer schrieb im Februar 1946 in einem Brief an den Bonner Pastor Bernhard Custodis:»Ich glaube, dass, wenn die Bischöfe alle miteinander an einem bestimmten Tag öffentlich von den Kanzeln aus dagegen (die notorischen Verbrechen Hitlers) Stellung genommen hätten, sie vieles hätten verhüten können. Das ist nicht geschehen und dafür gibt es keine Entschuldigung.«

Papst und Bischöfe waren dazu nicht in der Lage, weil sie sich als Gefangene ihrer Angst vor Liberalismus, Sozialismus und Demokratie in ihrem Bollwerk der autoritären und absolutistischen Monarchie verschanzten und alles Neue als modernistisch und relativistisch blind ablehnten. Ein Hirtenwort am Ende des Ersten Weltkrieges illustriert das Denken dieser Oberhirten, die in diesem Geist sich fatal für das Versagen haben vorbestimmen lassen:»Euer Schild ist blank! Trotz Eurer Siege ist uns die Niederlage bestimmt. Wer wird sich erdreisten, an Gottes Vorsehung herumzumäkeln! Furchtbares kommt auf uns zu: Die Trennung von Staat und Kirche!« Eine Wegweisung in die Demokratie findet sich nicht. Stattdessen jammern die Bischöfe über die schreckliche, demokratische Zukunft und appellieren an die demoralisierten Soldaten:»Bleibt – wie im Felde – auch daheim der Obrigkeit treu!«

Der Sterbende

Leiden, Christusvision und Tod

Nicht alle glaubten an Erscheinungen –
Skandal am Totenbett

Beliebt war Pius weder in der Kurie noch im römischen Klerus, obwohl die Römer ihn als Papst hoch schätzten. Er war schließlich seit langem der erste echte Römer, wenn man akzeptiert, dass als echte Römer alle gelten, deren Familien mindestens in der dritten Generation in der Ewigen Stadt leben.

Der Klerus erzählte sich gerne Witze über sein Oberhaupt, die mehr über ihn aussagen als manche kluge Abhandlung. Sie spielten vor allem auf die mystischen Erfahrungen des Papstes in seinen letzten Lebensjahren an.

Seit Anfang der 50er Jahre plagte Pius ein heftiger Schluckauf. Er glaubte, dass sein Ende bald bevorstand. Visionen suchten ihn heim. Zuerst waren es die Marienerscheinungen im Jahr der Verkündigung des Dogmas von der leiblichen Aufnahme Marias in den Himmel. Dann waren es Christus-Erscheinungen.

So erzählte er seiner Haushälterin Schwester Pascalina eines Morgens, er habe nachts eine Christus-Erscheinung gehabt. »Da wo Sie jetzt stehen, da hat er gestanden.« Der Haushälterin wurde unterstellt, sie habe nichts Besseres zu tun gehabt, als die Vision in die Presse zu lancieren.

In Wirklichkeit war es der Jesuit Virginio Rotondi. Ihm hatte Pius XII. unter dem Siegel der Verschwiegenheit und mit der Bemerkung, es nur ihm anzuvertrauen, genauso seine Vision erzählt wie zuvor dem Prostaatssekretär Domenico Tardini quasi mit denselben Worten. »Ich sage es nur Ihnen. Die anderen könnten denken, ich hätte Halluzinationen eines Kranken. Gestern habe ich eine, wirklich klare, Stimme rufen gehört, die sagte, jetzt werde es eine Vision geben. Es geschah jedoch nichts. Aber diesen Morgen während der Messe habe ich für einen Augenblick den Herrn gesehen.«

Dem Sekretär Pater Wilhelm Hentrich SJ erzählte Pius XII., am 2. Dezember 1954 habe er an seinem Bett eine Erscheinung des Herrn gehabt. Der Papst habe geglaubt, er wolle ihn zu sich holen. Die Erscheinung sei jedoch, ohne etwas zu sagen, wieder verschwunden. Im November 1955 wurde in der Mailänder Illustrierten »Oggi« über die Erscheinungen beim Papst berichtet. Der Papst sei über Rotondi so erbost gewesen, dass er ihn Monate lang nicht mehr empfing, erzählte jedenfalls Schwester Pascalina. Sie kannte auch das glückliche Ende. Als er ihn wieder zu sprechen verlangte, eröffnete er Rotondi, »dass letzten Endes die Veröffentlichung gut war«.

Seit dem Apostel Paulus hat es keine Christuserscheinungen mehr gegeben. Wenn also Pius eine gehabt haben sollte, dann wäre es unausweichlich, dass er bald nach dem Tod selig und heilig gesprochen werden müsste. Wenn Schwester Pascalina daran geglaubt hätte, dann ging ihre Absicht jedoch völlig daneben. In Rom machte schnell eine ironische Anspielung auf das Zwiegespräch zwischen Chef und Stellvertreter die Runde. Schwester Pascalina habe eines Morgens beim Papst an die Tür geklopft und gefragt: »Heiliger Vater, darf ich Ihnen eine Tasse Kaffee bringen?« Pius habe geantwortet: »Heute bitte zwei!«

Wie sollten überhaupt die Mitarbeiter mit den Erscheinungen des Papstes umgehen? Der Schweizer Ökumeniker und Theologe Otto Karrer schrieb seinem Freund, dem Beichtvater von Pius XII., Augustin Bea, einige Einwände gegen die Bekanntmachung. Bea antwortete mit einem fünfseitigen, eng beschriebenen Brief, in dem er sich auf Tardinis Darstellung bezog und forderte, dass bei einem so tief gläubigen Menschen wie Pius eine Wertung nur mit größter Ehrfurcht vorgenommen werden solle. Sie werde »natürlich umso größer, wenn es sich um den Stellvertreter Christi handelt«.

Dann ging Bea besonders auf die seit längerer Zeit erschütterte Gesundheit des Papstes ein. Nur unter Aufbietung der äußersten Energie könne Pius noch seine Aufgaben erfüllen. Trotz des unterunterbrochenen und krampfhaften Aufstoßens, das die ganze Person erschütterte, war sein Verstand »ganz Licht«. Wenn ihm aber in einem solchen Augenblick der Herr erscheine und ihm gegen alle Erwartungen die Gesundheit wieder geschenkt wurde, dann bedeutet dies offenbar den Auftrag, die schwere Last mutig weiter zu tragen, zugleich aber auch die Verheißung, dass Gott ihm dafür die notwendige Kraft geben werde. Wäre die Vision nicht durch eine Indiskretion bekannt geworden, so hätte sich die Bedeutung in dieser persönlichen Sphäre erschöpft.

Die Kritiker fanden zahlreiche Punkte, die sie Pius ankreiden konnten. Seine offen gezeigte Sympathie für die Deutschen und seine Haltung zur Judenvernichtung wurden ihm trotz der bekannten Hilfsaktionen übel genommen. Zu sehr distanzierte er sich auch von seinen eigenen Mitarbeitern. Er fühlte sich so nah an Gott, dass er selbst zu seinen Kardinälen und Bischöfen Abstand hielt. Die Kardinäle, denen gewiss nicht Uneitelkeit nachgesagt wird, zumal in Zeiten, als sie sich noch als wahre Kirchenfürsten fühlten, hatte Pius ja gleich zum Beginn seines Pontifikats verärgert. Er untersagte den Purpurherren das Tragen der langen Festtagsschleppe. Gleichzeitig verordnete er aber, dass seine eigene verlängert wurde. Selbst sein Tod ergriff den Klerus wenig, zu sehr hatte er die eigene Autorität überhöht und die Kardinäle in ihren Kompetenzen beschnitten oder übergangen.

Trotz allem dachte Pius XII. an Rücktritt, wenn er nicht mehr in der Lage sei, das Papstamt voll auszuüben, was ihm übrigens auch drei seiner Nachfolger gleich taten. Johannes XXIII., Paul VI. und Johannes Paul II. beschäftigten sich ebenfalls mit Rücktrittsgedanken. Pius XII. äußerte jedenfalls am 14. November 1957, ein Jahr vor seinem Tod, zu Wilhelm Hentrich den Wunsch, sich in ein Trappistenkloster zurückzuziehen, wenn er nicht mehr die Kraft zum Regieren habe. Hentrich empfahl dagegen die Kartäuser. Deren Leben sei aber dem Papst nicht hart genug gewesen.

Schwester Konrada, die Köchin, hatte von ihm dagegen denselben Wunsch in anderer Version vernommen:»In solch schwierigen Zeiten kann die Kirche nicht durch einen Papst geführt werden, der nicht alles geben kann.« Er wolle deshalb nach Roschach gehen und Hausseelsorger im dortigen Kloster werden, wo er so häufig als Nuntius Urlaub gemacht hatte. Im Gespräch mit dem stellvertretenden Chefredakteur des»Osservatore Romano«, Cesidio Lolli, fragte er, wie man sich für längere Zeit einen behinderten Papst vorstellen könne.»Der Rücktritt ist besser.«

In der Nacht zum 15. Mai 1956 schrieb er von Hand sein Testament, in dem er alles dem Heiligen Stuhl vermachte und wünschte, dass für ihn keine Denkmäler errichtet würden. Er habe erkannt, was er bei der Papstwahl schon gesehen habe, dass er dem Amt schlecht gewachsen war. Schwester Pascalina bekannte er, dass, wenn er nicht von einem plötzlichen Tod überrascht werden sollte, er den Herrn gebeten habe, ihm einen Tag zur Vorbereitung zu lassen.

Das Jahr bis zum Tod war für Pius XII. eine reine Qual mit wenigen Unterbrechungen. Sein Gesundheitszustand hatte sich von 1950 an sichtbar verschlechtert. Am 31. Mai wurde er unmittelbar vor einem Segen für Mailänder Pilger kurz ohnmächtig. Zwei Jahre danach zeigte er Symptome einer Vergiftung, die er auf ein Medikament gegen Zahnschmerzen zurückführte, das versehentlich mehrfach verabreicht worden sei. In dieser Zeit schüttelten ihn die ersten Schluckauf-Anfälle.

Im Januar 1953 bekam er eine doppelseitige Lungenentzündung, nachdem er von der Kardinalsernennung schweißtriefend nach Hause gekommen war. Statt sich sofort umzuziehen, hielt er noch einige Audienzen, bis er schließlich Schwester Pascalina gegenüber über heftige Kopfschmerzen klagte. Er wurde mit Penicillin behandelt. Einige Wochen lang durfte er nicht schreiben, um eine Nervenentzündung an der rechten Hand zu kurieren.

Im Oktober 1953 besuchte das Ehepaar Niehans aus Bern ein Konzert des Meisterdirigenten Wilhelm Furtwängler in Rom, der Patient von Prof. Paul Niehans war. Niehans war sichtbar mit einem ausgesprochenen Hohenzollernprofil als der Sohn eines natürlichen Sohnes vom deutschen Kaiser Friedrich III. zu identifizieren. Er hatte Theologie studiert und arbeitete als evangelischer Pfarrer, bevor er sich ganz der Medizin widmete und durch eine von ihm entwickelte Frischzellenkur weltberühmt wurde. Er wurde zu Pius XII. nach Castel Gandolfo gebeten, wo ihm gegenüber der Papst über Schlaflosigkeit klagte. Niehans wollte ihn behandeln, stieß aber auf Widerstand. Der Papst fühlte sich zu sehr mit Arbeit belastet, dass er die notwendige Zeit von einigen Wochen nicht freimachen wollte.

Wenige Monate später erhielt Niehans einen Eilbrief von Schwester Pascalina. Im Februar 1954 untersuchte er den sterbenskranken Heiligen Vater. Er diagnostizierte statt der bisher von den Papstärzten angenommenen Störung des Zentralnervensystems eine lebensgefährliche Magenstörung als Ursache für den Schluckauf. Mit Eiswasser, das der Papst in kleinen Schlucken trinken musste, brachte er den Schluckauf für einige Zeit zum Verschwinden.

Zusammen mit Niehans behandelten Antonio Gasbarrini und der Chirurg Raffaele Paolucci den Papst. Als Arzt spielte zu dieser Zeit der zwielichtige Riccardo Galeazzi-Lisi eine Nebenrolle. Pius XII. wollte ihn zeitweise nicht mehr sehen. Später durfte er nur noch im Hintergrund bei der Behandlung zusehen, weil der Papst aus Mitleid seinen einst gepriesenen Leibarzt nicht völlig verbannen wollte, zumal anscheinend eine Krankheit dessen Persönlichkeit verändert habe.

Diese Veränderung, wenn es sie wirklich gegeben haben sollte, hatte jedoch einen anderen, weniger noblen Namen. Der Mann war als Arzt unfähig, dafür umso geldgieriger. Der Papst hatte ihn zum Leibarzt noch als Kardinalstaatssekretär erkoren, nachdem er ihm durch Empfehlung vorgestellt worden war. Das Schlüsselerlebnis soll eine Autofahrt von Castel Gandolfo nach Rocca di Papa gewesen sein. Pacelli liebte schnelles Autofahren. Als sein Fahrer scharf bremsen musste, stieß Pacelli mit dem Kopf an die Wagendecke und wurde im Gesicht leicht verletzt. Galeazzi-Lisi habe den Bluterguss so schnell behandelt, dass wenige Stunden später nichts mehr zu sehen gewesen sei. Eine verhängnisvolle Vertrauensbeziehung baute sich auf.

Ostern 1954 beobachtete ein Teilnehmer der Papstmesse, wie langsam sich der Papst bewegte, mit müden Schritten, mit kleinen Augen und mit kreideweißem Gesicht:»Ein verbrauchter Körper«, dachte er. Der leidende Papst weckte Mitleid und die Neugier der Medien. Der seltsame Papstarzt witterte sein Geschäft. Er soll einer deutschen Zeitschrift Erinnerungen mit Insiderinformationen über Pius XII. für 25.000 Dollar angeboten haben. Zum Beleg schickte er ein Foto, das Pacelli auf einem mechanischen Pferd zeigte, ein Bild aus Berliner Nuntiuszeiten.

Der Hinweis auf deutsche Zeitschriften wurde dem Vatikan durch die deutsche Botschaft beim Heiligen Stuhl zugespielt. Papstneffe Carlo Pacelli bestätigte, dass Galeazzo-Lisi daraufhin aus dem Umkreis von Pius XII. verbannt wurde, weil er auch noch mit verschiedenen Medien, darunter die amerikanische Nachrichtenagentur United Press, lukrative Verträge abgeschlossen hatte. Am Lebensende des Papstes war der Arzt jedoch wieder in seiner Nähe und ließ sich gleich von mehreren Seiten als Informant bezahlen.

Am 24. Juli 1958 zog sich Pius XII. nach Castel Gandolfo zurück. Mehrere Audienzen standen noch auf seinem Programm, deren Ansprachen er teilweise nicht mehr zu Ende führen konnte. Die Schluckaufbeschwerden verstärkten sich. Einer der letzten, die er in Einzelaudienz empfing, war der englische Schauspieler Alec Guiness. Am 4. Oktober wünschte er von Schwester Pascalina noch einige Besorgungen aus Rom. »Halten Sie sich aber nicht zu lange auf«, bat er sie, was er bis dahin nie gesagt hatte.

Möglicherweise gehörte zu den Aufträgen an sie auch ein Wunsch an die deutsche Heilig-Stuhl-Botschaft. Der Leiter der deutschen Abteilung von Radio Vatikan, Jesuitenpater Schmitz, ein humorvoller Mann, erschien in der Botschaft und teilte mit, der Papst habe den Wunsch geäußert, Wagners Götterdämmerung in der besten Schallplattenaufnahme zu hören. Schmitz fügte hinzu, er wäre sehr dankbar, wenn es der Botschaft nicht gelingen würde, diese Platte zu besorgen. Die Bestellung erübrigte sich durch den Tod des Papstes.

Am 5. Oktober feierte Pius XII. seine letzte Heilige Messe. Am späten Nachmittag wurde Professor Gasbarrini mit Hilfe des Patriarchen von Venedig, Angelo Roncalli, bei einem Kongress in der Lagunenstadt ausfindig gemacht und sofort nach Castel Gandolfo gebeten. Noch vor Mitternacht kam er in Rom an. Die Eisenbahner hatten von dem Grund des dringlich erwarteten Reisenden erfahren und gesichert, dass er alle Anschlusszüge erreichte. Am 6. Oktober fiel der Papst ins Koma. Pater Hentrich spendete ihm die Krankensalbung. Am Abend kam Pius nochmals kurz zu Bewusstsein. Am nächsten Morgen wollte er noch einmal die Messe feiern. Schwester Pascalina überzeugte ihn, dass er nicht nur im Bett bleiben, sondern auch etwas essen müsse. Er folgte ihr und schluckte eine Suppenbrühe hinunter.

Nach einem kurzen »gut« zögerte er einige Augenblicke. Dann fügte er wie ein Amen in der Kirche den Satz hinzu: »Das ist mein Tag.« Es sollte nach seiner Vorstellung der letzte Tag vor dem Tod sein, den er sich von Christus selbst erbeten hatte. Am selben Tag wollte er noch mit dem Substituten Dell'Acqua Kuriendinge erledigen. Für den Sterbenden gab es nichts mehr zu erledigen. Der Abend begann mit weiteren Schluckaufbeschwerden und kurzen Ruhephasen. Gegen Morgen wurde er blass und flüsterte nur: »Ich fühle mich so schlecht, so schlecht. Oh mein Gott.« Er schloss um 3.52 Uhr des 9. Oktober für immer die Augen.

Die Todesursache beschrieb Augustin Bea: »Im Grunde war der Organismus, wie ich öfter bemerkte, wenn ich bei ihm war und er sich unbeobachtet glaubte, völlig aufgebraucht, und nur die Energie hat ihn in den letzten Monaten aufrecht gehalten, wenn er sich in der Öffentlichkeit zeigte.«

Als sein Intimfeind galt ausgerechnet der Dekan des Kardinalskollegiums, der Franzose Eugène Tisserant. Dem oblag es traditionell nach dem Ableben des Papstes, den Tod auf eine besondere Art zu prüfen. Drei Mal musste er ihn bei seinem Taufnamen rufen, also Eugenio, und jedes Mal mit einem kleinen silbernen Hammer leicht auf die Stirn des Toten klopfen. Tisserant soll so heftig zugeschlagen haben, dass er dem Leichnam beinahe den Kopf zertrümmert hätte, wurde jedenfalls in Rom übertrieben kolportiert.

Pius XII. starb begleitet von einem Trauerspiel, das bis heute Folgen nach sich zieht. Der Leichnam der Päpste darf nicht fotografiert werden außer bei den offiziellen Anlässen in den Trauerzeremonien. Im Mittelpunkt des Skandals stand Riccardo Galeazzi-Lisi, der sich selbst da noch als geschäftstüchtiger Scharlatan und Gauner erwies. Gleich mehrfach. Der Tod des Papstes wurde bereits am Mittag des 8. Oktober von mehreren römischen Zeitungen mit dicken Schlagzeilen und den längst vorbereiteten – was üblich ist – Sonderseiten gemeldet. Die verfrühte Todesnachricht hatte Galeazzi-Lisi verursacht.

Dieser hatte mit mehreren Agenturen Verträge als Informant, »Maulwurf«, wie es im Journalistenjargon heißt, geschlossen. Mit dem angesehenen Vatikanisten Giulio Bartoloni hatte er vereinbart, durch eine Bewegung an einem bestimmten Fenster des Papstpalastes anzuzeigen, dass Pius gestorben sei. Bartolonis Sohn Bruno, damals 18 Jahre jung und heute ebenfalls bekannter Vatikanist, sollte das Fenster beobachten. Einige Journalisten hatten in der Nähe eine Wohnung gemietet, in der es ein für damalige Zeiten ausgesprochen seltenes Telefon gab. Jeder Einzelne hatte mit seiner Redaktion in Rom einen Geheimcode ausgemacht, um sie ohne unerwünschte Mitwisser informieren zu können. Bartoloni meldete seinem Vater im vatikanischen Pressesaal, er habe Bewegungen des Vorhangs gesehen. Bartoloni senior erzählte davon seinen Kollegen, aber mit Vorbehalt, da nichts verifiziert worden sei. Dennoch griff eine noch neue römische Agentur die Notiz auf und verbreitete die Falschmeldung. Um 12.45 Uhr dementierte Gasbarrini mit den Worten: »Der Heilige Vater atmet noch, wenn auch mit viel Mühe.«

Riccardo Galeazzi-Lisi war nicht nur ein Maulwurf für vertrauliche Nachrichten aus dem engsten Umfeld des Papstes. Er war auch ein eifriger Fotograf mit einer für diese Zeit extrem kleinen Leica. Gleich nach der Todesmeldung bot er Fotos vom sterbenden bzw. toten Pius XII. an. Diese wurden auch gegen horrende Summen veröffentlicht, trotz der bis dahin nicht gekannten Geschmacklosigkeit. Einen Menschen, gar noch den Papst, im Todeskampf zu zeigen, konnte sich niemand vorstellen.

Die Kurie wollte unbedingt herausfinden, wann und wie die Fotos entstanden waren, zumal der pietätlose Fotograf behauptete, sie in den letzten Augenblicken vor dem Tod aufgenommen zu haben. Pius war mit einem völlig erschöpften Gesichtsausdruck und im Schlafanzug auf dem Totenbett abgebildet. Mehrere Monsignori, die zu der fraglichen Zeit im Sterbezimmer waren, konnten sich nicht erinnern, dass fotografiert worden oder dass Galeazzi-Lisi überhaupt anwesend gewesen wäre. Unmittelbar nach dem Tod seien jedoch viele Menschen in das Zimmer geströmt, Filmaufnahmen seien entstanden und zahlreiche Blitzlichter erhellten die Räume um das Sterbezimmer. Der Papst habe bis zum Tod eher gelassen ausgesehen. Erst danach seien die Spuren des Leidens aufgetreten und nach kurzer Zeit wieder verschwunden. In diesem Moment sei er wohl fotografiert worden. So will es die kuriale Lesart. In Wirklichkeit zeigten die Fotos eindeutig den noch lebenden Papst im Todeskampf.

Wie sich Galeazzo-Lisi dann sogar noch durchsetzen konnte, als es darum ging, den Leichnam einzubalsamieren, bleibt ein Rätsel. Jedenfalls hatte er versichert, den Leichnam so aufbereiten zu können, dass keine inneren Organe entfernt werden müssten. Daraufhin wurde ihm die Einbalsamierung überlassen. Entsprechend der Tradition wurde der Verstorbene im Petersdom aufgebahrt. Vor der versammelten Presse stieg der Arzt, um die perfekte Einbalsamierung nachzuweisen, am ersten Tag der Aufbahrung auf eine Leiter und kniff den toten Papst in die Wange.

Die Einbalsamierung war aber derart unsachgemäß, dass die Verwesung viel zu schnell fortschritt, so dass die Aufbahrung früher als vorgesehen abgebrochen werden musste. Am Abend des Todestages, nachdem führende Politiker und Kirchenvertreter dem Toten ihre letzte Ehre erwiesen hatten, wurden die Missionschefs der beim Heiligen Stuhl akkreditierten Botschaften in die Peterskirche gebeten. In der Mitte des Mittelschiffes waren jeweils zwei sich gegenüberstehende Bänke aufgestellt, auf denen die Diplomaten Platz nahmen. Die große Kirche wirkte bei der totalen Menschenleere noch gewaltiger als sonst. Gegen sechs Uhr abends öffnete sich das große Portal von St. Peter. Begleitet von Kerzen tragenden, weiß gekleideten Ministranten wurde auf einem einfachen Karren die schlichte Kiste mit der sterblichen Hülle des Verstorbenen in das Mittelschiff der Kirche zwischen die sich gegenüberstehenden Bänke gezogen. Diese Feierstunde war wohl der ergreifendste Teil der gesamten Trauerfeierlichkeiten. Prostaatssekretär Tardini nahm die Kondolenzen entgegen und der holländische Kurienbischof van Lierde vollzog die Einsegnung. Die ganze Zeremonie war sehr kurz, aber von einer unerhörten Eindringlichkeit.

Unmittelbar nach den Trauerfeierlichkeiten trafen die Kardinäle aus aller Welt zum Konklave in Rom ein. Wie immer in einer solchen Situation wurde viel spekuliert, wer aus dem Konklave als Papst hervorgehen würde. Verschiedene vom Aberglauben diktierte Kriterien, die bei einer Papstwahl eine Rolle spielten, wurden zu Vorhersagen herangezogen. Seit 1840 wechselten Päpste, die in ihrem Familiennamen ein »R« führten, stets mit Päpsten, die kein »R« hatten, ab. Also: Graf Ferretti (Pius IX.), Pecci (Leo XIII.), Sarto (Pius X.), della Chiesa (Benedikt XV.), Ratti (Pius XI.), Pacelli (Pius XII.). Das zweite Kriterium war, dass es sich bei den Päpsten ohne »R« stets um asthenische, bei den Päpsten mit »R« um pygnische Typen handelte. Man konnte davon ausgehen, dass die seit 1520 geltende Regel, nur Italiener zu wählen, fortbestand. Hielt sich das Konklave an die oben vorgegebenen Kriterien, so kam eigentlich nur Roncalli in Frage, der Kardinal mit dem »R« und Pygniker. Angelo Roncalli wurde zum Papst Johannes XXIII. gewählt.

Das Lebenswerk

Der letzte Stellvertreter oder im Zenit des Papsttums

An Pius XII. scheiden sich die Geister,
weil ihn keiner mehr erreichen kann

Wenige Wochen vor seiner Wahl zum Papst hat Eugenio Pacelli vor römischen Studenten einen denkwürdigen Vortrag gehalten, der nach dem Eindruck eines der Zuhörer, des späteren Spitzenpolitikers Giulio Andreotti, geradezu Dantesches Format hatte: »Rom – weshalb Christus Römer ist«. Andreotti behielt einen Schlüsselsatz im Gedächtnis: »Rom ist Rom wegen des römischen Papstes.« Dachte

Pacelli da bereits an sein künftiges Pontifikat? Es kann nicht ausgeschlossen werden, zumal er seit Jahrhunderten wieder der erste Papst wäre, der in der Ewigen Stadt auch geboren wurde.

Dieser Schlüssel zu seinem überhöhten Amtsverständnis zieht sich durch die ganzen 19 Jahre seines Pontifikates von 1939 bis 1958. Christus ist Römer und weil er, Pacelli, Römer ist, wird er als Papst ihm am nächsten sein. Ein Römer konnte sich auch nahtlos auf die große Vergangenheit der Kirche berufen. Was lag näher, als einen großen Vertreter des konstantinischen Zeitalters, in dem sich einenhalb Jahrtausende lang die Kirche als über alle weltliche Macht erhaben fühlte, zum Papst zu wählen?

Überragende religiöse Figuren waren nicht angesagt, schon gar nicht in der Endphase dieser machtpolitisch geprägten Epoche, deren Ablauf zur Zeit der Pacelli-Wahl zum Papst noch nicht abzusehen war. Eugenio Pacelli sollte als Pius XII. der letzte Vertreter dieses konstantinischen Zeitalters der Kirche werden. Er und die ganze Kirche wussten es nur noch nicht.

Darin liegt ein Schlüssel zu Pius XII., wenn sein Lebenswerk beurteilt werden soll. Der italienische Publizist Carlo Falconi, der zu Zeiten von Pius XII. bis 1949 katholischer Pfarrer war, fragte in seinem 1965 erschienenen Buch über Pius XII. denn auch folgerichtig, ob es nicht besser gewesen wäre, am Vorabend des Zweiten Weltkrieges einen tief religiösen statt einen durch und durch diplomatischen Papst zu wählen.

Überhaupt auf diese Frage zu kommen, war nur mit Abstand möglich. Der große, schlanke Pacelli faszinierte über die Maße alle, die näher mit ihm zu tun hatten. Seine asketische, entrückte Ausstrahlung verkörperte für viele die Ideale des Papsttums überhaupt: Frömmigkeit, Hingabe, Gott gegebene höchste Autorität und Unfehlbarkeit im moralischen Urteil. Dieses Bild zersplitterte erst fünf Jahre nach seinem Tod, genau am 20. Februar 1963, in viele Einzelteile, die sich bis heute nicht wieder einfach zusammensetzen lassen.

Über Alternativen zu Eugenio Pacelli, wie Falconi anregte, kann viel spekuliert werden. Eins steht aber am Anfang aller Überlegungen in diese Richtung unbestritten fest. Pius XII. hat die katholische Kirche über die schlimmsten Wirren des 20. Jahrhunderts gerettet. Das katholische Milieu, das es als geschlossene, kulturelle und gesellschaftliche Zusammengehörigkeit ohnehin erst seit Anfang des 19. Jahrhunderts gab, löste sich nicht wegen Pius XII. auf, sondern weil durch Krieg und Nachkriegsauseineindersetzung, durch eine Erschütterung aller überkommenen, konservativen Werte nach dem Versagen der Vätergeneration alle autoritären Ansprüche zur Disposition gestellt wurden. Dazu gehörte auch der Papst.

Selbst die Katholiken nutzten wieder die Freiheit, die sie zwar theoretisch immer hatten. Nur durften sie im Milieu Jahrzente lang nicht sagen, was sie wirklich glaubten und dachten, weil es ihnen im Alltag geschadet hätte. Kirchenaustritt war bis dahin tabu. Ein solcher hätte jeden isoliert – und das nicht nur bei den Kirchgängern. Ein Geschäftsmann oder Handwerker wäre von den katholisch geprägten Gemeinden boykottiert und ruiniert worden. Das System war Zwang.

Das war das kirchliche Klima noch Anfang der 60er Jahre. Nach Konzil und Hochhuth und der schon spürbaren Unruhe in der jungen Generation versagten Dekretieren und Befehlen. Jetzt waren Bekennen und Überzeugen gefragt statt stures Pochen auf Dogmen und Gehorsam.

Wenn Pius dennoch zu diesem Aufbruch beigetragen hat, dann in einem dialektischen Sinn. Er hat den Autoritätsanspruch des römischen Lehramtes so absolut genommen und überstrapaziert, wie es nur ein in tiefster Seele vom alles überragenden Stellvertreter-Christi-Sein überzeugter Papst tun konnte. Auf diesen Höhepunkt hatte

Pius gezielt hingearbeitet. Das begann schon früh, als er das Kirchenrecht neu fasste. Er zementierte den weder biblisch noch historisch zu rechtfertigenden römischen Zentralismus. Er handelte im Bewusstsein der erst 1870 definierten Unfehlbarkeit und beanspruchte sie weit über höchste lehramtliche Erklärungen hinaus. Er markierte auf diese Weise den Zenit päpstlicher Ansprüche. Danach konnte es mit der Autorität nur noch abwärts gehen.

War er trotzdem oder gerade deshalb der richtige Papst zur richtigen Zeit? Das Lebenswerk des Pius XII. lässt diese Frage unterm Strich mit Ja beantworten, auch wenn es schwer fällt, all das Zweifelhafte, widersprüchlich Scheinende, das menschliches Verhalten auszeichnet, zu akzeptieren, vor allem bei einem Papst. Cornwell kam in seinem Buch »Der Papst, der geschwiegen hat« zu dem Ergebnis, dass Pacelli kaum als ein Beispiel von Heiligkeit diene, sondern als Beispiel für »ein in sich gebrochenes menschliches Wesen«. Michael Marrus, einer der sechs Historiker der jüdisch-katholischen Kommission, die bald ihre Arbeit niederlegten, glaubte nicht, dass sich jemals ein eindeutiges Bild von Pius XII. ergeben werde. Auch in den Tiefen des Vatikans vermutete er keine großartigen Geheimnisse. Die Welt werde sich also damit abfinden müssen, dass Pius weder ein Heiliger war noch mit dem Teufel paktierte.

Deutschfreundlichkeit und blinder Antikommunismus lassen sich nicht leugnen. Ebenso nicht, dass er als absolutistischer Monarch in hellenistisch-römisch imperialer Tradition dachte und handelte. Er war weniger Theologe, sondern überwiegend Kirchenrechtler. Daraus ergaben sich alle Versuche, mit Staats-Kirchen-Verträgen selbst mit den schlimmsten Diktaturen zu paktieren im festen Glauben, Rechte selbst in der Hölle noch einklagen zu können. Eine Karikatur könnte ihn ohne weiteres mit dem Konkordat unter dem Arm vor einem KZ fordernd stehend abbilden. Darin käme wohl mehr die Natur seines Schweigens zum Ausdruck als mit allen verbalen Anklagen.

Pius XII. war längst vor seinem Altersstarrsinn eigensinnig und kritik-
unfähig, selbst wenn sein engster Mitarbeiter Domenico Tardini ihm
bescheinigte:»Manchmal, gerade in den schwierigeren Augenblicken,
stellte ihm sein scharfer, zum Detail neigender Verstand rasch und
klar sämtliche Lösungen vor Augen. Von jeder erblickte er sofort das
Für und Wider, die Vorteile und die Nachteile, die möglichen günsti-
gen oder ungünstigen Folgen. Daher blieb er bisweilen unsicher, un-
schlüssig, so, als fühle er sich seiner nicht sicher.« Ebenso gehört es zu
ihm, dass er aus seiner paternalistischen Sicht, wie Beichtvater Augustin Bea es formulierte,»Allen alles sein will«. Er konnte gegenüber
seinen nächsten Mitmenschen sich durchaus feinfühlig und rück-
sichtsvoll verhalten, was wiederum jedem ein kritisches Urteil erschwerte, der näher mit ihm zu tun hatte. Auf Distanz wirkte er ganz
anders. Der Tübinger Kirchenhistoriker Karl August Fink pflegte ihn
spöttisch»den größten Staatsschauspieler aller Zeiten« zu nennen.

Der Antijudaismus gehörte zu Pius XII. genauso, wie er systemimma-
nent nicht vom Christentum zu trennen ist. Er eskalierte in der gesamten abendländischen Geschichte immer schnell zum hässlichen,
brutalen, häufig blutrünstigen Antisemitismus, wenn ein Sündenbock
für Leid und Not oder politisches Versagen gesucht wurde.

Auf Pius XII. schlug diese Vergangenheit zurück. Er büßte als Sündenbock, weil nirgends auf der Welt nach dem Holocaust eine Persönlichkeit so zugespitzt für den historischen, religiösen Antijudaismus stand wie der Stellvertreter Christi auf Erden. Wie alle
Sündenböcke lenkte seine Verteufelung aber nur von den tatsächlich
Schuldigen ab, die sich in Wirtschaft und Politik längst wieder etab-
liert hatten und von denen sich keine einzelne überragende Persönlichkeit so einfach und für die Kritiker so folgenlos auf die Anklage-
bank hätte zerren lassen.

Pius XII. hatte Mitschuld, fatale Schuld, weil er vieles hätte verhindern können, als es noch nicht zu spät war. Es hätte ihm aber in den

Sinn kommen müssen. Nicht die Bedenken wirkten sich fatal aus, sondern das Denken in seiner Kirche. Dies zu leugnen, hieße die damaligen Vorstellungen der Kirche zu verkennen. Pius XII. steht für eine Kirche, die strukturell direkt neben dem autoritären Staat steht mit einer für Führerkult latent empfänglichen Hierarchie und einem halb vergötterten Papst an der Spitze.

Ein Schuldbekenntnis, wie es die evangelische Kirche in Deutschland abgelegt hat, war von einem Papst Pius nicht zu erwarten. Die Kirche sündigt nicht. Das musste sich später Johannes Paul II. vorhalten lassen, als er mit seinen Schuldbekenntnissen um Vergebung bat. Es sind immer nur die Menschen darin, die sündigen. Ein Mea culpa des Kirchenoberhauptes konnte sich ein Pius XII. nicht vorstellen. Nicht weil er keine Schuld anerkennen wollte. Er sah keine persönliche Schuld. Die Kirche und die Katholiken waren für ihn Opfer, das Lamm, das nur mit Not der Schlachtbank entronnen war. Zweifel plagten den Papst dennoch ein Leben lang, aber nicht wegen irgendeiner Schuld, sondern wegen der Verantwortung, der er sich nicht gewachsen fühlte. Wiederholt dachte er an Rücktritt oder sehnte sich nach einem Leben als einfacher Seelsorger.

Pius markierte einen Höhepunkt in der jüngeren Papstgeschichte. Nach ihm kam der pastorale, leutselige, gütige Johannes XXIII., weniger doktrinär als sein großer Vorgänger, der nach Beas Worten »in dieser Hinsicht ja einmalig ist … im Grunde ein einsamer Mensch in seiner Größe und seiner Verantwortung und in diesem Sinne einsam in der Strenge seiner Person und seines Lebens«. Bea rechnete mit »Jahrzehnten, wenn nicht Jahrhunderten, um das gewaltige Werk dieses Papstes und seinen sich auf Jahrhunderte hinaus erstreckenden Einfluss auf die Kirche und, sagen wir es ruhig, auf die Geschichte der Menschheit ermessen zu können.«

Beas Nachfolger an der Spitze des von ihm eröffneten Einheitssekretariates, Kardinal Walter Kasper, verteidigt ihn auf derselben Ebene:

»Es ist nicht gerecht, Pius XII. nach heutigen Maßstäben zu beurteilen.« Er »hat das Menschenmögliche getan«, um Juden von der Verfolgung der Nazis im Zweiten Weltkrieg zu schützen. Er habe sein Bestes getan, um »einen Mittelweg in einer solch tragischen Situation zu finden«. Indem er in der Stille agierte – im Glauben, dass mehr öffentlicher Protest gegen den Nazi-Rassismus noch schlimmere Verfolgung ausgelöst hätte –, »half der Papst zahlreichen Opfern«.

»Das Dilemma von Papst Pius XII. bestand darin, in den verschiedenen schrecklichen Momenten des Krieges die richtigen Entscheidungen treffen zu müssen«, schrieb der Kirchenhistoriker Giovanni Miccoli. »Aber das war nicht sein einziges Problem. Er, der sich als Prophet, als Meister, als Vermittler der göttlichen Wahrheit verstand, wie ja seine erste Enzyklika beweist, er war mit einer außergewöhnlich schwierigen Situation konfrontiert: Er musste im Grunde verhindern, dass durch seine Entscheidungen noch schlimmeres Unglück provoziert würde.«

Die Tatsachen des Pius-Pontifikates hätten allein nicht gereicht, um den Feldzug der Verleumdungen so erfolgreich führen zu können. Nein, Pius XII. verkörperte eine Kirche, die von den gesellschaftlichen Veränderungen, der politischen Wirklichkeit und der Liberalisierung der moralischen Vorstellungen überholt worden war. Den letzten Stoß gegen den päpstlichen Autoritätsanspruch versetzte schließlich der frühere Pius-Substitut Giovanni Battista Montini, als er als Papst Paul VI. mit seiner Pillen-Enzyklika Humanae vitae die meisten Katholiken zum Ungehorsam und viele zur inneren Emigration aus ihrer Kirche veranlasste. Rom konnte fortan sagen, was es wollte, wenn es den Gewissen und Erfahrungen der Katholiken widersprach, hielten sie sich nicht daran. Auch so gesehen war Pius XII. der letzte Stellvertreter. Und der Streit um seine Schuld an der Judenvernichtung erweist sich immer mehr als ein Stellvertreterkrieg gegen päpstliche Machtansprüche.

Im Grunde flüchtete Pius XII. sich in seine Rolle als Stellvertreter Christi, als er seine Unzulänglichkeit erkannte. Als Kirchenjurist und Diplomat, weder als Hirte noch als Lehrmeister, konnte er etwas gegen den Nazirassimus und den Holocaust ausrichten. Er hielt sich selbst für furchtlos. In Wirklichkeit blieb er Gefangener seiner Ängste. Er floh in die Distanz des höchsten Priesters, des Stellvertreters Christi. Mit diesem Selbstverständnis schottete er sich ab, ließ keine Kritik zu und wurde unnahbar.

Hätte ein Machtwort etwas am Holocaust ändern können? Ja, natürlich, wenn die Millionen deutschen Katholiken sich dem Führer verweigert hätten. Das jedoch war illusorisch, zumal nicht einmal der Episkopat sich in großer Mehrheit von den Nationalsozialisten distanzierte. Nein, natürlich nicht, auch wenn Pius XII. noch über größere Autorität in der katholischen Kirche und außerhalb verfügte als die Nachfolger. Der päpstliche Einfluss endete dort, wo reale Mächte ins Spiel kamen. Was hat denn sein Nachfolger Johannes Paul II. gegen den frömmelnden amerikanischen Präsidenten George W. Bush und den katholischen spanischen Premier Aznar ausrichten können, als beide entschlossen waren, gegen den Irak Krieg zu führen? Nichts.

Pius XII. war der Repräsentant der herrschenden Kirche. Dazu passte seine Konkordatspolitik mit den Herrschenden. Konkordate waren Grundlage, Machtmittel und Leitmotiv des Eugenio Pacelli als Nuntius, Kardinalstaatssekretär und Papst. Er betrachtete sie, so Andrea Tornielli, »als eine absolute Notwendigkeit für die Kirche, damit sie ihre Lehre verbreiten und über ihre Gläubigen herrschen kann«. Immerhin hat auf diese Weise Pacelli als Staatssekretär 33 neue Nuntien ernannt und von 1930 bis 1939 die Zahl der päpstlichen, nichtdiplomatischen Vertretungen von drei auf 22 erhöht, vornehmlich Vertreter in Staaten ohne offizielle Beziehungen wie die USA und Großbritannien.

Diese Konkordatspolitik, die Unterdrückung von Kritikern und Abweichlern und die mit Wahrheitsanspruch daher kommenden römischen Dekrete haben Beas Urteil über die historische Größe des alle überragenden Pius XII. bald zurechtgestutzt. In der Größe lag bereits der Anfang vom Ende der pontifikalen Herrlichkeit. Die Gläubigen ertrugen die päpstlichen Anmaßungen nicht mehr und kehrten der Kirche den Rücken.

2007 formulierte der bekannteste und profilierteste zeitgenössische Kritiker des herrschenden statt dienenden Papsttums, Hans Küng, in einem Interview:»Das andere ist, dass das Christentum mit seiner Machtkonzentration vielen auf die Nerven geht. Wenn wir einen Papst haben, der ständig groß in Erscheinung tritt, der als geistlicher Herr der Welt den Anspruch erhebt, nur wer mit ihm ist, ist ein wahrer Christ, nur seine römisch-katholische Kirche ist die wahre Kirche, dann geht das vielen auf die Nerven. Und auch wenn sie nicht öffentlich protestieren, so werden sie sich abwenden und sagen, damit möchte ich nichts zu tun haben.«

John Cornwell, der Pius als Hitlers Papst diskreditiert hatte, musste fünf Jahre später nach einem Bericht des»Economist« zugeben, dass er unausgeglichene Thesen vertreten habe. Es sei»unmöglich, Pacelli zu beurteilen«. Genau das wurde im vorliegenden Buch dennoch versucht mit der Absicht, nicht Pius XII. zu verteidigen, sondern ihm gerecht zu werden. Deshalb wurden relativ lange Abschnitte dem Klima und dem Denken gewidmet, in dem Pius und die meisten Katholiken erzogen worden sind. Der Papst muss deshalb nicht nur als Person aus seiner Zeit verstanden werden. Er muss auch in der Beschränktheit päpstlicher Wirkungsmöglichkeiten auf den Lauf der Welt gerechter eingeordnet werden. Er befiehlt wirklich keine Divisionen.

Gute Magazingeschichten, so lernen es die Journalisten, greifen zum Ende der Story den Einstieg auf und beschließen die Darstellung mit einem Bezug auf den Anfang. Er soll möglichst haften bleiben und in die Zukunft weisen. Ich will es auch hier so halten.

Pius XII. erscheint als der Papst, der als letzter konsequent jeden Widerspruch unterdrückt, verfolgt und vernichtet hat. Im Namen des Dogmas zerstörte er, blind getrieben von seinem Münchner Trauma, jeden, der sich des Kommunismus verdächtig machte. Sein Nachfolger Benedikt XVI. ging in dieser Tradition mit gleicher Konsequenz gegen die linksverdächtigen Befreiungstheologen in Südamerika vor und trieb deshalb ungewollt Massen von Gläubigen den Sekten in die Arme. Pius XII. lebte die römisch-imperiale Kirche. Benedikt XVI. kann davon nur noch träumen, weil die Päpste die Autorität der vorkonziliaren Zeit nur noch beanspruchen können. Es folgt ihnen aber kaum einer, wenn sie nicht überzeugt.

Joseph Ratzinger war übrigens von der römischen Pius-Kirche seiner Jugend- und Studentenzeit so stark geprägt, dass es tatsächlich in seinem Lebenslauf nie den Reformer gab, der ihm als Verfasser der bedeutendsten Konzilsrede des Kölner Kardinals Joseph Frings gegen kuriale Machtansprüche nachgesagt wurde. Die kritische Passage bei Frings hatte dieser von Hand ins Ratzinger-Manuskript eingefügt und sich nicht an die Vorlage seines jungen Beraters gehalten.

Das Lebenswerk des letzten Stellvertreters soll mit einer neuen Bewertung des Dramas»Der Stellvertreter« von Rolf Hochhuth schließen, das schließlich die ganze Kritik an Pacelli ausgelöst hat. Sie würde leichter fallen, wenn der Dramaturg es nicht mit gehässigen Ausfällen erschweren würde, ihn am Ende noch ernst nehmen zu können. Das ändert aber nichts daran, dass Hochhuth 1963, als in Rom die Bischöfe der ganzen Welt im Zweiten Vatikanischen Konzil die katholische Kirche aktualisieren wollten, den Boden für die schonungslose Kritik an der vorigen Generation mit bereitet hat.

Hochhuth und die Reaktionen auf ihn haben demonstriert, dass der Papst weder unfehlbar war noch über jede Kritik erhaben. Er wurde zwar nicht im Konzil zur Diskussion gestellt. So weit waren und sind die Bischöfe 1963 und bis heute nicht. Aber das Kirchenvolk hat den

Absolutheitsanspruch langsam, aber sicher zurückgewiesen. Hochhuth war auf diese Weise ein Wegbereiter für die 68er in der katholischen Kirche. Sie waren dort immer eine Minderheit, wie die 68er und ihre Nachfahren auch in der Gesellschaft. Aber ihre Wirkung war enorm. Der Vietnam-Krieg der Amerikaner, der in der jungen Generation die Rebellion ausgelöst hatte, war in der Kirche der Holocaust.

Die Römer, für ihren treffsicheren Spott bekannt, nannten Pius XII. den letzten Papst. Das war er natürlich nicht. Gemeint war der letzte Papst, der in unwidersprochener Machtfülle sich verhalten durfte, als wäre er in der Tat der Stellvertreter Christi. Den Titel beanspruchen auch seine Nachfolger. Doch weder sie noch ihre Gläubigen verbinden mit ihm dieselbe göttliche Aura. So war denn Pius XII. der letzte Stellvertreter. Diesen Platz füllt er aus.

Quellen und Bibliographie

Altermatt, Urs: Katholizismus und Moderne, Zürich 1989.

Andreotti, Giulio: Meine sieben Päpste. Begegnungen in bewegten Zeiten, Freiburg 1982.

Blet, Pierre: Papst Pius XII. und der Zweite Weltkrieg. Aus den Akten des Vatikans, Paderborn 2000.

Blet, Pierre; Graham, Robert A.; Martini, Angelo; Schneider, Burkhart (Hrsg.): Actes et Documents du Saint-Siège relatifs à la seconde Guerre Mondiale.

Blum, Vergil C.: Pius XII and the Holocaust. A Reader, New York 1988.

Burkard, Dominik; Weiß, Wolfgang (Hg.): Katholische Theologie im Nationalsozialismus. Band 1/1. Institutionen und Strukturen, Würzburg 2007.

Burleigh, Michael: Die Zeit des Nationalsozialismus – Eine Gesamtdarstellung, Frankfurt 2000.

Ciampa, Leonardo: Pope Pius XII. A Dialogue, Bloomington 2006.

Cornwell, John: Pius XII. Der Papst, der geschwiegen hat, München 1999.

Dalin, David G.: The myth of Hitler's Pope. How Pope Pius XII rescued Jews from the Nazis, Washington 2005.

Duce, Alessandro: La Santa Sede e la questione ebraica (1933–1945), Rom 2006.

Falconi, Carlo: Das Schweigen des Papstes – Hat die Kirche kollaboriert? München 1966.

Feldkamp, Michael F.: Pius XII. und Deutschland, Göttingen 2000.

Franzen, August; Bäumer, Remigius: Papstgeschichte, Freiburg 1988.

Friedländer, Saul: Den Holocaust beschreiben, Göttingen 2007.

Godman, Peter: Der Vatikan und Hitler. Die geheimen Archive, München 2004.

Goldhagen, Daniel Jonah: Die katholische Kirche und der Holocaust. Eine Untersuchung über Schuld und Sühne, Berlin 2004.

Graham, Robert A.: The Vatican and Communism during World War II. What Really Happened? San Francisco 1996.

Kernmayr, Gustl: Auch Päpste waren Lausbuben, München 1970.

Koch, Herbert: Die Kirche und ihre Tabus – Die Verweigerung der Moderne, Düsseldorf 2006.

Küng, Hans: Umstrittene Wahrheit, München 2007.

Marchione, Margherita: Il silenzio di Pio XII, Mailand 2002.

Miccoli, Giovanni: I dilemmi e i silenzi di Pio XII, Milano 2000.

Rauscher, Anton (Hrsg.): Wider den Rassismus – Entwurf einer nicht erschienenen Enzyklika, Paderborn 2001

Riccardi, Andrea: Le politiche della chiesa, Torino 1997.

Schad, Martha: Gottes mächtige Dienerin. Schwester Pascalina und Papst Pius XII., München 2007.

Schmidt, Stjepan: Augustin Bea. Der Kardinal der Einheit, Graz 1989.

Tornielli, Andrea: Pio XII. Eugenio Pacelli. Un uomo sul trono di Pietro, Mailand 2007.